부모교육과 지원

부모교육과 지원

김지은·연미희 공저

dm 동문사

머리말

급격한 사회변화와 경쟁 속에서 살아가고 있는 현대인은 결혼도 선택이고 자녀출산도 선택이 되어 가고 있다. 우리나라는 세계적으로 매우 낮은 저출산율(2022년 기준 0.7)을 기록하며, 결혼한 부부들도 자녀를 한 명만 출산하는 경우가 대부분이다. 학교나 사회에서 인성교육 등은 소홀히 하고 학업성취를 위해 인지발달에만 관심을 두고 부모역할을 준비시키지 않고 있다. 즉, 부모들은 부모교육의 부재로 인해 자녀양육 및 교육에 어려움을 겪으며 일부 부모들에게서는 아동학대로 이어지기도 한다.

대부분의 부모들은 부모가 된 이후에나 자녀를 양육하고 교육하기 위해 부모교육에 관심을 갖고 참여한다. 많은 부모들은 체계적인 부모교육과 지원을 받기 위한 장소로 자녀가 다니는 교육기관이 가장 적절하다고 보고 있다. 유아교육기관의 교사들은 부모교육과 지원에도 적극적으로 참여해서 영유아 교육의 효율성을 높여야 할 것이다.

이 책은 영유아기의 자녀를 둔 부모를 대상으로 유아교육현장에서 부모교육과 지원을 위한 이론과 실제를 제공하였다. 즉, 영유아교사들이 유아교육현장에서 활용할 수 있도록 부모교육과 지원의 실제적 측면에 중점을 두었다.

이 책은 총 11장으로 구성되었으며, 구체적인 책의 내용은 다음과 같다.

1부는 1장에서 5장까지 부모교육과 지원의 이론적인 배경으로 자녀의 발달에 따른 부모역할(1장), 자녀의 특성에 따른 부모역할(2장), 부모교육과 지원의 이해(3장), 부모교육 프로그램의 유형(4장), 부모교육 프로그램 실시를 위한 절차와 방법(5장)으로 구성되어 있다.

2부는 유아교육기관의 부모교육과 지원의 실제로 학부모와의 소통(6장), 유아교육기관과 가정의 연계(7장)로 구성되어 있다.

3부는 부모-자녀 간의 효율적 의사소통을 위한 부모역할훈련의 실제로 4회기의 내용으로 구성되어 있다. 부모역할훈련의 내용은 부모의 스트레스 이해 및 대처방안(8장), 부모의 양육태도 및 효율적인 부모역할(9장), 부모-자녀 간의 바람직한 의사소통방법(10장-11장)을 주제로 한 내용이다.

이 책은 대학의 부모교육 교재로 개발되었으나 유아교육기관의 부모교육 담당자 및 부모교육에 관심이 있는 부모도 영유아의 양육 및 교육에 도움이 될 수 있도록 부모교육과 지원을 집필하였다.

영유아교사들이 이 책을 활용하여, 유아교육기관과 가정과의 원활한 소통 및 연계를 통해 민주적인 가정의 분위기에서 부모와 자녀가 사랑과 존중의 행복한 관계를 형성하는 데 작은 보탬이 되길 바라며, 책의 발간을 맡아주신 동문사의 사장님과 편집관계자 여러분의 노고에 진심으로 감사를 드린다.

2023년 2월

저자일동

차례

PART 03
부모-자녀 간의 효율적 의사소통을 위한 부모역할훈련

APPENDIX
부록

PART 01

부모교육과 지원의 이론적 배경

Chapter 01

자녀의 발달에 따른 부모역할

1. 발달의 기초

1) 발달에 대한 이해

영유아의 발달을 이해하기 위해서는 먼저 발달의 개념과 발달에 대한 전반적인 이해가 필요하다.

인간은 수태에서 사망까지 신체적 기능이나 심리적 기능에 변화가 오는데, 이것을 발달(development)이라고 한다. 즉, 발달은 변화를 의미한다. 발달과 유사한 용어로 성장(growth)은 유전적 계획에 따라 일어난 신체적 변화만을 의미한다. 성장은 신체발달의 양적인 증가를 의미하므로 신체발달뿐만 아니라 심리·사회적으로 일어나는 양적, 질적 변화를 모두 포함하는 발달과는 구분하여 사용한다. 발달은 인생의 긴 과정에서 지속적으로 일어나는 변화이다. 이 변화는 계획된 순서대로 체계적으로 일어나므로 예측할 수 있다. 이와 비슷하게 사용하는 개념으로 성숙(maturation)은 유전적 기제의 작용에 의해 진행되는 생물학적 발달을 의미한다.

본 장은 '연미희 · 김지은 · 김진숙(2020). 예비부모교육. 동문사.'의 내용을 재구성한 것임.

(1) 발달의 원리

발달은 복잡한 과정을 거치지만 모든 영유아는 환경의 영향과 무관하게 다음과 같은 몇 가지 보편적 원리를 따른다.

첫째, 발달과정에는 일정한 순서가 있다. 예를 들어, 신체발달에 있어서 모든 영아는 머리를 가누고 난 후에 뒤집기를 하고, 기어 다니고 난 후에 앉고 설 수 있으며, 그다음에 걷고 달리기를 할 수 있다. 발달은 환경과 무관하게 보편적으로 나타나는 순서가 있으며, 그 순서가 바뀌거나 단계를 뛰어넘지 않는다.

둘째, 발달은 일정한 방향으로 진행된다. 즉, 발달은 일정한 순서에 따라 일정한 방향의 원리에 따라 나타난다. 여기에는 세 가지 원리가 있는데, 두미방향(cephalo-caudal)의 원리, 근원방향(proximo-distal)의 원리, 전체-세분화(mass to specific)의 원리이다.

두미방향의 원리는 머리 부분이 먼저 발달하고 점차 아래쪽 부분이 발달하여 발달이 진행되는 것이다. 영아들은 머리를 가눈 후 몸과 팔을 이용해 앉을 수 있고, 그 후 다리를 이용하여 걸을 수 있게 된다. 근원방향의 원리는 몸 중심부에서 말초 쪽으로 발달이 진행된다. 영아들은 팔에서 시작하여 손목, 손가락의 순서로 움직이게 된다. 전체-세분화의 원리는 전체적인 운동기능에서 세분화된 기능으로 진행되는 발달의 원리이다. 영아들은 바닥에 떨어진 물건을 잡을 때 처음에는 손 전체를 사용하지만 점차 시간이 지나면서 손가락을 사용하여 물건을 잡을 수 있게 된다.

셋째, 발달의 속도가 일정하지 않다. 발달은 지속적으로 이루어지지만 특정한 시기에 특정한 영역이 급격히 발달하기도 하고 천천히 발달하기도 한다. 예를 들면, 신체발달은 영아기에 급속도로 성장하고, 사춘기에 2차 성징이 나타나면서 호르몬 변화로 생식기관의 발달이 빠르게 일어난다. 반면 유아기에는 어휘 습득 속도가 매우 빨라서 언어발달이 급격히 일어나고, 청년기에는 추상적 사고능력과 논리적인 문제해결력이 향상된다.

넷째, 발달은 분화와 통합의 과정을 거친다. 신생아의 울음은 분화되어 있지 않지만 2개월 정도가 지나면 아기의 울음은 배고플 때, 기저귀가 젖었을 때, 아플 때 각각 다르다.

다섯째, 발달에는 개인차가 있다. 발달은 보편적인 순서에 따라 이루어지지만 개인, 성별, 환경과 유전의 차이에 따라 다르게 나타난다. 즉, 월령이 같은 12개월 영아들 간에도 성장속도에 차이가 나서 어떤 영아는 걷지만 다른 영아는 아직 기어 다니기도 한다. 여아는 남아에 비해 상대적으로 언어발달이 빠르고, 남아는 대근육의 발달이 상대적으로 우세한 편이다.

마지막으로 발달의 각 영역들은 서로 밀접하게 연관되어 있다. 예를 들어, 신체적으로 건강하고 잘 걷는 영아는 주위 탐색을 잘 할 수 있어 인지발달과 사회성 발달이 우수하다는 결과들이 보고되고 있다.

(2) 영유아 발달의 영역

영유아 발달의 영역은 크게 생물학적 발달, 인지·언어적 발달, 사회·정서적 발달로 나누어 기술할 수 있다(Santrock, 2001).

생물학적 발달은 개인의 신체적 변화와 관련이 있다. 부모로부터 물려받은 유전인자, 뇌의 발달, 신장과 체중 증가, 운동기능, 사춘기에 나타나는 호르몬의 변화 등 생물학적 역할을 반영한 것이다.

인지·언어적 발달은 개인의 사고와 지능, 언어를 구사하는 변화 등을 포함한다. 아동이 언어를 습득하여 두 단어를 조합한 문장을 사용하거나, 주변을 탐색하면서 이해하고 느끼는 것 등은 이를 반영하는 것이다.

사회·정서적 발달은 타인을 인식하고 상호작용하기, 정서 및 인성 변화 등을 포함한다. 가족관계, 또래관계, 교사와의 관계 등이 해당된다.

발달에서 생물학적, 인지·언어적, 사회·정서적 발달은 서로 밀접하게 관련되어 있고, 상호작용을 한다. 각각의 영역이 발달하면서 서로 간에 영향을 미치면서 인간발달이 이루어진다.

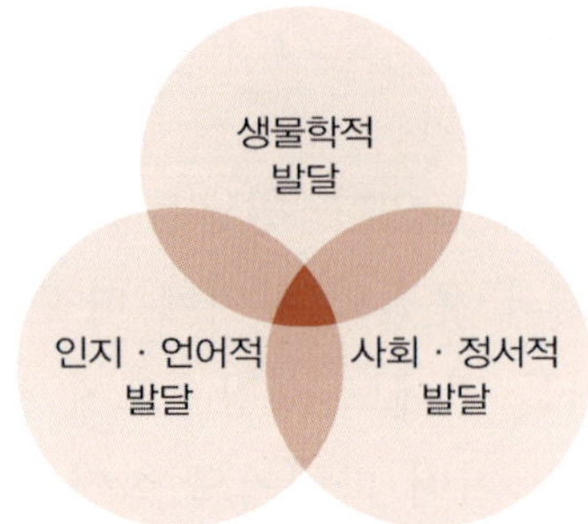

그림 1-1 발달의 역동성

(3) 사회문화적 맥락이 발달에 미치는 영향

영유아의 발달은 가족과의 관계 속에서만 일어나는 것이 아니다. 부모의 양육방식은 그들이 속한 사회문화적 영향을 받으므로, 각 문화마다 양육방식, 관습, 가치 및 신념이 다르다. 즉, 영유아가 속한 사회의 가치는 그들의 신체 발달, 사회성 및 정서 발달, 인지 및 언어 발달에 중요한 영향을 미친다. 사회는 부모의 양육행동을 규정하고 영유아가 받아야 하는 교육수준, 신체적 보호 정도, 그리고 자존감의 부여나 정서표현 방식 등을 결정하는 데 영향을 준다. 이런 의미에서 사회문화적 배경은 한 개인의 발달에 큰 영향을 준다고 볼 수 있다(Valsiner, 1997).

2) 영유아 발달의 단계

인간발달의 단계를 연령에 따라 분류하는 것은 개인의 발달과정이 다르고, 각 사회의 구조가 독특하기 때문에 단순하지 않다. 개인마다 발달 양상이 다르고 개인이 도달하는 발달단계의 연령에 차이가 있지만 연령과 심리적 특성에 따라 발달주기를 묶어 살펴볼 수 있다. 영유아 발달의 단계는 태내기, 영아기, 유아기, 아동기로 나누어 단계별로 접근할 수 있다.

(1) 1단계 : 태내기(수정~출생)

태내기는 수정의 순간부터 출산까지 약 9개월간을 의미하는 것으로 어머니의 자궁 내에서 태아의 신체 조직이 구성되고 발달하는 시기이다. 태내기는 짧은 기간이지만, 기본적 신체 구조와 기관이 이 시기에 형성되므로 발달의 초석이 되는 시점이다.

(2) 2단계 : 영아기(출생~24개월)

출생 후 24개월까지를 영아기라 칭하고, 첫 1개월 동안은 신생아기로 언급한다. 신생아기는 태내환경과는 상이한 환경에 적응해야 하는 중요한 시기로 배꼽이 아물고 간 기능이 성숙하여 황달이 사라지는 기간을 의미한다.

영아기는 발달의 여러 영역에서 급속한 성장을 이루는 시기이다. 걷고 뛰어다닐 수 있을 정도로 신체 발달이 이루어지고, 간단한 의사소통을 할 정도로 언어능력도 발달한다. 영아들은 심리적·신체적 활동을 성인에게 많이 의존한다.

(3) 3단계 : 유아기(만 2세~만 5세)

유아기는 만 2세부터 초등학교 입학 이전까지로 인지능력이 발달하고 유아의 상상력이 풍부해지는 시기이다. 주변 환경에 대한 탐색과 많은 어휘를 습득하여 사고의 범위가 넓어지고 부모와의 대화, 친구와의 접촉으로 기본적 사회화도 이루어진다.

(4) 4단계 : 아동기(만 6세~만 12세)

아동기는 만 6세부터 만 12세까지 초등학교에 다니는 시기이다. 생활의 중심이 가정에서 학교로 옮겨짐에 따라 학교생활이 중요한 역할을 하게 된다. 학교라는 사회를 통해 넓은 세상과 문화를 접하면서 또래관계가 주요 관심사가 된다. 인지적 사고능력이 높아지고, 또래관계를 통해 자아 개념을 형성한다.

3) 발달연구의 쟁점

(1) 유전과 환경

발달에 대한 논쟁 중 하나가 유전과 환경에 대한 것이다. 유전론은 발달의 기제를 본성, 성숙, 생득으로 간주하고, 환경론은 양육, 학습, 경험으로 보았다. 유전론은 정해진 순서에 의해 인간이 발달해 나간다고 가정한다. 예를 들어, 영아는 기어 다닐 수 있어야 두 발로 서게 되며, 두 발로 설 수 있는 영아가 걸을 수 있다는 것이다. 이러한 일련의 발달은 학습했기 때문에 일어나는 것이 아니라 대부분의 발달이 유전적으로 예정되어 이루어진다고 보는 것이다.

반면, 환경론은 인간의 발달에서 개인이 경험할 수 있는 환경, 즉 영양이나 의료시설의 혜택 여부 등 물리적 환경과 가족, 친구, 학교, 문화 등의 사회적 환경이 매우 중요하다고 보는 것이다.

영유아 발달에서 유전과 환경을 분리하는 것은 쉽지 않다. 예를 들어, 태아의 태내환경이 유전적인가, 환경적인가 하는 논쟁이 있을 수 있다. 최근에는 유전과 환경의 상호작용론으로 발달을 설명하는 학자들이 늘어나고 있다.

(2) 발달의 연속성과 비연속성

한 개인이 출생해서 성인으로 성장하기까지 그 발달이 서서히 점차적으로 이루어졌는지, 아니면 특정 시기에 급격한 변화를 통해 성장했는지에 관해서는 이견이 있을 수 있다. 전자를 발달에서의 연속성으로 보고 후자를 비연속성으로 본다(Thomas, 1992). 예를 들면, 씨에서 싹이 튼 나무가 점점 크기만 하는 과정은 연속적 발달을 나타낸다. 반면 애벌레가 유충, 나비로 외형이 달라지면서 변화가 이루어지는 것은 비연속성이라고 부른다.

영아가 기는 것부터 시작하여 걷는 것으로 나아가면서 근육의 힘이 생기고 신경계의 협응으로 운동능력이 발달하는 것은 연속성으로 볼 수 있다. 그러나 청소년기에 들어서면서 이전에는 가능하지 않았던 추상적 사고가 가능한 것은 사고의 양적인 변화가 아니라 질적인 변화이며 비연속적인 견해로 발달을 설명할 수 있다.

(3) 결정적 시기

발달이론의 공통적 특징은 연속적으로 변화가 일어나는데, 이 변화가 특정 시기에 매우 빠르게 일어나고 어떤 시기에는 느리게 일어난다. 발달심리학자들은 중요한 변수로 변화 속도의 차이에 관심을 갖는다.

발달의 속도와 관계되는 쟁점 중 하나는 발달의 결정적 시기가 존재하느냐 하는 점이다. 결정적 시기라 함은 유기체를 둘러싼 내·외적 사건들이 발달에 영향을 미치는 짧은 기간을 일컫는다. 로렌츠는 오리의 추종행동을 각인이라 명명하면서 결정적 시기가 있음을 주장하였다. 인간에게도 유사한 예로 언어습득에 관한 결정적 시기를 들 수 있다. 6~7세 이전에 언어적 자극을 받지 못한 아동은 평생 언어를 획득하지 못하는 것으로 나타났다(Cole & Cole, 1993).

발달의 영역에서 결정적 시기가 존재함에도 이러한 민감한 시기에 일어나는 일들이 앞으로 어느 정도까지 변화시킬 수 있는지에 대한 부분은 연구가 더 필요하다.

4) 발달의 연구법

복잡한 발달의 양상을 이해하기 위해서는 과학적인 연구를 통해 규명해야 한다. 여기에서는 과학적 연구의 목적과 방법을 살펴본 뒤 발달에 대한 접근법을 중심으로 소개하고자 한다.

(1) 연구의 목적

영유아 발달 연구의 목적은 다른 학문분야와 마찬가지로 타당성 있고 객관성 있는 지식체계를 정립하기 위한 것이다. 영유아에 대한 정확한 지식은 영유아 행동을 기술(description)하고 설명(explanation)하며 예측(prediction) 및 통제(control)할 뿐 아니라 영유아의 교육이나 부모의 자녀양육 등 실용성에 기여한다. 구체적으로는 첫째, 영유아의 발달과정에 대한 지식 획득과 영유아의 행동을 이해하는 학문적 측면이 중요하다. 둘째, 실제적 측면에서 발달에 적합한 유아교육 과정의 구성, 부모의 자녀양육, 교사의 영유아 지도, 행정가의 교육 행정 및 정책에 도움을 줄 수 있기 때문에 중요하다. 셋째, 인본주의적 측면에서 영유아의 성장, 발달 및 문제행동의 상담과 치료에 도움을 줄 수 있어 중요하다(이윤경 외, 2012).

영유아 발달 연구의 궁극적인 목적은 지식체계의 정립에 있으나 구체적인 목적은 다음과 같다.

첫째, 행동의 발달적 기능을 밝히는 것이다. 즉, 영유아의 특정 연령에서 보편적으로 일어나는 행동을 기술하는 것이다. 만약 특정 연령의 신체발달, 언어발달 등 규준적 발달유형을 규명하고자 한다면 특정 연령에서 일어나는 평균적인 발달과정을 밝히는 것이다.

규준은 한 개인이 정상적으로 발달하고 있는가를 결정할 수 있는 근거를 제공해 준다. 규준의 개념은 한 개인이 그가 속한 집단 다수와 유사한 발달과정으로 발달해 가는 것을 바람직하게 보는 것을 전제로 한다. 하지만 행동의 평균은 사회계층에 따라 매우 다르다는 것을 인지해야 한다. 누구든지 외형적인 모양, 예를 들어 머리 색깔, 키 등은 민족에 따라 다르다는 것을 알고 있지만, 행위는 사회에 따라 달리 수용되고 있다는 것을 쉽게 받아들이지 못한다. 어느 사회에서는 청소년의 흡연이 비행으로 간주되나 다른 사회에서는 전혀 문제시되는 행동이 아니라는 것을 수긍

하지 못할 수도 있다.

또한 이상적인 발달기준은 발달영역에 따라 달라진다. 어떤 부모는 자녀의 몸무게에 있어서는 평균의 발달을 원하고, 지능에 있어서는 평균 이상으로, 그리고 성적(性的) 성숙은 평균 이하의 발달을 기대할 수도 있다.

둘째, 발달에서의 개인차를 밝히는 것이다.

영유아의 개인차는 매우 크다. 영유아의 외모나 키, 정신능력, 지식, 정서적 반응, 흥미도, 성취동기의 수준 등 개인차를 나타내는 영역은 매우 많다. 영유아의 발달에 영향을 미칠 수 있는 개인차를 규명하는 것은 매우 중요하다. 영유아의 개인차를 이해하게 되면 부모는 자녀양육을 효과적으로 할 수 있고 교육자는 적절한 교수 방법을 찾아내어 가르칠 수 있다. 개인차를 측정하려면 먼저 개인차의 범위를 결정한 뒤 여러 유형의 개인차 간의 관계를 결정하고, 주어진 특정 행동의 개인차 발생요인을 알아내야 한다(Cohen & Spenciner, 1994).

개인차가 존재한다고 가정할 때 그 원인이 어디에 있는가는 매우 중요한 문제이다. 즉, 지적 능력, 적성이나 흥미, 개인의 기질이나 인성, 정서적 안정 등의 차이는 유전에 의한 것인지, 환경에 의한 것인지에 따라 다르다. 유전적 요인은 논의에서 제외시킨다 하더라도 환경에는 부모의 양육태도나 양육행동, 가정의 사회 경제적 수준, 가정의 식습관, 학교의 분위기, 교사의 학습방법, 또래들의 사고방식 등이 개인차를 유발하는 요인이 될 수 있다.

(2) 연구방법

영유아 발달의 연구는 연구주제, 연구대상 등에 따라 실험법, 관찰법, 질문지법, 면접법 등 다양한 방법을 적용할 수 있다. 대부분의 학자들은 이 중 한 가지 방법만을 고수하기보다는 연구주제에 따라 적절한 연구방법을 선택하고 있다. 연구주제의 특성상 실험연구가 다른 방법보다 명확한 결과를 얻을 수 있다면 사용하는 것과 마찬가지로 자연적 관찰이 적절한 경우도 있다.

예를 들어, 연령에 따른 영유아의 기초대사량 비교는 실험실에서 측정하는 것이 효율적일 수 있고, 어휘 수의 획득이나 도덕적 사고는 실험실 연구로서는 적당하지 않다.

또한 같은 연구주제라 할지라도 연구자가 어느 시각에서 보느냐에 따라 다른 연구방법을 선택할 수 있다. 예를 들어, 성역할의 발달을 보는 연구에서 어느 연구자는 실험실에서 호르몬의 측정으로 남녀 성 차이를 밝힐 수 있고, 다른 연구자는 부모가 자녀를 어떻게 사회화시키는지에 초점을 둔 문화적 차이에 관심을 두고 자연적 상황에서 성역할 발달을 규명할 수 있다. 이와 같이 연구주제에 따라 다양한 연구방법이 병행되어 실시될 수 있다.

연구의 방법이 다양한데 더하여 수집된 자료는 대부분 양적(quantitative) 연구에 머물러 왔다. 숫자로 계산된 영유아의 데이터로 설명할 수 없는 부분이 너무나 많다는 한계점이 제시되었다. 그리하여 영유아를 맥락(context), 즉 특정 시간과 장소에서 발생하는 영유아의 행동을 이해하고자 질적(qualitative) 연구를 병행하고 있다(Berg, 1998; Graue & Walsh, 1998).

① 실험법

실험실 연구는 실험실 내에서 영유아 환경의 어떤 측면, 즉 독립변수를 체계적으로 조작 또는 변화시켜 영유아 행동의 특정 측면, 즉 종속변인의 변화를 밝힘으로써 원인과 결과 간의 관계를 증명하는 방법이다. 실험법은 외적 변수를 통제할 수 있으므로 인과관계를 밝힐 수 있는 가장 적합한 연구법이라 할 수 있다.

연구목적에 따라 실험집단(experimental group)과 통제집단(control group)을 구분하여 독립변인의 영향을 밝힐 수 있다. 예를 들어, 유아의 TV 시청과 공격성과의 관계에서 실험집단과 통제집단을 나누어 실험집단의 유아에게 폭력물이 많은 TV 프로그램을 시청하게 한 뒤 공격성의 양을 비교할 수 있다. 그 결과 폭력적인 TV 프로그램의 시청은 유아의 공격적 행동의 원인이 된다고 주장할 수 있다.

그러나 실험법은 영유아 발달 연구에 많은 제한점을 가지고 있다. 먼저 영유아의 행동이 인위적인 실험실에서는 일어나지 않을 수 있다는 점이다. 그러므로 외적 타당도는 낮다고 볼 수 있고, 독립변인 이외의 외적 요인을 배제할 수 없을 뿐만 아니라 연구자의 기대 또한 실험의 결과에 영향을 줄 수 있다는 것이 제한점이다.

② 관찰법

관찰법은 자연 상황에서 자연발생적으로 일어나는 영유아의 행동을 관찰하여 기록하는 방법으로 사실성이 강조된다. 그러므로 의사전달 능력이 미숙한 영유아의 연구에 매우 유용한 방법이다.

자연 상황에서 영유아의 매일매일 생활을 기록하여 분석하는 관찰법은 모든 행동을 관찰할 수 없다는 점과 관찰자의 편견이 개입될 수 있다는 점이 한계점으로 지적되고 있다. 그러나 최근에는 카메라, 녹음기, 스마트폰 등 디지털 매체의 발달로 정확한 관찰기법이 도입되고 있다.

관찰 상황이 자연적이냐, 인위적이냐에 따라 자연관찰과 통제관찰로 나눌 수 있다. 자연관찰은 관찰 장면에 인위적 조작을 하지 않고 자연스러운 상태에서 관찰하는 것이고, 통제관찰은 의도하는 바에 따라 관찰 장면을 통제하는 것이다. 관찰자가 관찰 장면에 참여하였는가의 여부에 따라 참여관찰과 비참여관찰로 나누기도 한다. 참여관찰은 관찰자가 아동과 함께 행동하고 활동에 직접 참여하면서 관찰하는 형태이고, 비참여관찰은 아동의 행동에 개입하지 않고 관찰자가 관찰만 하는 방법이다.

관찰법은 비언어적 행동까지 관찰할 수 있다는 것이 가장 큰 장점이나 관찰하고자 하는 행동이 일어나기를 기다려야 하고, 자연 상황에서의 관찰은 외적 변인을 통제할 수 없다는 단점이 있다.

③ 질문지법

개인의 감정, 동기, 과거의 행동이나 사적 행위에 관한 정보를 얻기 위해 흔히 사용되는 것이 질문지법이다. 고정된 질문으로 구성한 이 방법은 한꺼번에 많은 피조사자들을 대상으로 할 수 있어 경제적이고 익명성이 보장되므로 사적인 내용도 포함되며, 응답이 체계적으로 분류될 수 있다는 장점이 있다. 그러나 질문지법은 문자해독 능력이 없는 사람이나 취학 전 유아에게는 사용할 수 없는 단점이 있다.

질문지는 구조화된 질문과 비구조화된 질문이 있다. 응답의 범주가 분명하고 교육수준이 낮은 연구대상은 구조화된 질문이 적합하다. 비구조화된 질문은 응답이 소수의 몇 개 범주로 나누기 어려운 정확하고 자세한 정보를 수집할 때 사용한다.

④ 면접법

피조사자와의 면접을 통해 자료를 수집하는 이 방법은 개인에 대한 많은 정보를 알고 싶을 때 유용하게 사용한다. 상황에 따라 면접자의 질문이 달라질 수 있는 융통성이 있으며, 비언어적 행동까지 관찰하여 응답의 타당성을 높일 수 있다. 문자해독력이 없는 대상에게 가능하며 추후 질문을 통해 모호한 응답이나 질문을 명확히 할 수 있다. 그러나 면접법은 시간과 비용이 많이 들고 응답자의 신분이 노출되어 사적인 정보는 거부될 수 있다. 면접법에서는 면접자와 피면접자 간에 친밀감 형성(rapport)이 이루어져야 신뢰성 있는 응답을 기대할 수 있다.

질문내용은 정해져 있으나 언어는 고정되지 않은 비구조화된 면접과 질문이 표준화되어 있고 응답이 쉽게 부호화되어 자료의 타당성이 높은 구조화된 면접법이 있다. 최근에는 자료수집 과정이 매우 빠르고 경제적인 전화면접을 많이 사용한다.

⑤ 사례연구

사례연구는 특정 개인에 대해 심층적으로 연구할 때 사용되는 기법으로 임상심리학자들이 선호하는 방법이다. 피아제(Piaget)가 자신의 세 아이를 대상으로 발달과정을 유추한 것은 아동 행동의 원인과 발달의 원리를 찾아내기 위해 아동을 관찰하고 자세히 연구하여 인지이론을 도출한 대표적 예라고 할 수 있다. 최근 질적 연구가 많아지면서 사례연구가 질적 연구의 한 유형으로 이루어지고 있다. 사례연구가 가지는 장점이 있음에도 불구하고 소수의 사례를 통해 아동을 서로 비교하고 발달의 전체적 경향으로 일반화하는 것은 한계점으로 지적된다.

⑥ 검사법

개인을 같은 연령의 다른 사람과 비교하는 경우 표준화된 검사지를 사용하여 측정한다. 이 검사법은 한꺼번에 여러 측면의 많은 자료를 수집할 수 있다는 장점이 있다. 그러나 인간의 행동 특성을 검사에 의해서 측정하기 어렵고 또한 표준화된 검사라 해도 그 신뢰도나 타당도가 높지 않은 것이 있다. 따라서 문항 선정에서부터 측정상의 오류나 해석상의 오류를 범하기 쉽다는 단점이 있다.

표준화된 검사지들 가운데 널리 사용되는 것은 지능검사, 적성검사, 태도검사 및 성격검사 등이 있다.

⑦ 문화기술연구법

문화기술연구는 자연 상황에서 관찰하는 현장연구의 한 부류로 간주한다(Berg, 1998). 그동안 수치화된 과학적 연구의 한계점이 지적되고, 이에서 탈피하여 다양한 사고와 방법의 도입으로 문화기술연구에 관심을 두게 되었다. 현장에서 참여관찰을 통하여 축적된 기록을 분석하고 고찰할 당위성이 제기되어 온 결과이다.

문화기술연구는 미시적 문화기술(micro ethnography)과 거시적 문화기술(macro ethnography)로 구분한다. 에인즈워스(Ainsworth)가 우간다에서 진행한 애착연구와 미드(Mead)의 사모아 청소년 연구는 대표적 문화기술연구의 예이다.

(3) 발달의 비교 접근방법

연구자가 연구의 방법을 선정한 후 발달의 변화를 측정하기 위한 접근방법은 다양하다. 가장 보편적인 접근은 횡단적 접근법과 종단적 접근법이며 그 외에 두 접근법의 단점을 보완한 시간 차이 접근법과 연속적 접근법이 있다.

① 횡단적 접근법

횡단적 접근법(cross-sectional approach)은 상이한 연령집단을 대상으로 같은 시기에 한꺼번에 조사하여 연령에 따른 행동 특성을 비교하는 것으로 발달연구에서 가장 흔히 사용하고 있다. 즉, 연령의 차이는 보편적 발달 변화의 차이를 가져오는가? 또는 연령별 차이는 그 특정 집단이 갖는 경험의 차이에서 비롯되는가?라는 문제 등은 횡단적 연구에서 밝힐 수 있다. 예를 들어, 3세, 5세, 7세의 유아를 선정하여 여러 가지 독립변수를 측정한 뒤 연령의 변화에 따른 발달 특성을 밝힐 수 있다.

횡단적 접근법은 많은 연구대상을 단기간에 조사할 수 있으므로 경제적이고 노력이 적게 드는 장점이 있으나 영유아 발달의 연속성이나 그 변화를 측정하기는 힘들다.

② 종단적 접근법

종단적 접근법(longitudinal approach)은 동일한 피험자를 계속 추적하면서 반복하여 연구하는 방법이다. 이 방법은 횡단적 접근법의 취약점이라고 할 수 있는 집단의 발달양상을 파악하거나 개개인의 발달 연속성을 밝히는 것을 보완해 줄 수 있다. 종단적 접근의 단점으로는 장기간에 걸쳐 같은 실험자와 피실험자를 확보해야 하며, 같은 방법으로 자료를 수집해야 하므로 매우 거시적인 연구계획이 필요하다. 만약 종단적인 연구 도중에 연구문제나 측정도구가 타당하지 않다고 밝혀지면 계속적인 연구가 불가능해지므로 사전에 충분한 계획하에 연구가 시작되어야 한다.

한 연령집단을 연구대상으로 삼는 종단적인 연구는 발달 변화가 연령의 차이에서 기인하는지, 혹은 시대적·문화적 변화에서 비롯되는지 결론 짓기 어려울 때가 많다. 즉, 연구과정에서 개인의 경험을 통제하지 못한다는 단점이 있다. 이런 단점과 함께 많은 비용과 시간, 노력이 요구되므로 극히 일부의 연구만이 종단적인 방법으로 행해지고 있는 실정이다. 대표적인 종단적 연구로 터먼(Terman)의 영재아동 연구가 있다.

③ 시간 차이 연구

시간 차이 연구(time lag design)는 연령을 일정하게 하면서 연구시기를 다르게 하고 연구대상을 달리하는 연구로 문화적 효과를 평가할 수 있는 방법이다.

예를 들어, 5세 아동의 체격이 시대에 따라 어떤 변화가 있는지 보려고 할 때 각각 2000년, 2005년, 2010년, 2015년의 5세의 체격발달을 조사하는 방법으로 출생연도가 다른 5세 아동의 체격발달을 시대적 배경하에 해석해 볼 수 있다. 따라서 연령은 같으나 태어난 시기(cohort)가 다르기 때문에 야기될 수 있는 문화적·역사적 변화에 따른 환경적 요인을 밝히는 데 유리하다. 이상의 연구 설계를 그림으로 나타내면 그림 1-2 와 같다.

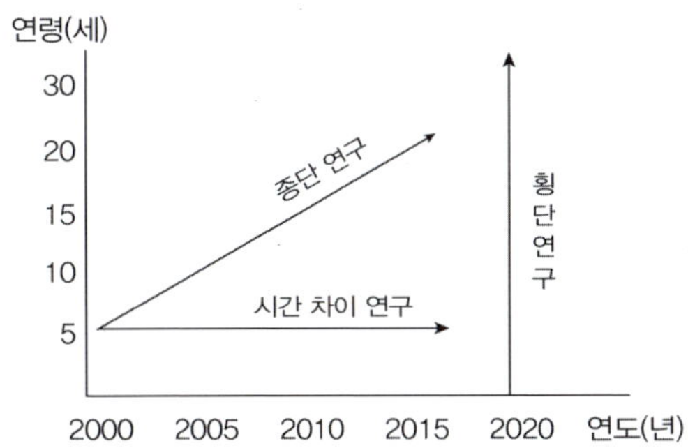

그림 1-2 발달의 비교 접근방법

④ 연속연구

연속연구(sequential research)는 종단적 접근과 횡단적 접근과 시간 차이 연구의 단점을 보완하고 각각의 장점을 극대화시키기 위한 혼합적 방법이다. 이 연구는 처음에 횡단적 연구로 시작하여 시간이 지난 후 대상자를 다시 조사하는 종단적 연구를 도입한다. 그 후에 각 비교집단별로 새로운 연구대상자를 추가한다. 이 연구는 종단적 접근과 횡단적 접근에서 얻을 수 없는 정보를 얻을 수 있기는 하지만, 매우 복잡하고 비경제적이며 시간이 많이 든다는 단점이 있다.

2. 태내기 발달과 예비부모역할

인간의 생명은 정자와 난자가 만나 시작된다. 정자와 난자가 만나 결합한 세포는 하나의 생명체로 성장하면서 태내에서 약 40주를 지낸다. 태내기는 비록 짧은 기간이지만 한 개인의 전 생애를 통해 신체적 구조와 행동 발달의 기초가 된다는 점에서 인간발달의 시금석이 되는 매우 중요한 시기임을 의미한다.

모든 인간의 모습과 신체구조, 두뇌구조 등이 다르게 나타나는 것은 인간 특유의 염색체를 가지고 있기 때문이다. 태내기에 이미 상당한 두뇌발달이 이루어지고, 염색체상의 기형도 발생하여 예비부모들은 임신 기간 동안 건강에 특별히 신경을 써야 한다. 또한 임신과 출산으로 자신의 생활에 커다란 변화가 있음을 인지하고 이에 대비해야 한다.

여기에서는 생명의 시작, 태아의 발달, 태내환경, 예비부모역할 등에 관해 살펴보고자 한다.

1) 생명의 시작

인간의 생명은 남성의 정자와 여성의 난자가 만나면서 시작되는데, 이 과정을 수정 또는 임신이라 한다. 정자의 성염색체에 따라 남아와 여아가 결정되고, 태내기 동안 정자와 난자가 결합한 세포는 하나의 생명체로 성장한다.

(1) 수정

여성은 출생 시부터 미성숙한 난자를 가지고 있는데 월경을 시작하면 양쪽 난자에서 성숙한 난자를 한 달에 한 번씩 난자를 번갈아 배출한다. 이를 배란(ovulation)이라 하고, 배란기를 전후하여 질 속에 사정된 정액 속의 정자와 난소에서 배출되는 난자가 만나 임신을 하게 된다.

월경주기(보통 28일)의 중간쯤에 난소로부터 배출되는 난자는 스스로 움직일 수 있는 운동성은 없으나 난관 속 융모의 수축운동으로 자궁까지 갈 수 있다. 정자는 긴 꼬리를 가진 올챙이 모양으로 난자의 약 40분의 1로 난자와 비교하여 매우 작은 크기이다. 정액과 함께 한 번에 사정되는 정자의 수는 4~5억 정도로 여성의 질 내에 사정되면 정자의 꼬리운동과 수축운동으로 자궁을 거쳐 난관까지 헤엄쳐 간다. 정자의 수명은 약 72시간인 데 반해, 배출된 난자의 생존시간은 약 24시간으로 살아 있는 시간이 짧고, 정자가 난관까지 가려면 건강하고 활발한 운동능력이 있어야만 임신이 가능하다.

많은 정자가 1분에 약 0.5㎝ 정도씩 헤엄쳐 가다가 난자를 만나면 그중의 하나가 난자의 세포막을 뚫고 들어가 정자의 꼬리 부분은 잘리고 정자와 난자의 핵이 서로 결합하여 새로운 세포체를 형성하는데 이를 수정(fertilization)이라 한다.

하나의 정자와 하나의 난자가 만나 임신이 되는 경우가 대부분이지만, 하나의 난자가 첫 번째 세포분열 과정에서 이분화 되면 일란성 쌍생아가 태어나는데 이들은 유전인자가 동일하여 외모와 성격이 유사하고 같은 성으로 태어난다. 혹은 짧은 시간에 두 개의 난자가 배출되어 두 개의 정자를 만나게 되면 이란성 쌍생아가 태어난다. 이들은 서로 다른 유전인자를 가지고 있어 성격도 다르고 같은 성으로 태어나기도 하고 다를 수도 있다.

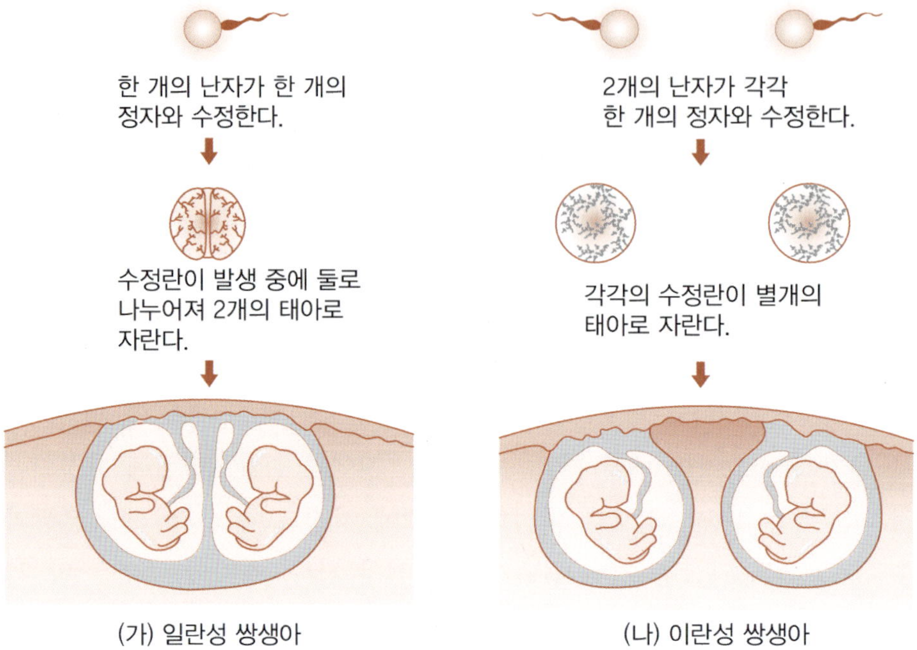

그림 1-3 일란성 쌍생아와 이란성 쌍생아

(2) 성의 결정

모든 인간들의 모습과 두뇌구조, 신체구조가 유사한 것은 인간 특유의 염색체를 지녔기 때문이고, 그 염색체 속에는 사람마다 각기 다른 수천 개의 유전인자가 들어 있다. 염색체는 보통 DNA라는 화학명으로 쓰이고, 신체의 어느 세포 속에나 23쌍의 염색체가 존재한다. 그중 22쌍은 체염색체이고, 23번째 쌍은 성염색체로 태아의 성을 결정한다.

여성의 난자는 X염색체만 가지고 있고, 남성의 정자는 XY염색체를 가지고 있어 난자가 정자의 어떤 염색체를 만나는가에 따라 태아의 성이 결정된다. 난자가 X염색체의 정자와 만나면 여아이고, Y염색체의 정자와 만나면 남아이다.

최근 남아와 여아를 결정할 수 있는 정자의 모양이 다른 것으로 밝혀졌다. 남아가 될 확률이 있는 정자는 머리 부분의 크기가 작고 꼬리가 길어 움직임은 빠르나 일찍 죽고, 여아가 될 수 있는 정자는 머리가 크고 꼬리가 짧아 헤엄치는 속도는 느리지만 수명이 조금 길다.

정자가 가지고 있는 XY염색체는 X염색체와 Y염색체가 만날 수 있는 확률이 절반 정도이므로 남아와 여아의 성으로 결정되는 확률은 50:50으로 볼 수 있다. 실제로는 Y염색체를 가진 정자가 X염색체를 가진 정자보다 난자와 쉽게 수정이 되어 남아의 비율이 훨씬 높게 나타나지만 자연유산과 유전자의 결함 등 남아의 위험성이 높게 나타나 출생 시 남녀의 비율은 대략 106:100 정도로 나타난다.

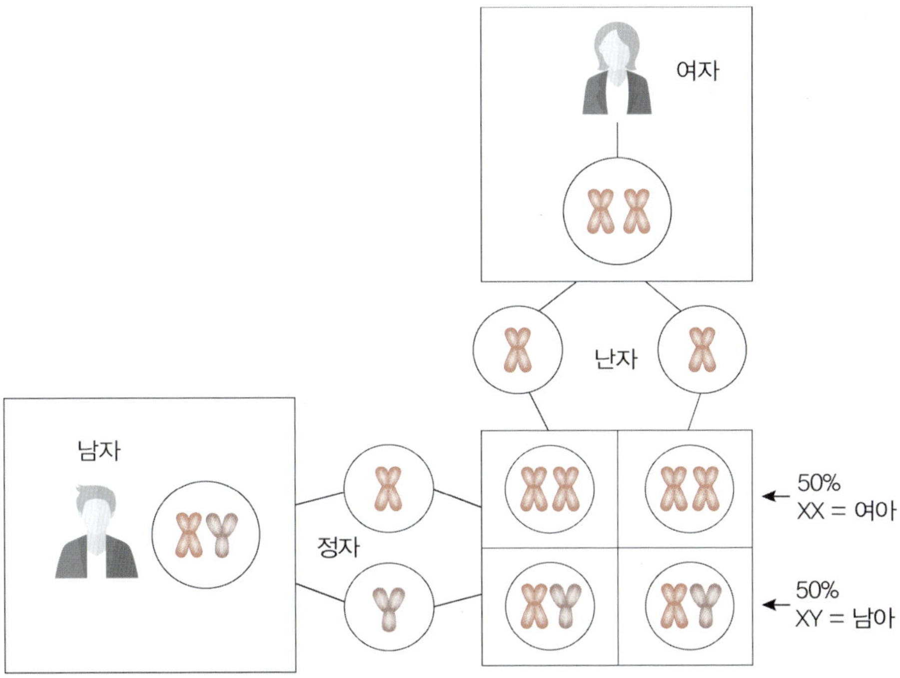

그림 1-4 성의 결정

2) 태아의 발달

인간의 발달은 수정이 되는 순간부터 이루어진다. 정자와 난자가 만나 형성된 수정란은 배란기, 배아기, 태아기 등 약 38주간을 거쳐 발달한다. 각 발달단계를 살펴보면 다음과 같다.

(1) 배란기

정자와 난자가 만나 수정란을 이루어 자궁벽에 착상하기까지 약 2주간의 기간을 배란기라 한다.

수정란은 급속하게 세포분열을 시작하여 수정 후 1주일이 지나면 약 100~150개의 세포가 된다. 이러한 작용을 거듭하면서 난관 내부의 섬모운동과 난관의 수축작용으로 수정란은 나팔관과 난관을 지나 자궁 속으로 점차 내려온다.

자궁 속의 수정란은 하루 혹은 이틀 정도 떠돌다가 자궁 속에 정착하는데 이를 착상이라 한다. 난자를 배출한 후 착상까지 약 2주 정도 걸리는데 신체는 이 변화를 전혀 느끼지 못한다.

임신의 경우 수정란이 자궁에 착상하지 못하고 난관, 난소, 자궁경부, 자궁각 등에 착상하는 현상을 자궁외임신이라 한다. 이러한 경우 임신이 오래 지속될 수 없고, 태아가 정상적으로 발육하지 못하는 상황에서 유산이 되거나 난관파열이 일어나기도 한다. 심한 경우 복강 내 과다출혈로 임산부가 사망에 이르기도 한다.

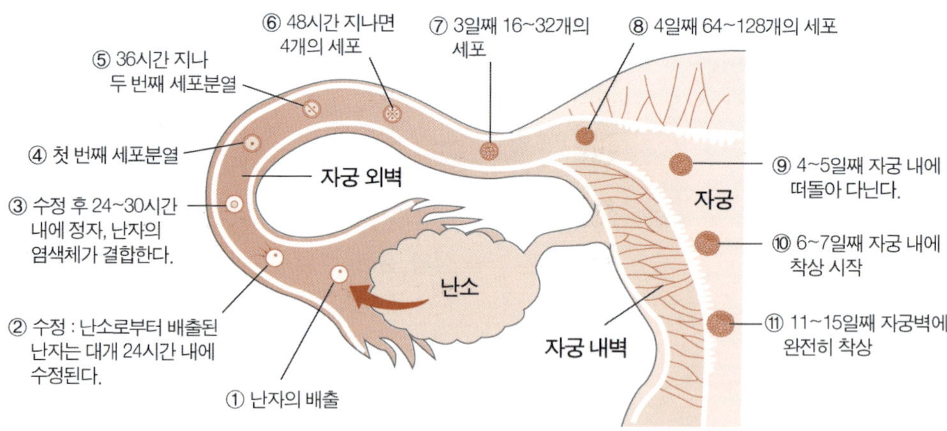

그림 1-5 수정과 착상

(2) 배아기

수정란이 자궁벽에 착상한 시기, 즉 수정 후 2주부터 8주까지의 기간을 배아기라 한다. 이 시기에는 수정란이 자궁벽에 착상하여 발달이 빠른 속도로 이루어지는데 신체 주요 기관과 조직이 형성되고 분화된다.

내세포 덩이는 외배엽, 중배엽, 내배엽의 세 개의 층으로 분화한다. 배아의 내배엽은 소화기관과 호흡기관으로, 중배엽은 순환기관, 뼈, 근육, 생식기관으로, 그리고 외배엽은 신경조직, 눈, 코와 같은 감각기관, 머리, 손, 손톱 등으로 발달한다.

머리 부분이 먼저 발달하여 배아기 때에는 전체 길이의 반이 된다. 3주 말에는 심장이 뛰기 시작하고 4주 말경에는 소화기관도 형성된다. 배아기에는 신체의 주요 기관이 형성되는 시기이므로 태내환경에 주의를 기울여야 한다. 이 시기의 발달에 치명적인 손상을 입게 되면 영구적인 손상을 입게 된다.

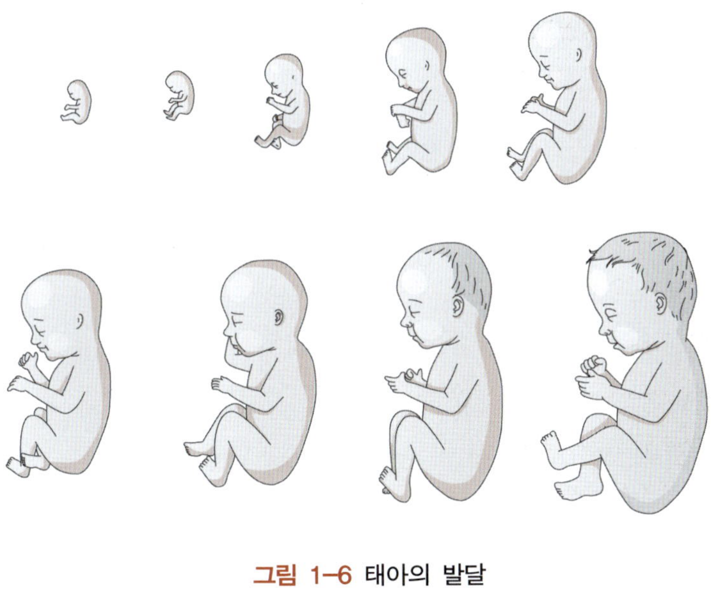

그림 1-6 태아의 발달

표 1-1 배아의 성장과 발달

10~13일 : 착상된 수정란은 외배엽, 중배엽, 내배엽으로 분리된다. **2주 :** 태반의 발달이 시작된다. **3주 :** 심장이 생기고 3주 말경에는 뛰기 시작한다. **4주 :** 손발이 될 부분이 보인다. 눈, 귀 및 소화기관이 형성된다. 정맥과 동맥이 완성된다. 척추가 생기고 신경계가 형성된다. **5주 :** 배꼽이 형성된다. 허파가 될 기관지 부분이 생성된다. **6주 :** 머리 크기가 가장 크다. 외이(外耳)가 나타난다. **7주 :** 얼굴과 목이 형성된다. 눈꺼풀이 형성된다. 위가 완전한 형태와 위치를 잡는다. 근육이 빠르게 분화된다. 신경이 매우 빠른 속도로 발달한다. **8주 :** 손가락과 발가락이 명확히 보이고 귀, 턱의 형성으로 인간의 모습을 보인다. 머리가 전체의 반이 된다. 8주 말경 태아는 움직일 수 있고 입 주위 자극에 반응한다. 성기가 출현한다.

출처: Cole & Cole. 1993.

(3) 태아기

수정이 시작된 후 8주 말부터 출생까지의 시기를 태아기라 한다. 배아기에서 형성된 신체조직들이 발달하면서 성장이 가속화되는 시기라 할 수 있다. 3개월에는 태아의 성별 구분이 가능하고, 12주 정도에는 움직이기 시작하여 16~20주에는 모체가 태동을 느낄 수 있다.

이 시기의 태아는 급속하게 성장하여 5개월에는 출생 시 신장의 ½이나 되고, 23주경에는 신생아와 같이 수면자세를 취하기도 한다. 24주에는 눈을 감고 뜨기도 하고, 입으로 엄지손가락을 빨기도 한다. 태아는 주변의 소음을 들을 수 있고, 큰 소리나 음악에 반응하여 움직인다.

임신 후반기는 기본적인 신체 조직이 완성되는 시기이면서 이미 형성된 신경계통이 성숙하고 근육은 피하지방으로 형성되어 한 인간의 모습을 갖추어 가는 시기이다. 임신 5개월 정도에 태반이 완성되어 그 이전에는 유산의 위험이 크다. 태아는 태반을 통해 모체로부터 영양분과 산소를 공급받고, 태아에 생긴 탄산가스와 노폐물을 배출한다. 또한 태반을 통해 어머니로부터 면역성을 얻어 출생 후 질병에 대한 면역성도 지니게 된다. 태반은 한 쪽이 모체의 자궁과 연결되어 있고, 다른 한 쪽은 태아와 탯줄로 연결되어 자궁 내에서 꼬이지 않게 되어 있다. 태반의 크기는 임신 말기에 직경이 15~20㎝, 무게는 500g, 두께는 3㎝ 정도이다.

표 1-2 태아의 성장과 발달

10주 : 장기가 신체 내의 적절한 위치에 자리 잡는다.
12주 : 남성과 여성의 외적 성기 구분이 가능하다. 피가 골수에서 형성되기 시작한다. 눈이 완성된다.
4개월 말 : 태아가 인간의 모습에 가까워진다. 머리카락이 나기 시작하며 몸이 머리보다 크다. 여아의 경우 자궁과 질이 구분되며, 남아의 경우 음낭이 될 기관이 자리를 잡는다. 뼈의 대부분이 명확해지고 관절이 나타난다. 두뇌가 두 개의 반구로 분할되는 것이 보인다. 삼키고 빠는 등의 반사행동이 이루어진다. 임부는 태동을 느끼게 된다.
5개월 말 : 뇌의 반구에서 새로운 분화가 발생한다. 모든 신경세포가 나타난다.
6개월 말 : 피부는 태지로 덮여 있다. 이때 태어나도 처치를 받으면 생존할 수 있다.
7개월 말 : 허파와 중앙신경계의 발달로 숨을 쉴 수 있다. 피부 주름이 펴지면서 상당한 양의 지방이 형성된다. 눈을 감고 뜨며 빛에 반응할 수 있다.
8개월 말 : 태아의 피부가 펴지고 팔다리가 통통해진다.
9개월 말 : 몸무게는 증가하나 출산이 다가옴에 따라 성장은 늦어진다. 태아가 내려앉는다.

출처: Cole & Cole. 1993.

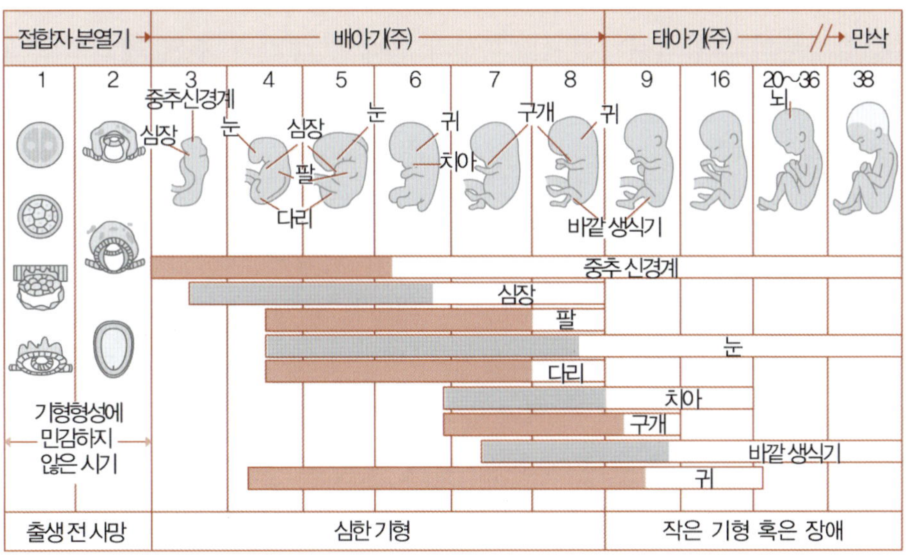

그림 1-7 태내 발달의 결정적 시기

출처: Berk, L. E. 1999.

3) 태내환경

태내환경은 모체를 통해서 모든 자극이 전달되고 외부로부터 위험한 자극을 차단할 수 있는 곳으로 비교적 안전한 환경이라 볼 수 있다. 그럼에도 태아는 아직 미성숙한 상태여서 태내환경이 적절하지 못할 때 쉽게 영향을 받는다. 태아의 형체가 형성되는 초기 3개월은 자궁 내의 변화가 태아에게 치명적으로 작용하므로 태내환경의 중요성에 대한 주의가 필요하다.

(1) 모체의 영양

임산부는 태아의 정상적 발달뿐 아니라 자궁과 태반의 발육을 위해서 평상시보다 많은 영양소를 섭취해야 한다. 여성의 영양섭취는 생식과도 관련이 있어 영양섭취가 매우 부족할 경우 월경을 하지 않게 되고 임신도 되지 않는다. 전쟁이 일어나는 시기에 음식물이 충분치 않아 임산부의 영양 상태와 출산 아동과의 관계를 보고한 바에 의하면, 2차 대전 말기 유럽에서 사산은 평소보다 2배나 되었고 미숙아도 증가된 것으로 나타났다. 임산부의 영양섭취가 유산, 사산과 미숙아 증가의 주된 원인으로 유추해 볼 수 있다.

유아의 두뇌발달은 태내기의 뇌세포가 급격하게 증가하면서 발달이 이루어지는 시기이므로 충분한 영양공급이 이루어져야 한다. 영양공급이 충분히 이루어지지 않았다면 중추신경계의 결함이 나타나 이후의 지적 발달에 영향을 주는 것으로 나타났고, 태아는 모체로부터 필수적 성분을 빼앗아 가므로 모체의 건강도 해치게 된다(정옥분·정순화, 2016). 동물연구에서 불충분한 영양분을 섭취한 모체로부터 태어난 새끼는 두뇌 세포의 수가 적고 출생 이후에도 두뇌에 이상이 발견되었다(Newman & Newman, 1995). 성인의 두뇌 크기의 약 80%가 만 3세 이전에 형성되므로 태아에 대한 충분한 영양공급은 지적 발달에 중요한 부분이라 할 수 있다.

임신 후반기에 임신부의 체중은 10~12kg 정도 증가하는데 이는 영양섭취에 좌우된다. 임신부의 하루 섭취량은 평상시보다 15~30%(300~500㎈) 정도 증가시키도록 하고, 임부의 건강뿐만 아니라 태아의 성장과 발육을 위해서 단백질, 철분과 비타민을 충분히 섭취해야 한다. 임신 중기부터 태아는 모체의 철분을 흡수하여 혈액을 만들기 시작하므로 충분한 철분 섭취가 필요하고, 부족할 때에는 빈혈이나 임신중독증의 원인이 되기도 한다. 열량은 평상시와 비교하여 임신 전반기에 약 15% 증가시키고, 후반기에는 30% 정도 증가하여 섭취한다.

(2) 약물복용

임부가 복용하는 약물은 태반을 통해 태아에게 그대로 전달되므로 각별히 신경을 써야 하고, 특히 임신 초기에는 더욱 심각하게 영향을 미친다. 흡연이나 음주 등과 같이 약물복용이 이루어질 경우, 태아에게는 언어, 인지, 사회정서 발달의 심각한 결함을 초래한다.

임부가 임신 초기에 신경안정제인 탈리도마이드(Thalidomide)를 복용하면 팔과 다리가 없거나 팔다리가 모체에 붙은 기형아가 태어나는 것으로 밝혀졌다. 항생제는 청각결함을 일으키고, 임신 사실을 모르고 복용한 피임약은 혈액 중의 비타민A 수준을 높이게 되어 출산결함이나 유산의 위험이 증가한다. 헤로인과 같은 환각제는 사지기형과 행동장애 등 태아에게 영향을 미치는 것으로 나타났다. 이러한 결과들에 비추어 볼 때 임부들은 가능하면 약물복용을 자제하는 것이 바람직하다.

표 1-3 태아와 신생아에게 영향을 미치는 약물

약물	영향
알코올	작은 머리, 비정상적인 얼굴, 심장장애, 체중미달, 지적 발달지체
담배	흡연자의 신생아는 작고 미숙한 편이다. 또한 대부분의 아동이 초기 문제를 극복하는 것으로 보이나 아이가 자라면서 신체적, 지적 성장에 장기적인 지체를 보인다. 아버지가 흡연하는 경우 간접흡연도 마찬가지로 위험하여 아동이 체중미달인 경우가 많다.
카페인	카페인은 장기적인 발달 이상을 보이지는 않으나, 출생 당시에 미숙아 출산이나 반사 운동 이상을 보이기도 한다.
아스피린	많이 복용했을 때 신생아의 출혈, 위장장애를 일으킨다. 아스피린은 출생 때의 체중미달과 낮은 지능검사 점수 그리고 운동능력의 부족과 관련이 있다는 증거가 있다.
항생제	산모의 과다한 스트렙토마이신 남용은 귀머거리가 될 수 있다. 또한 테트라마이신은 미숙아 출산이나 골격 성장에 이상을 초래할 수 있다.
환각제	과다한 마리화나는 미숙아 출산, 체중미달의 신생아를 출산할 수 있다.
안정제	호흡곤란을 일으킬 수 있다.
마약	헤로인이나 모르핀의 중독은 미숙아 분만을 증가시킨다.
백신	살아 있는 바이러스 백신 주사는 임신기간 동안 피해야 한다. 천연두, 홍역, 풍진 등의 예방주사는 기형발생 물질이다.
성호르몬	여성호르몬이 포함된 피임약은 심장장애와 심장혈관에 문제를 발생시키는 것으로 알려져 왔으나, 최근에는 별 문제가 없는 것으로 본다. 유산을 방지하는 데 사용하는 것으로 알려진 프로게스테론(progesterone)은 태아를 남성화할 수 있다.
비타민	비타민도 위험할 수 있다. 과다한 비타민A의 복용은 언청이, 심장기형 등의 심각한 장애를 가져온다.

출처: Sigelman & Schaffer. 1995.

(3) 흡연 및 음주

임부가 흡연을 하면 유산과 사산 그리고 조산아가 태어날 확률과 질병에 걸릴 위험을 증가시킨다. 또한 흡연을 한 임부의 태아는 몸무게가 정상아보다 많이 미달되는 저체중아가 태어날 가능성이 매우 높다.

임부가 담배를 피우면 태반을 통해 산소와 영양분을 빼앗아 갈 뿐 아니라 혈압과 맥박, 혈중 일산화탄소 헤모글로빈의 양을 증가시켜 태아의 산소결핍을 초래하는 것으로 나타났다. 임부가 담배를 피운 지 30분이 경과한 후 8개월 된 태아들의 경우 모두 가슴을 움직이는 것이 줄어들었고, 숨쉬기도 잠깐 동안 완전히 멈추었다(Owens, 1993). 흡연을 한 임부에게 태어난 영국 아동 수천 명을 11살까지 종단 연구한 결과 신체적, 지적 장애가 나타났고, 읽기와 수학에도 뒤처지고 사회적 적응력도 떨어지는 것으로 나타났다.

임신 중의 알코올 섭취도 빠른 속도로 태반에 침투하여 태아에게 나쁜 영향을 미친다. 임부가 알코올 중독인 경우 태아는 태아 알코올 증후군을 보이는데(Furey, 1986), 중앙신경계통의 미성숙으로 인한 지적 발달이 더디고 불안정한 성격을 보인다. 출생 시 몸무게와 키가 평균치에 미달하고, 눈이나 심장, 사지, 관절의 결함을 갖고 태어난다. 태내환경의 작은 변화가 태아에게 미치는 영향이 지대하므로 가능하면 흡연과 음주를 하지 않는 것이 바람직하다.

(4) 질병

임부가 질병이 있으면 태아에게 영향을 끼치는 주요한 원인으로 작용한다. 그 가운데 풍진은 임신 3개월 이전에 경미하게 감염되었더라도 시각장애나 청각장애 또는 심장병을 갖고 태어나거나 정신지체가 될 수도 있다.

임부가 임질이나 매독 등 성병에 감염된 경우 태아에게 치명적이어서 기형아 출산 가능성이 높다. 임부가 가볍게 임질을 앓고 있을 경우 이상 증세가 나타나지 않다가 출산 과정에서 나타나기도 하고, 일단 감염된 태아의 약 30% 정도는 출산 이전에 사망하고 대부분 기형아 출산이나 시각장애를 초래한다. 임부의 성기 부분에 헤르페스(herpes) 바이러스를 가진 경우 태아가 산도를 통해 출산하는 과정이나 태반을 통해 감염될 수 있어 심한 경우 사망까지 이르게 되므로 출산과정에서 이를 피하기 위해 제왕절개 수술을 시행한다(Berk, 1996).

후천성면역결핍증(AIDS)을 지닌 임부의 태아에게 감염되는 사례도 늘어나고 있다. AIDS 환자는 임신 중 태반을 통해, 그리고 출산 시 산모의 혈액이나 체액의 접촉 또는 출산 후 모유 수유를 통해 감염시킬 수 있다. 감염된 태아는 얼굴 기형과 비정상적으로 작은 두개골을 보이고 임신 초기일수록 결함이 심하게 나타난다.

당뇨병, B형 간염과 심장 질환 등도 태아에게 영향을 미친다. 당뇨병을 앓고 있는 임부의 경우 태어난 아이에게 나타날 가능성이 매우 높다. 당뇨병이 있는 임부보다 태아가 위험에 처할 확률이 많아 사산되거나 태어나더라도 수주 이내에 사망할 확률이 높은 것으로 나타났다.

(5) 모체의 연령 및 출산 횟수

여성은 생리를 시작한 이후 출산할 수 있는 최적의 연령을 23~28세까지로 보고 있다. 임부의 나이가 35세를 지나 출산하는 경우 의학적으로 노산이라 이른다. 최근 들어 여성의 결혼 적령기가 점점 늦어지면서 첫 아이를 낳는 시기 역시 늦어지고 있는 추세이다. 노산의 경우 여성의 출산 기능이 약화되어 태아에게 많은 영향을 미치는데, 일반적으로 자연유산과 임신중독증 현상이 많이 일어나고, 산도가 굳어 분만시간이 길어져 난산이 되기 쉽다. 노산으로 미숙아의 출생 가능성도 높았고, 다운증후군(Down Syndrome)도 산모의 연령에 따라 급격히 증가하는 것으로 나타났다. 다운증후군의 원인 중 한 가지는 여성호르몬인 에스트로겐의 수준과 관련이 있다고 보고되었다. 여성의 나이 20~35세 동안 에스트로겐 수준이 절정을 이루다가 호르몬이 부족하게 되면서 21번째 염색체의 이상으로 발병하게 된다.

임부의 연령이 20세 이하인 경우에도 생식기능이 충분하게 발달되지 않아 조산과 미숙아 출산율이 높고, 호르몬 분비로 인해 다운증후군의 아이를 출산할 가능성이 높다. 10대 산모가 출산한 아이가 20대 산모보다 영아사망률이 2배 정도 높게 나타났는데 이들의 가정환경과 교육수준이 낮고 영양공급이 충분치 않았으며 비위생적인 환경에서 양육하기 때문이다.

많은 여성들이 출산을 기피하거나 늦추는 경향이 많은데 산모의 연령은 다운증후군과 관련이 있는 것으로 나타났고 노산일수록 임신 자체가 어려워진다. 일반적으로 20대 여성의 75%는 1년 이내에 임신이 되는 반면, 31~35세 여성은 62%, 35세 이상은 54% 정도 임신이 되는 것으로 나타났다(Santrock, 1995).

출산 횟수는 태아의 사산과 관계가 있는 것으로 밝혀졌다. 임신 4번째까지는 사산의 위험이 줄어들지만 그 이후는 증가하였고, 출산 간격이 너무 짧은 경우에도 미숙아의 출산과 관련이 있다.

(6) 모체의 정서 상태

임부의 정서 상태가 중요하다고 여겨 각 문화권마다 강조해 오고 있는데 우리나라 전통 육아에서는 태교라는 용어로 산모의 섭생과 행동 지침들을 일러 왔다.

임부와 태아는 신경조직과 내분비 조직이 서로 연결되어 있어 긴장, 불안, 공포와 같은 임부의 정신적 스트레스는 태반을 통해 태아에게 영향을 미친다. 임부가 스트레스를 받게 되면 이에 반응하는 호르몬이 혈관을 수축시키게 되고 자궁으로부터 피가 유입되는 것을 막아 태아에게 산소나 영양공급이 부족하게 된다.

임부의 정서 상태는 측정하기 어려운 점이 있지만, 질병, 이혼, 남편이나 자녀의 사망, 경제적 문제 등 큰 충격을 받으면 자연유산이나 조산의 위험이 큰 것으로 나타났다. 임부는 임신으로 인해 신경이 예민하고 스트레스를 많이 받는 시기이므로 안정적인 정서 상태를 유지할 수 있도록 가족의 도움이 필요하다.

(7) 방사선 및 초미세먼지

2차 대전 때 일본 히로시마에 원자폭탄이 투하되면서 그 근처에서 방사선을 쐬었으리라 짐작되는 어머니의 아기 중에 기형아나 정박아가 많이 태어났다. 방사선이 태아에게 심각한 영향을 미친다는 사실을 일깨워 준 사례이다. 라듐도 유전인자의 돌연변이를 초래하는데 임신 초기에 X 레이를 통해 라듐을 쐬면 기형아를 낳을 가능성이 있고, 아버지의 직업상 라듐을 많이 쐬었을 경우 염색체 이상의 자녀를 낳을 확률이 높게 나왔다(Santrock, 1995).

최근 들어 기후변화로 인한 초미세먼지도 태아에게 영향을 미치는 것으로 나타났다. 임부가 코로 들이마신 초미세먼지가 혈류를 통해 태반까지 도달하여 호흡기나 안구 또는 피부로 침투해 여러 질환을 일으키는 것으로 밝혀졌다. 초미세먼지는 사람 머리카락 굵기의 40분의 1 정도로 태아의 신체발달에 영향을 미치고, 출생 이후의 삶에도 지속적으로 영향을 미칠 수 있다고 보고하고 있다(조선닷컴, 2018년 9월 18일자).

(8) 아버지의 영향

임부의 흡연과 음주, 스트레스 등이 태내환경에 영향을 미칠 뿐 아니라 아버지의 음주, 흡연, 화학약품을 다루는 경우에도 태아에게 결함이 나타나는 것으로 밝혀졌다.

유해물질이 많은 곳에서 일하는 아버지는 태아에게 해로운 영향을 미치는데 사산, 조산, 저체중아를 출산하는 비율이 높은 것으로 나타났다. 벤젠이나 솔벤트를 취급하는 아버지에게는 저체중아를, 납 성분에 노출된 아버지의 자녀는 신장병이 3배 정도 높았고, 섬유공장과 유리공장, 광산에서 일하는 아버지에게는 미숙아 출산율이 높게 나타났다(Santrock, 1995).

아버지의 출산 연령도 어머니의 경우와 마찬가지로 태아의 건강에 영향을 미치는데, 아버지의 연령이 20세 이하이거나 55세 이상인 경우 다운증후군의 발생률이 높게 나타났다. 건강한 남성들을 대상으로 연구한 결과 20~34세까지는 2~3%만 유전적 결함이 나타난 반면, 35~44세는 7%, 45~55세는 14%까지 결함이 나타났다(Merewood, 1998). 아버지의 연령이 많을수록 자녀의 자폐증 발병 위험도 높아지는 것으로 나타났다. 임부가 건강한 아기를 출산하는데 아버지도 동시에 책임을 지는 일이므로 남성도 흡연이나 음주, 약물복용을 자제하는 것이 바람직하다.

4) 임신 중의 이상검사

임부는 임신기간 중에 여러 가지 이상이 생길 수 있으므로 정기적인 검진을 받아야 한다. 태아의 유전적 결함이 있는지 알아보는 방법에는 초음파검사(ultrasound), 양수검사(amniocentesis), 융모검사(chorionic villus sampling : CVS), 그리고 혈액검사(alpha fetoprotein : AFP) 등이 있다.

초음파검사는 임부의 복부에 초음파를 통과시켜 자궁 내부의 사진을 찍는 것으로 가장 보편적인 방법이다. 초음파는 신체 기관에 따라 흡수나 반향의 정도가 다르게 나타나므로 이를 통해 태아에 관련한 많은 정보를 얻게 된다. 부모는 초음파검사를 통해 자신의 아기를 처음 접하게 되는 동시에 모니터 화면에 태아 신체의 각 부분을 볼 수 있어 장애 유무와 발육 정도를 알 수 있다. 태반의 위치, 자궁 및 난소의 이상 유무, 쌍생아 출산의 가능성 등도 확인할 수 있다.

양수검사는 태아를 보호하는 양막의 아랫부분에 바늘로 주사하여 소량의 양수를 채취하는 방법이다. 임신 15~20주 동안에 초음파진단 장치를 이용하여 양수를 채취한 후 태아세포를 배양해 염색체 핵형을 분석한다. 초음파검사는 태아의 영상을 보여주는 방법인 데 비해, 양수는 태아의 세포를 포함하고 있어 염색체 분석 결과 다운증후군이나 성염색체 이상, 대사 이상 장애와 같은 유전적 결함을 판별해 낼 수 있다.

융모검사는 양수검사의 대안으로 임신 9~10주경에 초음파검사를 이용하여 태반의 위치를 확인하고, 자궁 경부를 통해 작은 융모 조직을 떼어 내 유전적 결함을 알아내는 방법이다. 융모검사는 임신 초기에 시행하므로 양수검사보다 조기에 진단 가능하고, 안전성과 정확성이 앞선다고 알려져 있다.

혈액검사는 여성의 혈액 중에 알파 태아단백(alpha fetoprotein : AFP)이 얼마나 많이 포함되어 있는지 임신 14~20주 사이에 검사하는 방법이다. AFP 수치가 과도하게 높게 나타나면 이분척추나 무뇌증과 같은 뇌와 척추의 구조적 결함을 말해 주는 것으로 선진국에서는 기본 검사로 이용하고 있다(문미옥 외, 2001).

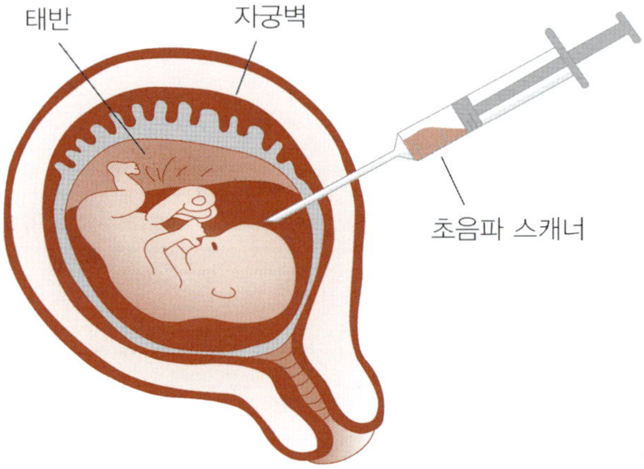

그림 1-8 양수검사

5) 출산

태아가 골반으로 내려와 아랫배가 불러지고 위의 압박이 덜해지면 분만이 임박했다는 징후로 볼 수 있다. 분만예정일은 마지막 생리일을 기준으로 월(月)에 9개월을 더하거나 3개월을 빼고, 일(日)에 7일을 더하여 계산하는데 이는 수정 후 266일, 마지막 생리일로부터 280일이 되는 시점이다. 임부의 생리적·심리적 영향, 태아의 크기, 자궁의 크기, 호르몬 수준에 따라 분만예정일은 상이하다. 예정일에 분만하는 경우는 매우 드물고, 예정일을 중심으로 4주 사이의 분만은 정상으로 본다.

(1) 분만의 단계

출산이 가까워지면 불규칙한 가벼운 진통과 요통을 느낄 수 있는데, 이는 자궁이 조금씩 수축을 시작하기 때문이다. 태아가 밑으로 내려가면서 위의 압박은 덜해지고 소변은 빈번해진다. 이러한 증상이 있은 후 1주일 정도 지나면 이슬이라는 혈액이 섞인 출혈을 하며 분만이 시작된다. 분만은 세 단계로 나누어진다.

① 제1기(개구기)

개구기는 진통이 시작되면서 태아의 머리가 통과할 수 있을 정도까지 자궁구가 10~12㎝ 정도 열리는 기간이다. 자궁이 수축되면서 진통이 시작되는데, 점차 통증이 심해지고 진통 시간도 길어진다. 초산부는 10~12시간 정도이고, 경산부는 초산부의 절반 정도 걸린다.

② 제2기(출산기)

자궁구가 열려 태아가 산도를 통해 출산되는 시기를 출산기라 한다. 자궁이 열리면서 난막이 터져 양수가 나오는데 이것을 파수라 하고, 30분 정도 걸린다. 이 시간 동안 태아가 산도에 오랫동안 머물러 있으면 질식사의 위험이 있으므로 임부의 적극적인 참여가 있어야 하고, 모체가 힘을 주게 되면 태아가 산도 쪽으로 나오는 데 도움이 된다. 이 기간은 초산부의 경우 1~2시간 걸리고, 경산부는 초산부의 절반 정도이다.

③ 제3기(후산기)

태아가 출산된 후 자궁이 수축되면서 태반이 자궁벽에서 떨어져 나와 난막과 함께 배출되는 시기로 5~15분 정도 소요된다.

태아는 진통 중에 태반으로부터 일시적으로 산소의 공급을 받지 못하다가 출산 후 탄산가스가 호흡기관을 자극하여 숨을 쉬게 된다. 분만시간이 너무 길어지면 산소가 부족하게 되어 태아가 뇌손상을 입는다. 이러한 뇌손상은 영구적으로 정박아가 되거나 행동이나 언어장애를 일으킬 수 있다.

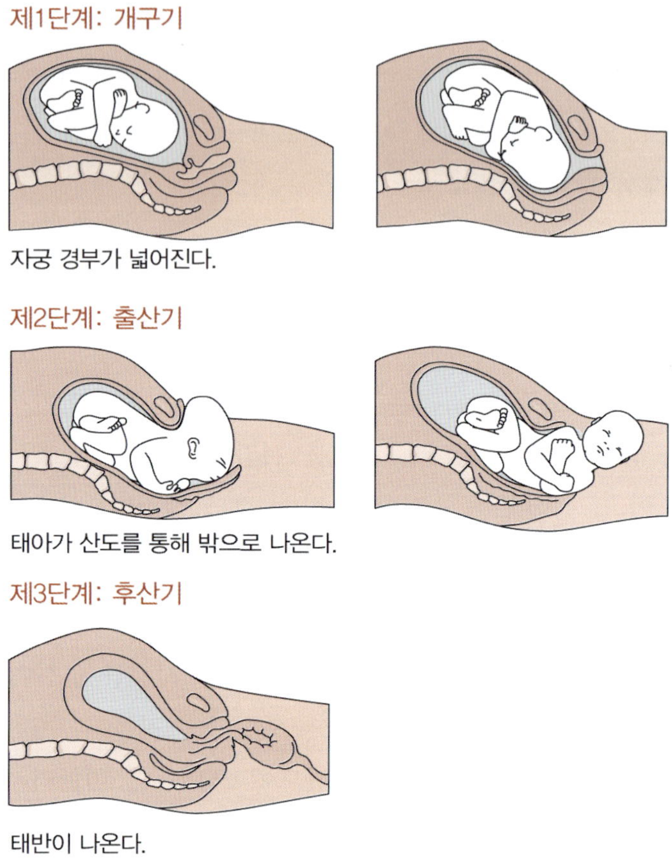

그림 1-9 출산의 과정

(2) 다양한 분만

임부의 태아가 거꾸로 있거나 골반에 비해 태아의 머리가 크거나 전치 태반 등으로 정상적 출산이 어려울 경우 제왕절개를 시행한다. 우리나라에서는 제왕절개 수술을 통해 출산하는 임부 비율이 해마다 늘어나고 있는데, 출산하는 연령이 점차 늦어지기 때문으로 보고 있다. 30대 여성의 초산이 늘어나면서 2015년 기준으로 우리나라 제왕절개 수술 건수는 경제협력개발기구(OECD) 회원국 중 2번째로 많았다(푸드경제신문, 2018년 7월 13일자).

임부의 고통을 줄여주기 위한 방법으로 무통분만이 있다. 산모의 고통을 줄이기 위해 투여하는 마취제는 태반을 통해 태아에게 영향을 미쳐 이후의 운동능력이나 인지발달에 문제를 일으킬 수 있다. 무통분만에는 투약, 주사, 흡입마취, 국부마취 등의 방법이 있고, 자궁의 분만시간을 단축시키기 위해 촉진제를 사용하기도 한다.

Leboyer(1975)는 '폭력 없는 탄생'이라는 저서에서 출산과정에서 임부의 고통뿐만 아니라 태아를 위한 배려도 있어야 한다고 주장하였고 산부인과 의사로서 초기 신생아들의 적응문제에 대해 언급하였다. 아기는 어둡고 조용한 방에서 받아야 하고, 탯줄을 성급하게 끊지 말고 어머니의 배 위에 잠시 올려놓아 서로의 체온을 통한 만족감을 느끼도록 해야 한다고 기술하였다.

(3) 이상 분만

대다수의 임부들은 정상적으로 출산을 하지만, 때로는 난산이나 미숙아와 같은 이상 분만의 문제가 발생하기도 한다.

자연분만으로 아기를 출산하고 임부나 아기에게 이상 증세가 없는 경우 순산이라 한다. 산모와 태아에게 이상이 있거나, 태아가 산도를 통과하는 과정에서 이상이 생겨 분만이 순조롭지 않으면 난산을 하게 된다.

태아보다 태반이 자궁구에 가까이 위치해 있는 경우 전치태반이라 이르고, 정상분만이 불가능하여 제왕절개 분만을 시행한다. 아기가 출산하기 이전에 미리 태반이 자궁벽으로부터 떨어져 나오는 태반조기박리는 바로 출산하지 않으면 임부와 태아의 생명이 위협받게 된다. 또한 분만 시 태아가 산도를 통해 출생하는 것을 도와주는 양수가 미리 터져 나오는 것을 조기파수라 하고 태아에게는 감염의 위험이 있다.

6) 예비부모역할

태내기는 인간 발달에서 10개월에 불과한 매우 짧은 기간임에도 불구하고 출생 이후의 성장에 크게 영향을 미치는 시기이므로 태내환경에 대한 배려가 필요하다. 임신과 출산을 통해 여성은 신체와 생활에도 많은 변화를 경험하게 되어 이에 대한 예비부모의 역할과 태교에 대해 살펴보고자 한다.

(1) 예비부모역할

첫째, 예비부모로서 임신을 긍정적인 태도로 받아들이는 것이 필요하다. 많은 임신부들이 신체 변화에 따른 스트레스와 임신 및 출산에 대한 불안 등 심리적으로 육체적으로 힘든 시기를 경험하고 신경이 예민해진다. 또한 산전·산후를 통해 행복감과 우울증이 교차해 나타나기도 하고, 임신 스트레스가 심할 경우 조산이나 유산, 저체중아 출산, 태아 기형 등을 초래하기도 한다. 임신부가 느끼는 우울이나 초조감, 스트레스, 불안 등은 태반을 통해 태아에게 그대로 전달되어 나타나므로 임신 자체를 긍정적으로 받아들이면서 밝은 마음과 태도를 유지하는 것이 필요하다.

둘째, 임신부는 자신의 건강과 자녀를 위한 건강한 태내환경을 만들어 주기 위해 노력한다. 태아의 성장과 발달을 위해 충분한 영양섭취는 물론 질병에 대한 관리를 하고, 음주, 흡연, 약물복용 등은 자제한다. 적절한 운동과 휴식을 취하면서 마음을 편안하게 유지하도록 한다.

셋째, 남편의 적극적 참여와 지원은 임신부의 심리적 안정에 도움을 주고, 태아와의 유대감 형성에 주요한 역할을 한다. 이러한 남편의 정서적 지원은 임신부인 아내가 임신 과정에 잘 적응하고 임신을 즐겁게 받아들일 수 있도록 해 준다. 가정 내에서 가사노동에 대한 역할 분담으로 임신부의 육체적·정신적 부담을 덜어 주는 일도 필요하다.

넷째, 출산에 대한 준비를 한다. 출산이 임박하게 되면 불안과 두려움이 높아지게 되는데 심리적 안정을 취하도록 남편의 지원이 필요하다. 임신 말기에 정기적 검진을 받으면서 출산할 병원이나 출산 후 휴식할 장소 등을 정해 둔다. 또한 출산 후 태어날 아기에게 필요한 물품(배냇저고리, 목욕용품, 수유용품, 침구류 등)을 미리 준비한다.

(2) 태교

우리나라는 예로부터 전통적인 육아 방법에서 태교라는 용어로 임신 중 모체의 상태가 중요함을 강조해 왔다. 우리 선조들은 건강하고 반듯한 아이를 낳기 위해서 임신부가 신체적, 정신적 건강을 유지해야 한다고 생각했다. 전통적으로 태교를 중요시 해 온 사례로 조선시대 유희 선생의 어머니인 사주당 이씨가 저술한 「태교신기」를 들 수 있다. 사주당은 모체의 태중 교육을 하는 10개월이 출생 이후 스승에게 배우는 10년보다 더 중요한 시기라 하여 인간의 기질과 성격이 태중에서의 교육을 통해 형성됨을 강조하였다(주정일, 1982).

태교는 임신부가 임신부터 출산에 이르기까지 태아에게 신체적, 심리적, 정서적으로 좋은 영향을 주기 위해 지켜야 할 태중교육의 준말로 일컫는다. 태아심리학에 의하면 수정되는 순간부터 태아는 의식이 생겨나 태내생활에 대한 기억을 하게 된다. 오감이 발달하여 아픔도 느끼고 마음의 상처를 받기도 하므로 임신 기간 동안 임신부는 기쁘고 행복한 마음을 유지하도록 해야 한다(연미희·김진숙, 2014).

서양에서는 과학적으로 입증되지 않은 태교를 한낱 미신으로 여겼으나, 초음파를 비롯한 첨단 장비를 통해 태아가 외부의 자극에 민감하게 반응하는 모습을 보이자 과학적으로 근거가 있음을 알게 되어 태교의 중요성을 깨닫게 되었다.

3. 영아기 발달과 부모역할

영아기는 출생 후 만 2세까지를 이르고, 출생 후 첫 1개월은 신생아기라고 한다. 이 기간은 짧은 기간임에도 독립된 개체로서의 시작이라는 점과 새로운 환경에 적응하는 시기이므로 중요한 의미를 갖는다.

영아기는 인간발달의 여러 측면에서 발달이 급속하게 일어난다. 일어나 걷고 뛰어다닐 수 있을 만큼 신체가 발달하고, 단어를 사용하여 의사소통이 가능할 정도로 언어능력도 발달한다. 부모와의 애착형성을 통해 이후 사회성 발달이 이루어지고, 여러 감각기관의 자극을 통해 인지발달을 촉진시켜야 하는 시기이다.

여기에서는 출생부터 한 달까지의 신생아기와 생후 한 달부터 만 2세까지로 구분하여 각 시기의 발달적 특징 및 영아기의 부모역할에 관해 살펴보고자 한다.

1) 신생아기의 발달적 특징

신생아기는 출생 후 첫 한 달을 말하고 탯줄이 끊어진 후부터 배꼽이 아물 때까지 이다. 매우 짧은 기간이지만 독립된 개체로서의 시작이라는 점과 호흡, 체온조절, 영양섭취, 배설 등 새로운 환경에 생리적으로 적응을 해야 하는 의미 있는 시간이다. 부모는 신체적으로 미성숙한 신생아를 돌보는 데 매우 세심한 배려와 주의가 필요하다.

(1) 신체적 특징

신생아의 체중은 출생 시 남아가 평균 3.4㎏, 여아가 평균 3.3㎏이고 신장은 약 50㎝이다. 신생아의 피부는 붉은 색을 띠고 쭈글쭈글하며, 끈적끈적한 태지로 덮여 있다. 몸 전체가 솜털로 덮여 있다가 몇 주 후 점차 없어지고, 생후 3~4일경에 나타나는 신생아황달도 1주일이 지나면 사라진다.

두뇌발달은 신생아기에 급격히 이루어진다. 출생 시 뇌의 무게는 300~400g으로 성인의 25% 정도에 불과하나 생후 6개월에는 거의 50%에 달하고 2세가 되면 75%에 이른다. 태내부터 생후 2년간 두뇌세포가 가장 급격히 증가하여 두뇌발달의 급증기라 일컫는다. 뇌는 복잡한 구조로 되어 있어 영양, 경험 등의 외부 환경과 생리신경계의 쌍방향적 관계가 작용하는 것으로 보고되고 있다(Morgan & Gibson, 1991).

신생아의 호흡, 맥박, 체온조절이나 수면과 같은 생리적 기능은 성인과 매우 다르게 나타나는데 특징을 살펴보면 다음과 같다(Berk, 1996).

첫째, 신생아의 호흡은 1분당 30~40회 정도로 빠른 편이며 복식호흡을 많이 한다. 재채기, 딸꾹질, 하품 등은 일종의 반사활동으로 생존에 중요한 역할을 한다. 신생아는 성인에 비해 심장 박동이 빠르다. 맥박은 1분에 120~160회 정도로 빠르고 불규칙적이다. 신생아의 체온은 성인보다 다소 높은 37~37.5℃로 체온을 조절할 수 있는 기능이 미숙하여 외부의 온도 변화에 영향을 받으므로 몸을 따뜻하게 유지시켜 주는 것이 필요하다.

둘째, 초유는 영양이 많을 뿐 아니라 병에 대한 면역체가 들어 있고 태변의 배출을 도와주므로 가능한 먹이도록 한다. 모유는 신생아가 질병에 걸리지 않도록 면역체를 포함하고 영양학적으로도 우수할 뿐 아니라 밀접한 피부접촉을 통해 아기에게 심리적 안정감을 줄 수 있어 모유 수유를 하는 것이 바람직하다.

셋째, 신생아의 수면시간은 하루에 16~20시간 정도를 차지하고, 자랄수록 수면시간은 짧아진다. 수면은 눈동자가 움직이는가에 따라 REM(Rapid Eye Movement)수면과 비REM(non-REM)수면으로 나누는데, 신생아는 REM 수면이 거의 절반에 이른다. 출생 초기에 뇌의 미성숙과 이후의 빠른 성장으로 성인이 되면 REM수면은 20% 정도로 감소한다.

넷째, 신생아는 생후 1~2일경에 검푸른색을 띠거나 검은 황색의 태변을 보는데, 이는 신장 기능이 아직 완전하지 못하고 태중에서 손가락을 빨 때 마신 양수이다. 며칠 지나면 정상적으로 누른 변을 보게 되는데 모유 혹은 우유이냐에 따라 변의 색깔은 조금씩 다르고 횟수도 다르다.

(2) 반사운동

신생아는 외부 자극에 대해 무의식적이고 자동적인 반응을 보이는데 이를 반사(reflex)라 한다. 반사행동은 신생아의 생존과 직결되는 생존반사와 인류의 진화과정으로 보이는 원시반사로 구분한다.

생존반사는 호흡반사(breathing reflex), 근원반사(rooting reflex), 빨기반사(sucking reflex), 삼키기 반사(swallowing reflex), 눈깜박거리기 반사(eye-blink reflex) 등이 있고, 신생아가 세상에 생존해 나갈 수 있는 기제로 볼 수 있다.

원시반사는 모로반사(Moro reflex), 파악반사(grasping reflex), 바빈스키반사(Babinski reflex), 걷기반사(stepping reflex), 수영반사(swimming reflex) 등으로 수개월 이내에 사라지는데 신경조직이 발달하기 때문이다. 신생아의 대뇌피질이 발달하면서 반사운동은 점차로 의식적이고 목적 있는 행동으로 나타나게 된다.

(3) 감각기능

신생아의 감각기능은 주위 환경으로부터 주어진 여러 자극을 감각기관을 통해 받아들이는 것으로 태내기부터 다양한 자극에 의해 감각기관이 발달되어 있다.

① 촉각

신생아는 촉각을 통해 주위 환경을 많이 감지하는데 출생 이전부터 발달되어 있는 것으로 알려져 있다. 학자들은 피부접촉을 통한 자극은 아기의 성장에 필수적이고, 토닥거리기, 목욕시키기, 마사지 등은 피부자극을 촉진하여 신체 및 정서발달에 효과적이라 하였다.

② 청각

청각은 태내기부터 발달하는데 소리를 탐지하는 능력은 출생 전부터 가능한 것으로 알려졌다. 신생아는 소리의 크기, 방향 및 빈도, 소리의 고저도 구별할 수 있고, 인간의 심장소리를 녹음한 테이프에 반응하기도 하였다(Bower, 1982; Santrock, 1995). 심장소리가 우는 아이를 멈추게 한 것으로 보아 신생아의 정서적 불안을 감소시키는 역할을 한 것으로 간주된다.

③ 시각

신생아의 시각은 덜 발달된 상태로 태어나고 가장 늦게 발달하는 감각기관이다. 출생 후 물체에 초점을 맞추지 못하다가 첫 1~2주 이내에 시선을 고정시킬 수 있다. 볼 수 있는 범위도 한정되어 엄마가 아기를 안고 있을 때 안고 있는 사람의 얼굴을 볼 수 있는 20~25㎝ 떨어진 정도이다.

④ 후각

후각은 잘 발달되어 있고 다양한 냄새도 식별할 수 있다. 신생아의 후각을 알아보는 실험에서 신생아는 냄새가 나는 방향으로 얼굴을 돌리고 맥박과 호흡은 느려지는 반면, 불쾌한 냄새에는 고개를 돌렸다(Brazelton, 1973). 또한 신생아는 엄마의 젖이 묻은 패드에 고개를 돌리는 반응을 나타냈고, 이는 엄마의 젖 냄새를 알아차리는 것으로 보인다(MacFarlane, 1975).

⑤ 미각

감각 중에서 출생 시 가장 발달되어 있는 것이 미각이다. 미각은 신생아뿐만 아니라 태내에서도 어느 정도 기능을 한다. 주로 단맛을 선호하고, 짠맛, 신맛, 쓴맛을 구별하며 2~3개월경에는 특정한 맛에 대한 기호가 생긴다(Rosenstein & Oster, 1988).

2) 영아기의 발달적 특징

출생 후 신생아기를 지나 만 2세까지 해당하는 시기를 영아기라 하고, 이 시기에는 인간발달의 여러 영역에서 급속한 성장이 이루어진다. 영아기는 뛰어다닐 수 있을 만큼 이동능력이 발달하고, 다른 사람과 의사소통이 가능할 정도로 언어능력도 발달한다. 여러 감각기관의 자극을 통해 인지발달을 촉진해야 하는 시기이고, 애착의 결정적 시기를 지나는 동안 사회정서 능력이 발달한다.

(1) 신체발달

영아기는 일생 중 신체의 성장이 가장 급속도로 이루어지는 시기로 신체의 기관이 양적으로 확대되고 구조가 정밀해지며 기능도 발달한다. 평균적으로 신생아의 키는 출생 시 약 50㎝이고 체중은 약 3.3㎏ 정도인데 생후 1년이 지나면 키는 출생 시의 1.5배, 몸무게는 3배 정도 늘어난다. 영아기의 신체발달은 이후 언어, 인지, 사회정서 발달에 영향을 미치고, 두뇌발달도 급격히 이루어지는 것으로 알려졌다.

신체발달은 여러 요인에 의해 영향을 받는데 선천적으로 종족, 기후, 유전적 요인이 있을 수 있고, 어머니의 영양상태, 신생아의 성별, 출생순위, 영양상태, 질병 등 환경적 영향도 받을 수 있다. 영아기에는 신장과 체중, 근육과 골격, 그리고 뇌의 발달이 급격히 일어나는 시기로 제1성장 급등기라고 한다.

영아가 신체를 움직이기 시작하면 행동반경이 넓어지고, 호기심과 탐구심을 만족시킬 기회가 많아진다는 뜻이다. 시간이 지남에 따라 이동근육과 근육운동의 기능이 발달하는데 새로운 형태의 기능적 특징을 보여 주면서 영아기 운동발달의 지표가 되고, 신체 성숙도에 따라 개인차가 크게 나타난다. 운동기능의 발달은 두미발달의 원칙과 근원발달의 원칙을 따른다.

이동운동은 한 장소에서 몸을 사용하여 다른 장소로 이동하는 운동기능으로 기어가기, 걷기, 달리기 등이 속한다. 근육운동 기능은 특정 운동에 사용되는 근육의 크기와 신체 부위에 따라 대근육운동과 소근육운동으로 나뉜다. 대근육운동은 팔, 다리, 몸통과 같은 대근육을 사용하는 운동으로 기기, 서기, 걷기, 뛰뛰기, 달리기, 공 던지기 등이 속한다. 소근육운동은 손가락으로 집기, 물건 잡기, 끼적거리기와 같이 몸의 소근육을 사용하는 운동이다.

생후 3개월까지는 물체를 눈으로만 보고 인식하다가 손을 사용하여 물체를 잡기 시작하면서 외부 세계와의 접촉이 시작된다. 물건을 손으로 잡고, 입으로 가져가고, 흔드는 것은 눈과 손의 협응이 가능한 것으로 인지능력의 발달을 뜻하기도 한다(Schaffer, 1990).

그림 1–10 운동기능의 발달시기

그림 1-11 손가락의 협응 능력 발달

(2) 인지발달

Piaget(1960)는 영아기 인지발달의 첫 번째 단계를 감각운동기라 하고 영아는 감각 기능과 운동 기능의 협응 과정을 통해 세상을 인식한다고 설명하였다. 이 시기에는 감각기관을 통해 받아들인 정보가 인지발달의 주요 내용이 되고 만 2세 말경에는 기초적인 상징 형태의 인지과정으로 발달한다. 월령이 증가함에 따라 감각운동기를 여섯 단계로 세분화하면 다음과 같다.

① 반사운동기(Reflex activity : 출생~1개월)

영아는 환경으로부터의 자극에 빨고, 울고, 큰 소리에 반응하는 등 자연적인 반사행동에 의존한다. 다양한 반사운동을 통해 외부세계를 이해하고 도식을 만들어 나가면서 주위 환경에 적응하는 시기이다.

② 일차 순환반응기(Primary circular reactions : 1~4개월)

'순환반응'이란 영아가 우연한 행동을 통해 흥미 있는 행동을 반복하는 것으로 빨기, 잡기와 같은 감각운동의 반복을 의미한다. 영아의 흥미를 끄는 행동은 자신의 신체를 중심으로 반복해서 나타나는데, 예를 들어 엄지손가락을 빠는 행동은 우연히 시작했지만 재미있기 때문에 반복하는 것으로 자신의 신체에 대한 탐구과정이며 이해과정이다.

③ 이차 순환반응기(Secondary circular reactions : 4~8개월)

이 단계는 자신의 신체에 한정된 순환반응이 아니라 외부에 있는 사건과 대상까지 확대된다. 한 예로 영아가 우연히 딸랑이를 흔들어 소리가 났을 경우 즐거우면 반복하는데 활동이 일으킨 변화에 흥미를 느껴 반복한다. 즉, 딸랑이를 흔들어 나는 소리에 관심이 있는 것이다.

④ 이차 순환반응의 협응기(Coordination of secondary circular reactions : 8~12개월)

영아가 자신의 목표를 달성하기 위해 두 가지 행동을 협응하는 단계로 수단이 되는 여러 도식을 새로운 상황에 사용하게 된다. 예를 들어, 장난감을 꺼내기 위해 막대기를 사용하는 영아의 행동은 의도적이며 목표 성취를 위해 기존의 도식을 협응하는 단계이다.

⑤ 삼차 순환반응기(Tertiary circular reactions : 12~18개월)

일차 순환반응은 흥미를 끄는 단순한 행동을 반복하는 단계이고, 이차 순환반응은 이전에 만족했던 행위를 목적을 갖고 반복하는 것이다. 삼차 순환반응은 단순한 목적을 지닌 반복이 아니라 새로운 행동이 어떤 결과를 가져올 것인지 다양하게 시도해 보는 실험적 사고에 열중한다. 이러한 시도를 Piaget는 인간이 지니고 있는 선천적인 호기심 또는 새로운 것에 대한 흥미의 시작으로 보았다.

⑥ 정신적 표상(Mental representation : 18~24개월)

영아는 문제를 해결하기 위해 눈에 보이는 물체뿐만 아니라 상징이나 이미지를 인지적으로 조합하는 단계이다. 눈앞에 없는 사물이나 사건을 머릿속에 그려내기 시작하고, 행동을 하기 전에 생각을 한 후 행동한다.

감각운동기에 영아가 획득하는 중요한 개념 중의 하나가 대상영속성(object permanence)이다. 사물이나 대상이 눈앞에 보이지 않아도 계속 존재한다는 것을 아는 것으로 대상영속성의 발달은 영아가 회상하고 기억할 수 있다는 능력을 나타낸다. 인지발달과 병행하여 발달하는 대상영속성의 개념을 획득하려면 자신과 주변 세계가 물리적으로 분리된 독립된 존재라는 사고를 할 수 있어야만 한다. 영아기에 점차로 대상영속성의 개념이 나타나기 시작하여 18개월경에는 표상능력이 발달하고 상징을 통한 사고의 단계로 발달한다.

(3) 언어발달

영아기 초기의 의사소통은 출생 시 울음으로 시작하여 만 2세경에는 두 단어를 사용하고 약 200개 정도의 어휘를 구사하게 된다. 단어와 문장을 습득하는 시기에는 개인차가 있지만 대부분의 영유아들은 동일한 발달단계를 거치면서 언어를 획득한다. 생후 1년까지는 최초의 어휘를 사용할 수 있는 시기로 언어 이전단계에 해당하고, 언어 이후의 단계는 한 단어, 두 단어, 첫 문장을 시작하는 단계로 구분한다.

아기가 처음 내는 소리는 울음으로 자신의 의사를 전달할 수 있는 유일한 의사소통 방법이다. 출생 후 초기의 울음은 왜 우는지 이유를 알 수 없는 미분화된 울음이었다가 점차 분화하기 시작하여 영아의 울음 패턴이나 지속시간 등으로 양육자에게 의사를 전달한다. 생후 1주가 지난 신생아가 내는 울음에는 배고파서 우는 울음, 고통의 울음, 그리고 분노의 울음 등 세 종류가 있는 것으로 나타났다(Owens, 1993).

생후 3~5주가 되면 목을 울려 낮게 소리를 내는데 이를 쿠잉(cooing)이라 하고, 젖을 먹고 난 뒤 혹은 장난감을 쳐다볼 때와 같이 즐거운 경우에 소리를 낸다. 3개월이 되면 영아는 울음과 쿠잉을 통해 의사소통을 하고, 아기들의 소리에 양육자의 반응이 없으면 빈도가 줄어들게 된다.

4~5개월에는 옹알이(babbling)를 시작하는데, 자음과 모음을 합쳐 소리를 내는 것으로 같은 음절('마마', '바바')을 반복한다. 목과 혀, 입술을 움직여 내는 옹알이는 근육활동의 결과로 신체적 성숙으로 인해 나타난다. 아기의

옹알이에 엄마나 주변 사람들로부터 격려를 받으면 자라나면서 소리가 빈번해지고 다양해진다. 옹알이는 이러한 주위 사람들로부터의 강화를 통해 모국어를 습득하는 주요 기제로 작용한다. 옹알이는 생후 6~7개월에 절정기에 이르면서 자신의 소리를 모방하기 시작하고, 생후 9개월 정도에는 타인의 소리도 모방한다.

영아가 내는 소리는 다양해지면서 인간이 내는 모든 소리를 낼 수 있을 정도로 발전하는 음소의 확장(phonetic expansion) 현상이 생후 6개월에서 12개월까지 나타난다. 또한 영아는 어느 나라 말이든 할 수 있는 잠재력이 있으나 주변에서 모국어만 격려를 받게 되므로 그 문화권에서 사용하는 모국어의 음소만 발음하게 되는 음소의 축소(phonetic contraction) 현상이 일어난다.

생후 12개월 전후로 영아는 분명하게 이해할 수 있는 단어를 사용하는데, 한 개의 어휘로 하나의 구나 문장을 의미하여 한 단어 시기라고 한다. 일반적으로 한 단어는 사물과 사건을 지칭하기도 하고, 기분을 나타내거나 요구 등을 표현하는 것으로 자음 하나와 모음 하나가 합쳐진 말의 반복이 대부분이다.

생후 1년에서 1년 반까지 영아가 획득하는 어휘 수는 12개월에 평균 10개이고 20개월에는 50개 정도의 낱말을 표현한다. 그러다가 생후 1년 반에서 2년까지 어휘 수가 급격히 증가하여 200 단어 정도를 사용한다(Smith & Cowie, 1991).

영아는 24개월경에 두 단어를 사용하여 의사표현을 한다. 어휘 수가 50개 정도일 때 두 단어를 결합하는데 초기에는 명사와 동사의 핵심적인 단어만 나열하여 전보식 언어(telegraphic speech)를 사용한다.

영아의 언어발달은 성별, 가정환경 및 사회 경제적 수준 등 다양한 요인에 의해 영향을 받고, 개인차가 크게 나타난다. 양육을 주로 담당하는 부모 및 양육자는 영아의 언어발달에 결정적인 역할을 하므로 음성적 언어뿐만 아니라 비언어적 표현에도 적극적으로 모델링이 되어 주는 것이 필요하다.

(4) 사회정서발달

영유아들은 성장하면서 인지적 발달을 보일 뿐 아니라 자신의 감정을 표현하고 다른 사람과 관계도 맺는다. 각기 다른 기질적 특성도 나타내고 영아기의 주요한 사회적 발달인 애착도 형성한다.

① 정서의 발달

정서는 긍정적 정서와 부정적 정서로 나뉘는데 긍정적 정서에는 기쁨, 만족, 행복 등이 있고, 부정적 정서는 분노, 공포, 슬픔 등이 있다. 영아기 정서발달에 관한 Bridges(1930)의 연구에 의하면 신생아는 제한된 정서만을 표현한다고 한다. 출생 시의 정서는 흥분 상태이던 것이 2~3개월경에는 쾌, 불쾌의 감정으로 나누어지다가 불쾌는 분노, 혐오, 공포의 감정으로 나누어지고, 쾌의 감정은 1년이 지날 때까지 지속된다. 성인에게 나타나는 대부분의 정서는 만 3세경에 보인다.

영아기의 정서는 생존을 위한 방편이 되고 의사전달의 수단으로 보았다. 영아는 첫 돌 무렵에 자신의 부정적 정서를 감소시키는 정서조절 전략을 쓰기도 하고, 두 돌이 되면 언어를 사용하여 자신의 정서 상태를 표현한다(Santrock, 1995).

② 기질의 발달

영아는 출생 직후부터 정서적 표현에 개인차를 보이는데, 이를 기질이라 하고 기질을 형성하는 심리적 특성이 후에 아동과 성인기 성격의 토대가 되면서 영아의 경우 성격이라는 용어 대신에 기질이라는 용어를 사용한다. 기질이란 영아의 행동을 특징짓는 기본적인 반응 및 행동양식으로 활동수준, 사회성, 과민성과 같은 특성을 포함한다(Rothbart & Bates, 1998). 영아는 각기 다른 기질적 특성을 갖고 태어나므로 영아가 환경에 반응하고 느끼는 경향도 달라진다.

Thomas와 Chess(1977)는 기질을 구성하는 9가지 요인을 바탕으로 영아의 기질을 순한(easy) 영아, 까다로운(difficult) 영아, 반응이 느린(slow to warm up) 영아의 세 가지 유형으로 구분하였다. 전체 연구대상의 40% 정도인 순한 영아는 잘 먹고, 잘 자고, 잘 배설한다. 새로운 환경의 변화나 자극에 쉽게 적응하고 안정적이며 긍정적인 정서를 유지한다. 까다로운 영아는 생리적인 기능이 불규칙하고 예민하며 욕구좌절에 대해 자주 울거나 짜증을 내는 등 부정적인 정서를 나타낸다. 새로운 사람이나 상황에 적응하는 데 많은 시간이 필요하고 약 10%의 영아가 여기에 속한다. 반응이 느린 영아는 새로운 환경이나 상황에 적응하는 속도가 느리고 수동적이며 소극적인 경향이 있다. 새로운 상황을 좋아하지 않으나 기회가 오면 흥미를 가지고 참여하고 약 15% 정도의 영아가 여기에 해당한다.

③ 애착의 발달

영아기에 나타나는 주요한 사회적 발달이 애착이다. 애착은 영아와 주 양육자(주로 어머니) 간에 강력한 정서적 유대관계를 맺는 것으로 인간관계의 기초가 시작된다.

영아가 처음 보내는 신호행동은 점차 복잡해지면서 특정 대상을 향해 선천적으로 하게 되는 사회행동으로 발전하고 생후 1년 정도에는 애착행동으로 통합되어 나타난다.

어머니가 영아의 기본적 욕구를 충족시켜 주는 수유 행동을 하면서 미소 짓고 다정한 말과 함께 스킨십을 통해 영아와 애착을 형성한다고 보았다. 반면에, Harlow와 Zimmerman(1959)의 원숭이 실험연구는 애착연구에 새로운 입장을 제시하였다. 먹이가 나오는 철사로 만든 어미원숭이와 먹이가 나오지 않는 헝겊으로 만든 어미원숭이 사이에 새끼원숭이를 길렀더니 헝겊으로 만든 어미원숭이와 애착현상을 나타내었다. 새끼원숭이가 헝겊으로 만든 어미원숭이와 가까이하고 공포의 상황에도 달려간 것은 수유가 애착형성에 결정적 요인이 아님을 시사하고 있다.

Bowlby(1973)에 의하면 신생아는 성인에게 신호를 보내는 능력을 선천적으로 가지고 태어나 성인으로부터 양육과 사회적 반응을 이끌어 내어 애착이 발달한다고 보았다. 애착이 부모-자녀 관계의 기본 특성이라는 Bowlby의 견해를 뒷받침하는 Ainsworth(1983)는 개인의 애착을 평가할 수 있는 '낯선 상황' 실험을 개발하였다. 이 실험은 영아와 애착대상 간에 일련의 간단한 격리와 재결합 과정을 통해 애착관계의 안정성을 측정하는 절차로 애착대상에 대한 영아의 반응에 따라 안정애착, 회피애착 그리고 저항애착 등으로 분류하였다. Ainsworth의 전통적 애착연구에 따르면 어머니에 대한 영아의 안정애착이 65% 정도, 회피애착이 20% 정도, 저항애착이 10~15% 정도였다.

애착연구에서 영아에 대한 애착대상의 반응성과 민감성은 매우 중요한 요소로 작용한다(Thompson, 1998). 영아가 보내는 신호를 알아채어 민감하게 반응하면 애착대상과 영아는 안정적인 애착으로 발전하고, 반응에 민감하지 못하면 불안정한 애착관계가 된다. 영아는 애착대상과 안정적인 관계가 형성되어 있으면 안전기지로 삼아 주변 탐색활동을 하고 위험할 때는 피난처로 사용한다.

영아기에 형성된 애착은 이후의 인지발달과 사회정서발달에 중요한 영향을 미치는 것으로 나타났다(Schaffer, 1990; Thompson, 1998). 일반적으로 안정된 애착관계를 형성한 영아는 장난감을 가지고 놀거나 여러 물체를 관찰하면서 호기심을 충족시키지만, 그렇지 못한 영아는 정서적으로 불안하여 외부세계에 대한 무관심으로 인지적 발달이 이루어지지 않았다. 또한 애착관계를 맺지 못한 영아는 유아기에도 정서적으로 불안을 보여 어릴 때의 애착은 이후에도 지속된다고 보고하고 있다.

영아는 친숙한 사람과 애착을 형성하기도 하지만, 낯선 사람에게는 불안해하고 두려운 반응을 나타낸다. 낯가림은 낯선 사람에 대한 반응이라기보다 영아가 친숙해 있는 얼굴과 낯선 얼굴 간의 불일치에 대한 반응으로 볼 수 있다. 이러한 현상은 애착행동의 발달과 동시에 나타나는데, 생후 6~8개월 정도에 보이기 시작하여 첫 돌 전후에 최고조에 달했다가 점차 감소한다.

낯가림이 낯선 사람에 대한 불안에서 비롯되었다면 친숙한 사람과의 격리도 불안의 근원이 된다. 분리불안은 영아가 부모 혹은 애착을 느끼는 대상과 분리될 때 느끼는 불안으로 돌 전후에 나타났다가 20~24개월경에는 사라진다. 생후 1년이 지나면서 어머니 이외의 사람과 자주 접촉을 하게 되면 두려움도 없어지고, 애착관계가 형성된 사람과 일시적으로 격리되어도 고통 없이 받아들인다. 그러나 낯선 사람과의 과도한 접촉은 불안과 격리의 경험을 많이 하게 되어 사회적 행동에도 영향을 미친다.

④ 자아의 발달

신생아기를 지나면서 영아들은 주변 환경에 눈을 돌리기 시작한다. 주위를 살핀다는 의미는 자신과 주변 환경과의 차이를 인식한다는 말이다. 다른 사람의 존재를 깨닫는 것은 자신의 존재를 인식하게 되는 것이고, 자신의 존재를 인식함은 타인에 대해 안다는 의미이다(Hattie, 1992). 생후 1년 정도 지나면 자신과 타인에 대한 기초 개념을 획득하기 시작하여 만 2세 전후에는 "내 거" 혹은 "ㅇㅇㅇ"와 같이 자신의 이름을 말하는 자아개념이 뚜렷해진다.

Erikson(1963)은 아동의 양육자와 맺는 초기 관계에 따라 전 생애의 사회정서발달의 기초가 형성된다고 보았다. 생후 첫 해에 얻게 되는 신뢰감은 자신과 타인, 또는 여러 가지 일에 대해 평생 동안 신뢰감의 기초가 된다. 영아가 배고플 때 수유해 주고, 불안해하면 안아주고, 기저귀가 젖었을 때 갈아주면 신뢰감은 발달된다. 아기가 필요로 하면 언제든 엄마가 온다는 믿음하에 형성된 신뢰감은 자신과 외부 물체와의 관계를 파악하고 주변 세계의 변화를 관찰할 수 있는 원동력이 된다. 이러한 신뢰감 형성을 통해서 외부 세계를 탐색할 수 있게 되고 외부 세계에 대한 인식은 자신을 인식하는 길이 된다(Shaffer, 1993).

영아는 첫 돌이 지나고 걷게 되면서 스스로 주변을 탐색하고 장난감과 같은 물체를 뜻대로 조작할 수 있게 되는데, 이때 자신의 의지에 따른 행동을 주위에서 격려해 주면 자율성을 얻는다.

영아와 어머니와의 관계가 자아에 대한 인식의 기초라고 설명한

Mahler는 영아가 생후 2개월부터 많은 시간을 보내는 엄마와 일체감을 느끼면서 공생(symbiosis) 단계의 자아인식이 시작된다고 보았다. 생후 4~5개월부터는 엄마의 품에 안겨 있으면서 주변 환경에 호기심을 보이고 기어 다니기 시작하면서 적극적으로 탐색하고, 걷게 되면서부터는 분리-개별화(separation-individuation)의 단계가 일어난다. 이러한 과정을 통해 영아는 자신을 독립된 개체로 인식하고, 언어를 획득하면서 심상도 형성하게 된다. Erikson과 Mahler는 영아의 정서적 신호에 양육자가 민감하게 반응해야 한다고 강조하였고, 영아기에 형성된 신뢰감, 자율성 그리고 개별화 과정은 후기의 인성발달에 매우 중요하다고 하였다.

3) 영아기의 부모역할

자녀가 탄생하게 되면 결혼생활은 많은 변화가 일어난다. 태어난 아기를 돌봐야 하는 부모로서의 역할이 필요하고, 그동안 부부간의 친밀감에 더해 부부와 아기 간에 새로운 적응이 이루어져야 한다. 영아기의 부모는 양육자의 역할, 기본적 애착과 신뢰감을 형성하는 역할, 그리고 상호작용자로서의 역할 등을 수행하는데 영아기의 발달에 기초하여 살펴보고자 한다.

(1) 양육자의 역할

신생아가 태어나면서 부모는 양육에 많은 시간과 에너지를 쏟게 되고, 이전에 경험해 보지 못했던 부모로서의 역할과 책임을 감당하게 된다. 전통적으로 자녀의 양육은 어머니의 역할로 인식되었으나 현대사회는 부모가 공동으로 육아를 담당하는 방향으로 변화해 가고 있다.

출생 직후 신생아는 무기력하여 성인에 전적으로 의존해야 하므로 생존과 성장하는 데 양육자와 보호자의 역할은 절대적이라 할 수 있다. 또한 초기의 양육 과정에서 부모와 의사소통하고 신호를 보내는 상호작용은 얼마나 자주 일어나는가 하는 양적인 측면보다 어떻게 상호작용하는가 하는 질적인 측면이 더 중요하다. 특히 영아기 부모는 영아와 언어적 상호작용에 적극적으로 참여하고, 영아가 탐색하고 도전해 볼 수 있는 안전한 환경을 조성해 줄 뿐 아니라 신체발달을 도와주는 조력자의 역할도 필요하다. 영아기는 감각을 통해 다양한 물리적 특성을 직접 경험하는 시기이므로 발달에 적합한 놀잇감을 제공해 주어야 한다.

(2) 애착과 신뢰감을 형성하는 역할

생후 1년간 영아의 정서가 분화되고 기본적인 신뢰감과 자율성이 형성되는 시기이다. 이 기간 동안 부모가 영아의 기본적 욕구와 정서 표현에 얼마나 즉각적이고 민감하게 반응을 보여주었는지, 그리고 일관되게 따뜻한 상호작용을 해 주었는지 등이 매우 중요하게 작용하는 시기이다. 이를 통해 부모와 영아 간에 안정적 애착이 형성되고, 영아는 세상을 믿을 만하다고 여겨 신뢰감을 얻는다. 이에 반해 부모가 영아의 요구에 일관성 없는 태도로 대하게 되면, 영아는 자신과 타인에 대한 불신감을 갖게 되고 부정적인 감정과 세상에 대한 두려움을 표출하게 된다.

양육자에 대한 신뢰감의 형성은 영아가 사물이나 사건을 주어진 상황에서 해석하고 의미를 부여할 수 있는 예측 능력이 발달하게 되고, 적극적으로 행동하는 능동적 존재로서의 의미를 갖게 한다. 이러한 예측 능력은 영아가 자신에 대한 신뢰감을 형성하는 데 중요한 요인으로 작용하고, 부모는 수유, 놀이, 수면 등 일관성 있게 영아를 돌보는 일이 필요하다.

(3) 상호작용자로서의 역할

부모와 영아는 상호작용하는 동안 긍정적이든, 부정적이든 서로 자극과 반응을 주고받는데 이를 통해 상호성이 형성된다. 신생아의 경우 울음과 미소, 옹알이 등으로 신호를 보내고 자신의 의사를 표현하면, 민감한 어머니는 자극에 반응하고 영아가 어떤 자극에 관심을 갖는지 반응의 단서를 찾으며 상호작용을 이어나간다. 영아는 어머니와 다른 사람이 나타내는 행동

유형이 다르다는 것을 인지하면서 자신이 주변의 다른 사람과 분리된 존재임을 깨닫게 된다. 만일 어머니가 영아의 요구와 기분을 무시한 채 자신의 기준에 맞추어 영아를 훈육하고 가르치면 쌍방 간의 상호성은 단절된다.

영아기에는 운동능력, 언어인지능력, 사회성 등의 발달이 선행되어야 건강한 아이로 자랄 수 있다. 부모는 영아에게 흥미 있고, 호기심을 자극하는 환경을 제공하여 자기 주도적인 기회와 독립심을 기를 수 있도록 해야 한다. 영아와 양육자 간에 직접적인 상호작용을 이끌어 내도록 하고, 부모가 모델링의 역할로서 영아의 활동에 참여하는 것이 중요하다.

4. 유아기 발달과 부모역할

만 3세부터 만 5세까지의 시기를 유아기라 칭한다. 영아기에 통통하던 아기 모습은 사라지고 어린이에 가까운 모습으로 변화해 간다. 영아기에 비해 유아기의 발달 속도는 완만하지만 모든 영역의 발달이 계속해 일어난다. 신체적 성장과 함께 운동기능도 꾸준히 발달한다. 영아기에 주로 부모와 함께 하던 공생 관계에서 발전하여 점차 주변 환경에 대한 탐색이 활발해지고, 어휘 수도 증가하여 다른 사람과의 의사소통도 활발하게 일어난다. 인지능력도 발달하여 눈앞에 보이지 않는 대상을 기억할 수 있는 표상능력과 상상력이 풍부해지는 시기로 유아들이 하는 모든 활동은 놀이가 된다. 유아기의 중요한 과업인 놀이는 성장과 발달에 영향을 미치는 중요한 요소이다. 여기에서는 유아기의 발달적 특징 및 부모역할에 관해 살펴보고자 한다.

1) 신체운동발달

(1) 신체발달

유아기의 신체적 성장은 꾸준하고 느린 속도를 보인다. 영아기에 보였던 큰 머리와 통통한 얼굴, 불룩 나왔던 배가 들어가고 팔다리가 성장하면서 머리의 비율이 작아져 어른의 신체 비율과 비슷해진다. 유아기에는 신장과 체중이 꾸준하게 증가하는데 매년 키는 5~7㎝, 체중은 2~3㎏씩 증가하여 만 5세 유아의 평균 신장은 115㎝ 정도, 체중은 20㎏ 정도에 달한다.

두뇌발달은 유아기에도 진행되어 만 3세경에는 성인 크기의 약 75% 정도 성장하고, 만 5세경에는 약 90% 정도까지 커진다. 체중은 비록 성인의 3분의 1 정도에 불과한 데 비하여 두뇌발달은 급속하게 진행됨을 알 수 있다.

신체발달은 유전적 요인과 환경적 요인에 의해 영향을 받는다. 이 중에서 유전적 요인이 작용하는 신체 구조면에서 키, 골격구조, 근력, 감각기관의 예민도 등은 부모로부터 물려받는 것으로 알려져 있다(Shaffer, 1993).

유아들의 영양 섭취는 신체발달과 밀접하게 관련되어 있다. 이 시기에는 위의 크기가 성인의 절반 정도도 되지 않으므로 한 번에 많이 먹을 수 없어 자주 먹어야 한다. 유아기에 건강을 유지하고 골격의 성장을 촉진하기 위해서는 균형 잡힌 식사뿐만 아니라 규칙적인 생활습관을 지니도록 지도하는 것이 필요하다. 유아들이 성장하면서 낮잠시간은 줄어들지만 규칙적으로 수면을 취하도록 한다.

(2) 운동발달

연령이 증가함에 따라 신체적 성장과 함께 운동능력도 꾸준히 발달한다. 첫 돌을 전후하여 걷기 시작한 후 유아기에는 달리기, 뛰기, 공 던지기, 자전거 타기, 그네 타기 등을 할 수 있다. 골격과 근육이 성숙함에 따라 유아들은 성인과 비슷하게 자유로이 몸을 움직이게 된다. 만 2세에 계단을 혼자 오르고, 만 3세에는 발끝으로 중심을 잡을 수 있으면 세발자전거도 탈 수 있다. 유아들은 달리거나 뛰는 자체에 흥미를 느끼지만 처음에는 잘 달리지 못하다가 만 5세경에는 안정된 자세로 달리게 되고, 공 던지기를 좋아하고 그네와 미끄럼틀 같은 놀이기구도 즐긴다.

유아의 운동발달은 영아와 비교하여 점차 빨라지고, 강해지고, 민첩해진다. 근육이 성숙하면서 힘이 강해지고, 유연성과 균형도 잘 유지한다. 영아기 때 성취한 신체적인 능력을 토대로 연습활동을 통해 달리기, 뛰어오르기 등 운동기술을 정교화시킨다.

유아기에는 달리기나 뜀뛰기와 같은 대근육운동뿐만 아니라 가위질하기, 색칠하기, 단추 끼우기 등과 같이 소근육을 사용하는 운동능력도 발달한다. 대근육과 소근육의 발달로 신체의 균형을 유지하고 협응력이 향상되므로 유아들은 긍정적인 자아개념을 형성하게 되고, 또래와 사귀면서 사회성도 발달한다. 유아기의 신체적 특징과 운동능력이 중요한 역할을 하게 되면서 운동을 잘하는 유아는 또래 간에 많은 인기를 얻고 자신감도 갖게 되어 자아개념 형성과 친구관계에 영향을 미친다.

유아기는 눈과 손의 협응이 잘 이루어져 일상생활에 필요한 여러 가지 행동을 할 수 있다. 만 2세에는 유리컵을 잡을 수 있고 크레용을 잡고 끼적거리다가, 만 3세에는 서툴지만 사각형을 따라 그릴 수 있고, 던지는 공을 받기도 하며, 단추를 풀기도 하고, 신발을 벗을 수 있다. 만 4세는 혼자 옷을 입고 벗을 수 있고, 종이에 그려진 선을 따라 가위를 사용하여 자르기도 하고, 만 5세는 단추를 잘 채우기까지 한다. 이러한 행동들은 사물을 먼저 인식한 후 반복적인 감각 경험을 통해 습득이 가능하다.

운동발달은 사춘기 이전까지 남아와 여아 간에 큰 차이가 없다. 여아의 경우 남아보다 키는 작지만 신체근육이 빨리 성숙하여 운동발달이 빠른 편이다. 그에 반해, 남아는 공 던지기, 계단에서 뛰고 오르내리기와 같이 팔다리 근육을 사용하는 운동능력은 앞선다. 이러한 운동능력의 차이는 여아는 실내에서 하는 놀이를 즐겨하고, 남아는 밖에서 하는 놀이를 좋아하여 놀이 활동에 차이를 나타낸다.

표 1-4 연령별 대근육운동과 소근육운동

연령	대근육운동	소근육운동
만 2세	• 한 계단에 한 걸음씩 해서 계단을 혼자서 오르내릴 수 있다. • 공을 집어 던질 수 있다. • 앞으로 큰 공을 찬다. • 세발자전거의 페달을 밟을 수 있다.	• 나사 모양의 장난감, 문고리, 수도꼭지 등을 기능에 따라 잘 조작한다.
만 $2\frac{1}{2}$세	• 발끝으로 걸을 수 있다. • 한 발로 1초 동안 균형을 잡을 수 있다. • 두 발로 뛸 수 있다. • 옷 입는 것을 도울 수 있고, 옷을 혼자서 벗을 수 있다.	• 미숙하게 원을 그릴 수 있다. • 종이에 수직선과 수평선을 모방할 수 있다.
만 3세	• 자주 비틀거리거나 넘어지면서 달린다. • 공을 잘 던질 수 있다. • 발을 번갈아 가면서 계단을 오를 수 있다. • 세발자전거를 어려움 없이 탈 수 있다. • 옷을 쉽게 입을 수 있으며, 혼자서 신발을 신을 수 있다.	• 앞단추를 풀 수 있다. • 원을 따라 그린다.
만 $3\frac{1}{2}$세	• 속도를 줄이거나 내면서 달릴 수 있다. • 발끝으로 중심을 잡을 수 있으며, 발끝으로 달릴 수 있다. • 깨금발을 뛸 수 있다. • 튀는 공을 잡을 수 있다.	• 미숙하게나마 사각형을 따라 그릴 수 있다. • 가위를 사용할 수 있다. • 간단한 퍼즐을 완성할 수 있다.
만 4세	• 4~8초 동안 한 발로 균형을 잡을 수 있다. • 양발을 교대로 계단을 내려갈 수 있다.	• 사각형을 그릴 수 있다. • 앞단추를 채울 수 있다.
만 $4\frac{1}{2}$세	• 매우 잘 뛴다. • 장애물 넘기를 할 수 있다. • 신발끈의 매듭짓는 것을 제외하고 혼자 옷을 입을 수 있다.	• 삼각형을 알아볼 정도로 그릴 수 있다.
만 5세	• 두 손으로 잡는다. • 공을 튀길 수 있으며, 잡을 수 있다. • 줄넘기를 잘 할 수 있다.	• 단추를 잘 채울 수 있다.

2) 인지발달

유아기에는 기억력의 증가로 사고의 폭은 넓어지지만 논리적으로 조작이 되지 않는 전조작기의 특징을 보인다. 유아는 눈에 보이지 않는 대상이나 사건에 대해 정신적 표상을 할 수 있고, 상징을 사용할 수 있는 능력을 보인다. 언어가 상징적 표현의 수단이 되고, 이 시기에 습득하는 언어는 인지발달에 중요한 역할을 한다.

영아기의 감각운동기와 비교하여 유아기는 감각운동적 행위에 덜 의존하고, 눈앞에 없는 것을 기억하는 표상이 나타나며 상징적으로 사고하는 능력도 증가한다.

만 2세가 되면 유아들은 전조작기 사고단계로 들어가는데 사고의 논리적 조작이 가능하지 않아 전조작기라 부른다. 「조작」이란 과거에 일어났던 사건을 내면화시켜 서로 관련지을 수 있는, 즉 논리적인 관계를 지을 수 있음을 뜻한다. Piaget는 전조작기를 전개념적 사고단계(preconceptional stage)와 직관적 사고단계(intuitive stage)로 나누었다. 만 2세부터 만 4세까지는 전개념적 사고단계에 해당하고 조작적 사고가 거의 나타나지 않으나, 만 4세부터 만 7세까지는 직관적 사고단계로 어느 정도 조작적 사고가 가능하다.

(1) 전개념적 사고단계

감각운동기의 영아는 이전에 본 것이나 들은 것을 머릿속에 떠올리지 못하지만, 전개념적 사고단계에 들어서면 물체의 모습이나 동작에 대한 이미지를 형성한다. 이 시기의 특징으로는 가상놀이, 자기중심적 사고(egocentrism), 물활론(animism) 등이 있다.

유아들은 언어를 습득하고 상상력이 풍부해지는 전조작기에 들어와 상징적 사고가 가능해지면서 가상놀이에 참여한다. 현실과 환상을 구분하기에는 아직 어리지만 가상의 사물이나 상황을 실제 사물이나 상황으로 상징화하는 놀이를 즐겨하는데 소꿉놀이, 병원놀이, 학교놀이 등이 예이다.

자아중심적 사고는 자신의 입장에서만 보고 판단하여 다른 사람의 입장을 고려하지 않는 것이다. 자기중심적 유아는 다른 사람도 자기와 같이 생각한다고 믿고 있으므로 타인의 관점이나 감정을 이해하지 못한다. 유아기의 자아중심성은 언어에도 나타나는데 자신이 하는 말을 상대방이 이해하거나 말거나 자신의 생각만을 전달하는 의사소통 방법이다. 대화를 나누는 상대방과 의사소통을 하기보다는 자기가 하고 싶은 말만 해버리는 집단독백의 형태가 많이 나타난다.

전조작기의 유아는 생명이 없는 대상에게 생명과 감정을 부여하는 물활론적 사고를 하는 것이 특징이다. 모든 사물은 인간과 같이 숨쉬고, 아픔을 느끼며, 자란다고 믿어 무생물과 생물의 구별을 하지 못한다. 인형에게 우유병을 갖다 주면서 배고플 것이라고 말하거나 가위로 종이를 자르면 종이가 아플 것이라는 생각이 물활론의 예이다.

연령이 증가하면서 물활론에 대한 반응도 달라지는데 처음에 모든 사물에 생명을 부여하다가 만 4세 이후에는 활동하는 것이나 인간에게 영향을 미치는 모든 사물에 생명이 있다고 믿는다. 만 6세경에는 움직이는 것에 생명을 부여하고, 만 8세 정도에는 스스로 움직이는 것, 실례로 구름과 태양에는 생명을 부여하지만 자동차는 스스로 움직이지 못하여 생명이 없다고 간주한다.

(2) 직관적 사고단계

유아들은 전조작기 후반에 사물을 직관적으로 판단한다. 사물이 갖고 있는 여러 속성 중에 가장 두드러진 속성을 바탕으로 사고하는 것을 의미한다. 유아의 판단이 직관에 의존하므로 전체와 부분의 관계를 파악할 수 없거나 형태나 색깔 등 한 가지 지각적 특성에 의해 좌우되는 사고패턴으로 보존개념, 분류화, 서열화 등이 직관적 사고의 대표적 예이다.

Piaget의 실험에서 널리 알려진 개념이 보존개념으로 사물의 외양이 바뀌어도 속성은 바뀌지 않는다는 것을 이해하는 능력이다. 전조작기의 유아는 물체에 대한 보존개념이 없다고 하여 양의 보존개념 실험은 잘 알려져 있다. 이 실험은 같은 크기와 모양의 A, B컵에 같은 양의 물을 붓고 유아에게 양이 같다는 것을 확인시킨 후, 컵 하나의 물을 밑면적이 넓고 높이가 낮은 컵에다 붓는다. 유아에게 어느 컵의 물이 많으냐고 물으면 대부분의 경우 폭이 좁은 컵의 물이 많다고 대답한다. 이는 물의 양에 대한 보존개념이 형성되지 않았다는 것을 말하고, 유아들이 물의 높이라는 속성에만 관심을 두기 때문이다.

수의 보존개념에 대한 실험으로는 두 줄의 사탕이 똑같다는 것을 확인시킨 후 한 줄로 사탕을 모아놓으면 유아들은 사탕의 개수가 달라진 것으로 생각한다. 이는 사탕을 어떻게 펼쳐 놓았는가에 따라 많게 혹은 적게 보여 개수가 다르다고 생각하는데 수에 대한 보존개념이 형성되어 있지 않기 때문이다.

전조작기의 유아가 보존개념을 획득하지 못하는 이유는 중심화(centration) 현상으로 설명할 수 있다. 중심화란 유아가 사물이나 사건을 볼 때 관심이 한 측면으로만 집중되는 것을 말한다. 양의 보존개념에 관한 실험에서 유아는 밑면적이 좁고 높은 컵의 물이 많다고 대답하는 것은 컵의 물 높이에만 관심을 두기 때문이고, 유아가 보기에 밑면적이 넓고 높이가 낮은 컵의 물의 양이 적어 보이는 것은 지각적 특성에 의해 판단하는 직관적 사고에서 비롯된다.

보존개념을 획득하는 연령은 과제의 종류에 따라 다르게 나타난다. 그림 1-12는 여러 가지 보존개념에 관한 실험의 예이다. 수에 대한 보존개념은 만 5~6세, 길이의 보존개념은 만 6~7세, 무게, 액체, 질량, 면적의 보존개념은 만 7~8세, 부피의 보존개념은 만 11~12세에 얻어지는 것으로 보인다.

사물이나 사건을 일정한 규칙에 따라 분류하는 일은 논리적 사고를 할 수 있는 기초가 된다. 전조작기의 유아는 색깔과 크기가 다른 원형, 삼각형, 사각형의 물건 중에 여러 속성에 따라 분류하는 과제에 혼돈을 일으켜 정확하게 분류하지 못한다.

보존과제	처음 제시	변 형
수	두 줄의 동전 수는 같은가? 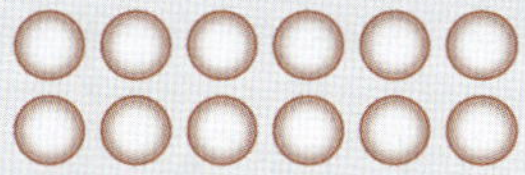	동전의 간격을 멀리해도 동전 수는 같은가? 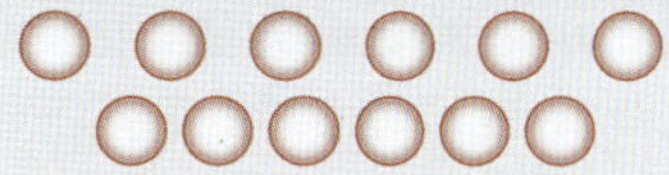
길이	두 막대의 길이는 같은가? 	막대를 옮겨 놓아도 길이는 같은가? 
액체량	두 컵의 물의 양은 같은가? 	넓적한 컵에 옮겨 부어도 양은 같은가? 
질량	두 개의 공모양의 찰흙은 양이 같은가? 	하나를 변형시켜도 양은 같은가? 
면적	두 마리의 소는 동일한 양의 풀을 먹을 수 있는가? 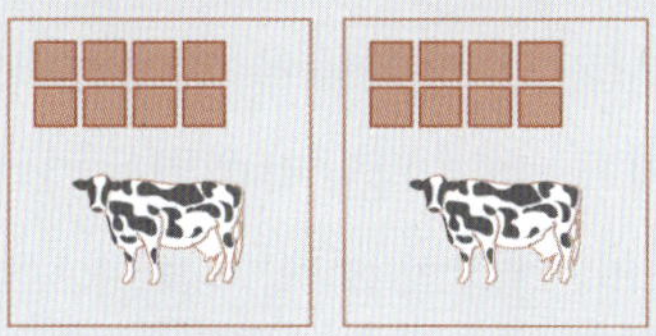	풀의 위치를 바꾸어도 동일한 양의 풀을 먹을 수 있는가? 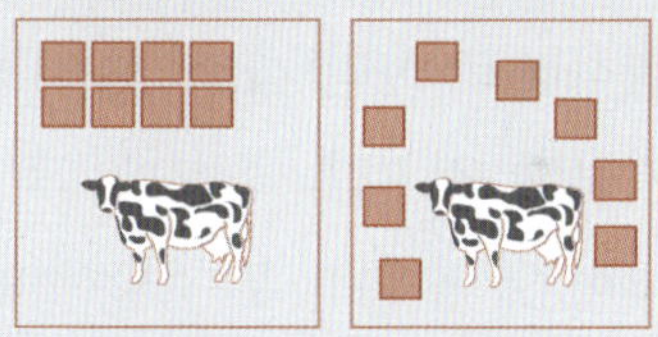
무게	두 개의 공모양의 찰흙은 무게가 같은가? 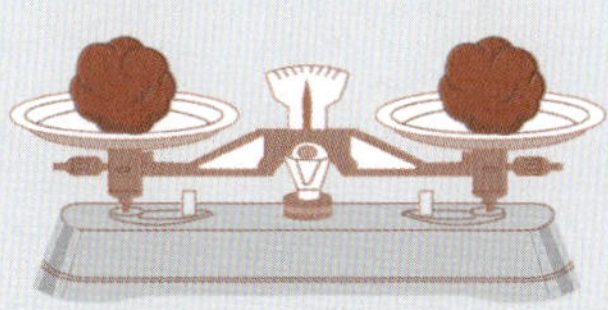	하나를 변형시켜도 무게가 같은가? 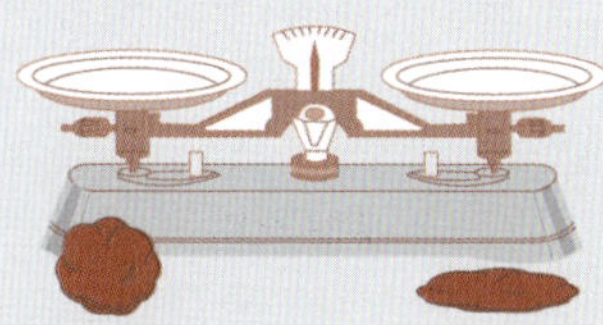
부피	두 개의 공모양의 찰흙을 물에 넣으면 올라오는 물높이는 같은가? 	하나를 변형시켜 넣어도 물높이는 같은가? 

그림 1-12 보존개념

출처: Berk, L. E. 1999.

만 4~6세에는 부분적으로 분류를 하지만 기준이 명확하지 않고, 만 7~8세가 되어야 분류기준에 따라 정확하게 한다. 분류의 기준으로는 색깔을 먼저 사용하여 물체의 색깔에 따라 분류할 수 있다.

전조작기의 유아는 「전체」와 「부분」의 관계를 이해하는 능력이 부족하다. 한 예로 어른 2명과 자녀 3명으로 이루어진 가정의 유아에게 "너희 집에는 아이들이 많니? 사람이 많니?"라고 질문을 하면 "아이들이 많다"라고 답한다. 이 시기의 유아들은 가족 전체의 일부에 아이들이 있다는 사실을 인지하지 못하기 때문이다.

전체나 부분과의 관계나 상위유목과 하위유목 간의 관계를 밝히는 유목포함(class inclusion) 연구에 대해 많은 학자들이 관심을 가졌다. 유목포함 관계를 이해한다는 것은 논리적 사고가 가능하다는 말로 인지발달의 지표가 된다. 유아들의 유목포함 수행능력은 연령이 증가함에 따라 잘 수행하는 것으로 나타났다.

유아들에게 길이가 다른 여러 개의 막대기를 주고 제일 긴 것 혹은 제일 짧은 것을 골라내게 하는 작업은 할 수 있으나, 길이에 따라 순서대로 나열하라고 하면 하지 못한다. 이 시기의 유아들은 한 막대기가 다른 막대기보다 길지만, 동시에 그 막대기가 또 다른 막대기보다 짧다는 것을 사고하기 어렵다. 만 5~6세에는 여러 막대기를 일부분만 순서대로 배열하다가 구체적 조작기에 이르면 서열화의 개념을 완전하게 획득한다.

3) 언어발달

유아기에는 어휘 수가 급격히 증가하고 문법에 대한 규칙을 이해하고 적용하여 정확한 문장을 사용하면서 다른 사람과 원활하게 의사소통할 수 있다. 유아기의 특성은 상상을 할 수 있는 사고가 발달하고 상징적 표현을 할 수 있는 언어발달이 급속하게 일어나며, 언어를 통해 타인과의 사회적 상호작용도 활발히 진행된다. 유아기의 시작인 만 2세에는 200단어 정도에 이르고, 이후 1년에 약 500~600개씩 어휘를 습득하여 만 6

세경에는 2,000~2,500개의 단어를 알고 사용한다. 이는 유아의 인지적 성숙으로 인하여 사물을 범주화하는 능력이 발달하면서 어휘 수가 증가하는 것으로 알려져 있다(Goldfield & Reznick, 1990).

(1) 유아어의 변화

유아의 연령이 증가함에 따라 어휘 수도 증가하지만 언어의 유형도 자기중심적 언어에서 사회화된 언어를 사용하기 시작한다. 영아기에는 "마마", "빵빵"과 같이 의미 없는 날말을 반복해서 말한다. 이후에는 남이 알아듣지 못하는 말로 독백 형태의 말을 하다가 둘 이상 있을 때 서로 대화하듯 얘기하지만, 의사소통의 형태라고 볼 수 없는 집단적 독백 등 자기중심적 언어는 만 4~5세 아동에게 나타나는 보편적 언어 형태이다.

언어가 가지는 사회적 의미를 이해함에 따라 유아들이 사용하는 자기중심적 언어는 줄어들고 다른 사람과 소통하면서 점차 사회화된 언어를 사용하기 시작한다. 언어의 사회적 기능이란 말하는 사람이 자기의 의사를 표현하고, 듣는 사람은 상대방이 말하는 것을 수용하는 것이다. 유아들은 언어를 통해 타인과 상호작용하고, 새로운 정보를 교환하고, 자신의 감정과 태도를 표현한다.

(2) 유아어의 특징

유아기 초기에는 한 단어의 문장을 거쳐 명사와 동사를 나열하는 전문식 형태를 보이다가 만 2~3세경에는 세 단어 이상을 조합하여 문장을 말한다. 세 단어 문장을 사용하면서 문법적 형태소를 사용하기 시작하고, 이에 따라 전문식 표현은 감소하고 말의 길이가 길어진다.

유아는 언어의 문법적 규칙을 찾아내면 예외 없이 일괄적으로 적용하는 과잉일반화 현상을 보인다. 가장 빈번한 현상으로는 주격조사를 주격의 명사 형태와 상관없이 모든 경우에 일반화하여 사용하는 것이다. 예를 들어 '아빠가', '엄마가'에 붙이는 주격조사 '~가'를 모든 주격조사에 붙여 '신발이가 없어', '삼촌이가 줬어'라는 식으로 말을 한다. 영어에서도 유아들이 과거를 나타내는 「ed」를 모든 동사에 붙이는 과잉일반화 현상을 볼 수 있는데, "I goed to the school"이라고 말하는 예이다. 유아들이 언어의 세부 규칙을 완전히 파악하지 못해 과잉일반화가 일어나지만 성장하면서 점차 올바른 표현을 사용하게 된다.

유아기에는 부정적인 개념을 표현할 때 단어나 구절 앞에 「안」자를 첨가하기도 하고, '싫어', '아니'와 같은 부정적 의미의 문장을 많이 사용한다. 예를 들어 "난 안 과자 먹었어"(난 과자 안 먹었어), "이건 안 기차야"(기차를 달라고 하여 자동차를 주었을 때 "이것은 기차가 아니야"라고 해야 함)라는 표현을 한다. 이러한 형태는 오래 지속되다가 연령이 증가하면서 "못 하겠다"와 같이 「못」을 동사와 형용사 앞에 사용한다.

또한 유아기에는 자신이 한 말을 확인하려고 물어보는 부가의문문의 사용이 빈번하다. "이 인형 이뻐 그렇지?", "이거 재밌어, 그렇지?" 등의 예에서 볼 수 있듯이 부가의문문에 "그렇지?", "안 돼?" 등을 많이 사용한다.

(3) 의사소통능력

영아기는 다른 사람이 말하는 것과 관련하여 자신의 의사를 표현하지만 상대방에게 잘 전달되지 않는다. 유아기는 어휘와 문법이 발달하고 말이 많아지면서 상대방이 알아듣는가에 대해 관심을 가지게 되어 상대방도 유아의 말을 이해하기 쉬워진다. 유아들은 자신이 전달하려고 하는 메시지를 듣는 사람의 수준에 따라 달리 말하는 의사소통능력이 발달한다. 자신보다 어린 아기에게 말을 할 때 짧은 문장을 쓰고, 성인에게는 복문과 예의바른 표현을 쓰는 등 연령에 따라 대화 방식을 조절한다. 또한 유아는 자신이 알고 있는 메시지를 정확하게 전달할 뿐 아니라 관심 있는 내용에 대해 상대방과 대화를 주고받는다.

의사소통을 하는 상황에는 말을 하는 사람과 듣는 사람이 있다. 유아가 언어로 상호작용하기 위해서는 문법 지식과 그 사회의 언어 사용에 대한 규칙을 이해해야 한다. 바람직한 화자와 청자의 역할을 위해 언어 능력과 사회적 규칙을 반영해야 하는데 이러한 언어 능력은 의사소통능력의 일부분이다. 유아들은 언어를 사용하고 사회의 언어 규칙에 맞추어 문장을 구성하여 상대방과 소통하면서 언어능력과 동시에 의사소통능력을 습득해 나간다.

4) 사회정서발달

유아들은 성장하면서 사회에서 요구하는 가치관이나 행동 방식을 습득해 나가는 과정을 밟아 나가는데 이를 사회화(socialization) 과정이라 한다. 이 과정을 통해 사회적 구성원으로서의 역할을 담당해 나간다.

사회화 과정에는 개인적 요소와 개인을 둘러싼 환경, 그리고 거시환경 등이 작용하는 것으로 알려져 있다(Zimmermann & Witnov, 1990). 개인적 요소로는 연령, 성, 출생순위, 지능, 인성 등이 사회화 과정에 영향을 미치고, 유아를 둘러싼 환경은 가족, 친구, 대중매체 등을 꼽을 수 있다. 거시환경으로는 문화, 국가 등이 개인의 사회화에 크게 영향을 미치는 부분으로 간주된다.

(1) 사회심리발달

유아기를 통해 길러져야 할 사회성 발달, 즉 주요한 세 가지 발달과업으로는 주도성, 독립심 그리고 자아통제로 다음과 같다.

유아기에 들어서면 부모로부터 심리적인 독립을 하여 주변 환경을 탐색하면서 유아 스스로 주도적으로 무엇인가를 시도하려고 애쓴다. 혼자 숟가락으로 밥을 떠먹으려 하고 옷을 혼자 입어 보려고 하는데 힘들어하면서도 스스로 원하는 것을 해냈을 때 큰 기쁨을 느끼게 된다.

이 시기에는 유아들이 자율적으로 해 보고 싶어 하고, 새로운 일을 시도하려 하고, 주도적으로 일을 해냈다는 성취감을 느껴 보고 싶어 한다.

부모나 주변 사람들이 이러한 욕구를 충족시킬 수 있도록 충분한 기회를 주어야 유아들이 무슨 일에나 자신감을 가지게 된다. 또한 유아기에는 자신의 가치에 대해 전반적으로 판단하는 자아존중감이 나타나는데 유아의 높은 자아존중감은 유아의 주도성 발달에 기여하므로 유아 자신을 소중하고 가치 있는 존재로 받아들이도록 부모들이 관심과 격려를 해 주는 일이 필요하다.

영아기에 형성된 애착은 만 3~4세에 강도가 약해지고 유아 스스로 주변을 탐색하는 시도가 많아지면서 독립적으로 행동하려고 하는데, 성인들이 칭찬으로 격려해 주어 유아의 독립적인 요구가 자발적으로 생겨나도록 해야 한다. 주 양육자인 어머니 이외의 다수, 즉 아버지, 할아버지와 할머니, 이웃들과 자주 접촉하는 방법도 독립심을 키워 줄 수 있고, 집 이외의 여러 기관을 방문하게 하는 일도 도움이 된다.

자아통제와 관련한 연구는 만족지연 상황에서 수행된 연구결과를 많이 인용하고 있는데 유아들이 만족을 지연해야 하는 경우가 많이 발생하기 때문에 이를 사회화 과정의 중요한 측면으로 간주하였다. 만족지연 연구에서 유아 자신에게 만족하는 것 이외에 친밀한 타인을 위해서 만족지연을 할 수 있다는 연구결과는 취학 전 아동이라도 자아통제가 가능하다는 것을 의미한다(정영숙·김은경, 1996). 자아통제는 만 3세경에 출현하여 유아기를 거치면서 발달해 나간다.

(2) 성역할 발달

인간의 성별은 출생 직후부터 생물학적 성에 의해 남성과 여성으로 구분하여 일생 동안 지속적으로 영향을 미친다. 이러한 성별에 따라 남성과 여성에 적합한 역할을 수행하도록 규정하고 있어 유아들은 어려서부터 사회화 과정을 통해 성역할을 습득한다.

성유형화란 사회가 남성과 여성에게 적합한 것으로 규정한 행동이나 태도를 자신의 것으로 내면화시키는 일이다. 유아들은 자라나면서 그가 속한 사회의 압력으로 태도, 가치관, 행동 특성을 통제하여 성유형화 하도록 요구받고 있고, 문화권마다 남성과 여성으로 특징지을 수 있는 특성이 다르다. 남성에게는 대체로 독립성, 공격성과 활동성을 기대하고 여성에게는 의존성, 수동성과 감정적임을 기대한다. 성유형화는 동성의 부모를 통해 동일시 과정을 거치거나 동성모델을 관찰하면서 각 성에 맞는 가치를 습득하고 행동을 배우게 된다.

성역할은 성동일화, 성안정성, 성항상성의 단계를 밟아 발달해 나간다. 영아들은 자신이 남아인지 여아인지 인식을 하고 있더라도 "너 남자니, 여자니?"라고 물으면 정확하게 답을 하지 못한다. 만 3~5세경에는 자신의 성을 인지하고 인형을 보더라도 여자인형과 남자인형을 구별한다. 남아는 커서 남자가 되고 여아는 커서 여자가 되는 것을 알게 되고, 만 6~7세경에는 성기에 의해 남녀 구분이 됨을 이해하게 된다. 따라서 여아가 군복을 입는다고 남자가 되지 않음도 알게 된다.

성역할 고정관념이란 사회에서 남성과 여성의 역할을 하도록 엄격하게 요구받고 있어 일찍부터 그 성에 맞는 행동을 하는 것을 말한다. 이는 성에 따라 용인된 행동양식, 감정의 표현방식과 말투 등을 사용하는데 만 2~7세 사이에 나타난다. 유아의 성역할 고정관념은 성격특성, 행동특성과 놀이를 통해 형성되고 초등학교에 들어가면 다소 감소하는 것으로 나타났다(정옥분, 1995).

최근에는 전통적인 성역할 구분에 대해 현대사회에는 더 이상 적합하지 않고, 인간의 잠재력을 개발하는 데 장애요인으로 간주하여 이에 대한 대안으로 Bem(1975)은 양성성으로서의 사회화가 더 기능적이라 주장하고 있다. 양성성은 하나의 유기체 내에 남성적 특성과 여성적 특성이 공존하는 것으로 상황에 따라서는 효율적인 성역할 개념이 될 수 있음을 의미한다.

성역할 발달에 영향을 미치는 요인으로는 먼저 생물학적 영향을 들 수 있다. 성호르몬은 성역할 발달에 영향을 미치는데, 남성호르몬인 안드로겐(androgen)의 분비는 여아에게 적고, 여성호르몬인 에스트로겐(estrogen)은 남아에게 적게 나타나 남녀 성별에 따라 성호르몬의 분비를 조절하는 것으로 알려졌다. 남성호르몬은 남성의 생식기와 이차 성징의 발달에 작용하고, 여성호르몬은 여성의 신체적 특징에 영향을 미친다(Hines, 2013). 생물학적인 차이, 즉 신체적 특성이나 근육의 발달 등이 사회문화적 기대를 다르게 하여 성역할 또한 다르게 나타나는 것이다.

유아가 출생한 후 성별에 따라 대하는 태도를 달리 하여 각각의 성역할을 습득하도록 하고 있는데 여기에는 부모, 친구 그리고 대중매체의 영향이 작용한다.

부모는 문화적 기대에 따라 자녀의 성별에 맞는 성역할을 학습하도록 키운다. 대개는 자녀가 성에 적합한 행동을 하면 부모들은 보상을 주어 빈도가 증가하도록 하지만, 적합하지 않은 행동일 경우에는 처벌이나 훈육으로 빈도를 줄여 나간다. 한 예로 남아에게는 공격적 놀이를 허용하는 반면, 여아들은 인형놀이를 하거나 우는 것과 같은 정서적 표현에 긍정적 태도를 보인다. 성역할 발달에 부모가 지대한 영향을 미치기는 하나 유아들이 자라게 되면 또래집단도 개인의 남성성과 여성성 발달에 영향을 미친다. 이 시기에는 같은 성을 가진 친구와 놀면서 관찰과 모방을 통해 성역할을 학습한다. 유아들 간에도 성에 적합한 놀이는 서로 보상하고, 성에 부적합한 놀이는 비판을 하는 것으로 나타났다(Leaper, 2013).

대중매체는 유아의 성역할 발달에 매우 중요한 영향을 끼치는데 그중에서 텔레비전이 차지하는 비율이 가장 높다. 텔레비전에 묘사되는 성별에 대한 이미지를 통해 유아는 성에 대한 가치관이나 태도를 형성하게 되어 성역할 발달에 지대한 영향을 준다. 유아기는 텔레비전에서 제시하는 성에 대한 정보에 많이 의존하고, 관찰하여 모방하는 시기이다. 대부분의 프로그램에서는 전통적인 성역할을 자주 묘사하는데 남자는 주로 적극적이고 공격적인 인물로, 반면에 여성은 소극적이고 수동적이며 의존적인 인물로 묘사하여 유아들로 하여금 전통적인 성역할 고정관념을 지니도록 하는 데 일조를 하고 있다. 텔레비전을 통해 방영되는 광고와 인쇄매체 등에서도 전통적인 성역할의 특성을 명확히 보여주고 있다. 최근 들어서는 텔레비전이나 광고에 등장하는 인물에 대한 묘사가 성역할 고정관념에서 벗어나는 추세이고, 중립적이거나 비전통적인 성역할 모델을 제시하여 유아들의 성역할 고정관념을 극복하는 매체도 될 수 있음을 제시하고 있다.

(3) 도덕성 발달

도덕성이란 개인이 살아나가는 사회 속에서 옳고 그른 것을 구별하고 사회집단의 규칙을 인식하는 능력이다. 유아들이 자라온 문화권에서 기대하는 바대로 행동하는 사회화 과정의 일면이 도덕성 발달이다. 이는 자신이 속한 사회의 도덕적 가치에 따라 행동하도록 배우고, 이를 자신의 가치로 받아들이는 과정을 통해 이루어진다.

만 2세 이전의 영아들은 외부의 규칙을 전혀 인식하지 못하므로 자기중심적으로 생각하고 행동한다. 가게에서 물건을 집어오는 행동은 이러한 예에 해당하는데 양심의 가책을 받지 않는다. 이러한 자아중심적인 생각은 취학 전까지 계속되고 또래와의 관계에서 타인의 감정을 인지하면서 양심과 도덕성이 발달하기 시작한다.

만 3세에서 만 6세까지는 사회규칙을 내면화하는 시기로 본 학자들도 있다(Hughes & Noppe, 1985). 이 시기의 유아들은 호기심이 많아 양심 있는 행동을 하기 어려운 나이이다. 유아의 호기심을 충족시키면서도 비양심적 행동은 잘 억제되어야 도덕성 발달이 정상적으로 이루어질 수 있다. 만 7세경에 규칙은 정해진 것으로 인식하고, 권위자가 만들어 마음대로 변경할 수 없다고 이해한다.

부모의 양육태도 또한 자녀의 도덕성 발달에 영향을 끼치는 것으로 나타났다(Janssens & Gerris, 1992; Eisenberg & Murphy, 1995). 부모의 양육태도는 애정과 통제, 자애로움과 엄격함 등과 같이 여러 영역으로 기술될 수 있고, 어떠한 양육태도가 효과적인가에 대해서는 문화와 시대에 따라, 그리고 가족의 특성에 따라 상이하다. 따뜻하고 애정적인 부모를 가진 자녀의 경우 잘못했을 때 죄책감을 느끼게 되는데 이는 부모의 사랑을 잃지 않으려는 양심의 발달에 기초한 것으로 볼 수 있고, 신체적 체벌은 양심의 발달에 가장 비효과적으로 나타났다.

(4) 정서발달

유아기는 언어로 자신을 표현할 수 있는 능력이 부족한 시기이므로 정서를 표현하기에도 미숙하지만 성인의 정서기능과는 다르다는 것을 인식해야 한다. 유아들이 보여주는 정서표현과 행동은 유아의 심리적 상태와 발달 수준을 그대로 보여주므로 유아의 발달 수준을 가늠해 볼 수 있고, 정서를 표현하는 방법에 따라 발달 이상도 진단할 수 있다.

만 2세아의 경우 성인과 같이 기쁨, 즐거움과 같은 긍정적 정서와 분노, 공포, 질투와 같은 부정적 정서를 가지고 있다. 만 3세경에는 "내가 물을 쏟아서 엄마가 화냈어"라는 말에서 볼 수 있듯이 다른 사람의 감정을 이해하고 명명하는 정서적 언어표현도 가능하다.

정서는 위계적이어서 1차적인 긍정적 정서와 부정적 정서에서 2차 정서로 발달해 나가고, 부정적 정서부터 분화하기 시작한다. 유쾌하지 않은 정서들은 유아들이 해소해 나가는 방법을 터득하게 하여 사회적으로 인정받을 수 있도록 해야 한다.

정서반응에 대한 성차는 유아가 속한 사회의 문화적 기대, 부모의 사회화 과정 등을 통하여 남아보다 여아에게 감정표현을 하도록 기대하고, 여아가 감정표현을 빠르게 이해하는 것으로 나타났다(Brody & Hall, 1993).

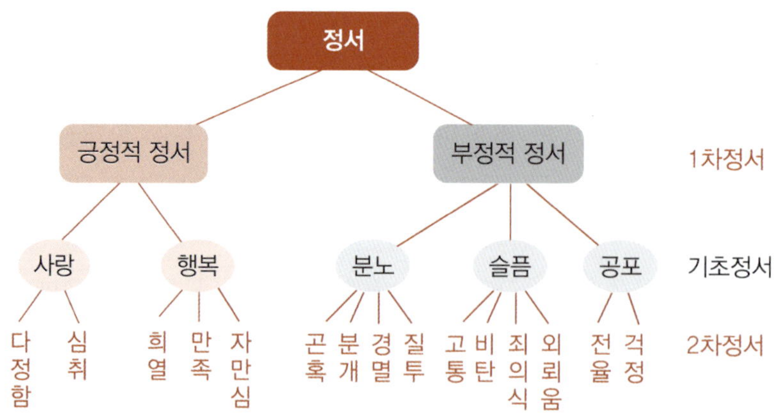

그림 1-13 정서의 체계

유아가 느끼는 공포는 과거의 경험과 연관되는 경우가 많은데 주사를 맞았던 병원이나 동물원에서 보았던 사자나 호랑이 등이 공포의 대상이다. 만 3~4세 유아의 경우 어두움에 대해 별로 두려움을 보이지 않다가 만 5~6세에는 상상력이 발달하고 어두움, 혼자 있는 것, 죽음 등 공포의 대상이 생겨나면서 어두움에 공포를 느낀다(Charlesworth, 1992). 공포는 공포를 야기하는 대상이 있는 반면에, 불안은 유발하는 대상이 불명확한 경우가 많다. 부모와 격리되면서 떨어지는 것, 낯선 곳에 혼자 있거나 부모의 꾸지람을 들어도 유아는 불안해한다.

분노는 유아가 하고 싶은 것을 못하게 막거나 어떤 일을 강요하면 표출되는 감정이다. 유아가 놀고 싶어 하는데 못 놀게 하거나, 먹기 싫은 음식을 강제로 먹일 때에도 분노가 유발된다. 보통 유아들이 분노를 표출할 때에는 떼를 쓰거나 우는 경우가 많고, 심한 경우에는 바닥에 누워 소리를 지르며 신경질적인 반응을 나타내기도 한다. 부모가 화를 잘 내면 자녀도 역시 분노 표현을 쉽게 하고, 떼를 써서 욕구를 충족시킨 유아들은 빈번하게 분노를 표출한다. 질투는 사랑하는 사람과의 관계가 변화될 때 생기는데, 동생이 태어나 부모의 사랑을 차지했다는 생각에 질투심이 유발되는 경우가 그 예이다. 유아는 자기에게 관심을 돌리기 위해 퇴행의 형태로 행동하기도 한다. 손가락을 빨기도 하고, 오줌을 싸는 등 어린 아이와 같이 행동하여 주의를 집중시키려고 한다. 분노와 질투심과 같은 감정은 유아가 자라면서 마음대로 표출하는 것은 바람직하지 않다는 것을 배우도록 해야 한다.

공격성은 '다른 대상에 해를 끼치는 목적을 가진 행동'으로 정의하는데 광의의 의미로는 공격적인 행동뿐만 아니라 행동을 야기하는 사고와 정서까지도 포함하는 것으로 알려져 있다(곽금주, 1995). 공격행동에는 성차가 나타나는데, 일반적으로 남성호르몬(androgen)의 영향으로 남아가 여아보다 더 공격적이라 보고 있다. 만 1세경에는 공격성이 거의 나타나지 않다가 만 2세를 기점으로 남아의 공격성이 증가하고 연령에 따라 지속되는 것으로, 그리고 어릴 때 공격적인 유아는 커서도 그러한 행동을 보이는 경향이 강한 것으로 나타났다(Bates, Pettit, & Dodge, 1995; Berk, 1996). 유아에게 영향을 미치는 주변 환경으로는 가족과의 관계가 불만스럽고 신뢰를 벗어날 때, 공격적인 또래들과 상호작용이 많으면 공격행위가 늘어나고, 폭력을 다루는 매체를 통해서도 유아들이 공격성을 학습하는 것으로 보고되고 있다(Kostelnik, Stein, Whiren, & Soderman, 1993).

유아기에는 분노, 질투, 공격성과 같은 불유쾌한 감정을 통제하는 방법을 배울 뿐 아니라 기쁨, 애정 등과 같은 유쾌한 감정도 상황에 맞게 표현하도록 학습해 나간다. 영아들은 유쾌하거나 불유쾌한 감정을 그대로 노출하여 표현하지만, 유아기에 들어서면 영아들보다 세련된 방법으로 감정을 표현하므로 방법에 차이가 나타난다. 또한 영아들은 신체적 안락함에 기쁨을 표현하는 데 반해, 유아들은 인지발달이 가속화되면서 정신적 사고를 통해 기쁨을 표현한다. 애정의 대상도 영아기에는 엄마나 양육자로 한정되지만, 유아기에는 가족, 장난감, 동물 그리고 또래까지 범위가 확대된다.

(5) 놀이의 발달

유아는 놀이를 통해 대근육과 소근육 운동능력을 발달시키고, 환경을 탐색하면서 인지능력도 발달시킨다. 또한 언어를 습득하고 의사소통능력을 기르며 또래와의 관계도 넓히는 데 놀이가 중요한 의미를 갖는다. 유아의 정서를 표현하는 욕구충족의 수단으로 정서적 긴장이나 갈등을 해소시키고 부정적인 정서 순화에도 도움을 준다.

유아의 놀이형태는 매우 다양하게 나타나고, 놀이의 종류는 사물을 간단히 조작하는 것부터 어떤 물건으로 다른 물건을 상징하는 상징놀이까지 나타난다.

Piaget(1962)는 놀이를 학습의 기본으로 보았고, 인지적, 사회적 발달과 병행하여 발달한다고 하였다. 놀이를 통한 과거의 경험에서 새로운 도식을 구성하는 상징능력이 출현하여 상징놀이가 나타나고, 소꿉놀이, 인형놀이 등으로 현실세계를 이해하고 실생활에서 살아갈 수 있는 능력을 연습하고 문제해결능력을 습득한다.

Smilansky(1968)는 유아의 놀이를 인지적 활동수준과 연령에 따라 네 가지 형태로 구분하였다. 영아기는 단순히 반복되는 근육운동이라 할 수 있는 기능놀이가 대부분이고, 유아기는 사물을 조작하여 새로운 것으로 창조하는 구성놀이와 어떤 물체 및 사람을 다른 물건이나 사람으로 상상하는 상징적 놀이가 나타난다. 학동기는 술래잡기, 카드놀이와 같은 규칙에 따른 게임을 즐겨한다.

Parten(1932)은 유아가 성장하면서 여러 가지 사회적 경험으로 상호작용 놀이가 변화되는 것을 확인하였다. 그는 유아가 성숙해 감에 따라 네 가지 유형의 사회놀이로 제시하였다. 혼자서 장난감을 가지고 노는 단독놀이, 옆의 또래와 동일한 장난감을 가지고 독립적으로 노는 평행놀이, 장난감을 서로 나누고 대화하면서 노는 연합놀이, 단일 과제를 가지고 함께 노는 협동놀이 등으로 분류하였다.

5) 유아기의 부모역할

유아기는 모든 발달 영역에 걸쳐 빠른 성장을 보이고 행동반경이 넓어지면서 주변에 대한 호기심으로 적극적인 탐색을 하는 시기이므로 안전한 환경을 마련해 주어야 한다. 부모로부터 독립된 개인으로 인식하기 시작하면서 자아가 형성되고 기본적인 운동능력을 획득하여 자율적으로 행동하는 시기이다. 부모는 유아기 자녀의 욕구를 적절히 조절하면서 꾸준히 일관성 있게 지도해야 한다. 유아교육기관에 들어가 다양한 경험을 해 볼 수 있는 기회를 주어야 하고, 가정에서는 기본예절이나 습관 등을 익히는 기본생활습관을 습득하도록 지도해야 한다. 또한 언어적 상호작용과 지적 발달을 위한 학습경험의 기회를 제공해 주어야 한다.

(1) 자녀의 건강과 안전을 위한 보호자 역할

유아기의 성장을 도모하기 위해서는 적절한 영양섭취가 필요하다. 유아가 먹기 쉽도록 조리하고 새로운 음식과 맛을 볼 수 있도록 다양한 기회를 주고, 식습관 지도를 통해 영양소를 고루 섭취하도록 한다. 또한 수면습관은 유아기의 신체적 성장뿐만 아니라 정서적 행동에도 영향을 끼치므로 충분한 수면이 이루어질 수 있도록 지도한다.

유아기는 몸을 활발하게 움직여 새로운 운동 기술이나 소근육 발달, 협응력 등 신체발달이 일어나는 시기이다. 부모는 유아가 신체활동을 하는 데 적절한 놀잇감, 기회와 공간을 제공해 주어야 한다. 여러 놀이를 통해 유아 자신의 능력을 발달시키고 자신감이 생겨 새로운 놀이에 자신의 능력을 시험해 보도록 한다.

유아가 환경을 탐색하도록 격려 받으면 탐색활동을 주도적으로 하고, 부모 또한 유아의 주도적인 활동을 지지하고 도움을 주면 주도성이 발달하게 된다. 반면에, 부모가 유아에게 지나친 주의를 주거나 체벌을 가하게 되면 죄의식이 발달한다. 부모는 유아가 불안을 느끼지 않으면서 새로운 환경을 주도적으로 탐색할 수 있도록 안전하고 자유로운 환경을 제공하는 일이 필요하다. 최근 들어 스마트폰이나 태블릿 등 전자매체의 영향으로 유아의 신체 활동과 건강, 자기조절 등 정서적 측면까지 악영향을 주는 부분은 경계해야 한다.

(2) 기본생활습관 지도

유아기는 대근육과 소근육의 발달이 이루어지면서 무엇이든 유아 스스로 해 보려는 욕구를 표현한다. 배변훈련부터 시작하여 식습관 지도, 신변처리 등과 같은 기본생활습관 지도가 필요한 시기이다. 기본생활습관은 한 개인이 삶을 영위해 가는 데 바탕이 되는 기본적인 생활, 지식, 태도, 기술과 관련된 행동 유형으로 유아 자신의 건강을 유지할 뿐 아니라 기본생활습관을 통해 자립심과 독립심이 형성되고 성격형성과 인격형성의 기초를 다진다(조순옥 외, 2013).

유아기의 기본생활습관 지도를 위해서는 자녀를 적절히 훈육해야 한다. 부모는 유아 자신보다 유아의 행동에 초점을 두어 벌하고, 할 수 있는 일과 할 수 없는 일에 대한 정보를 주어 유아가 사회적으로 유능한 행동을 학습할 수 있도록 한다. 부모가 기분이 나쁠 때 유아에게 화풀이하는 감정으로 벌을 주기보다는 애정이 있고 일관성 있는 훈육으로 지도해야 한다. 유아기에 기본생활습관과 인성교육이 잘 이루어져야 성인이 되어 올바른 시민으로 성장할 수 있다.

(3) 언어적 상호작용

영아기를 지나면서 어휘 수가 급격히 증가하고 문법이 발달하는 시기로 부모와 충분한 언어적 상호작용이 필요하다. 이 시기에는 부모의 말이 유아에게 모델링이 되므로 바른 말을 사용하도록 하고, 유아의 이야기를 경청하고 많은 언어적 자극을 제공한다. 유아가 말한 내용을 보다 완전한 문장으로 확장시켜 주는 노력이 필요하고, 언어로 표현할 수 있는 충분한 기회를 제공한다. 유아는 자신이 경험한 바를 언어로 표현하므로 경험할 수 있는 기회와 다양한 자료 등을 제공하도록 한다.

유아기의 언어발달은 듣기, 말하기, 읽기, 쓰기 등으로 구분되고 이들은 서로 영향을 미치며 통합적으로 발달해 나간다. 유아의 듣기 능력은 언어활동의 기초가 되므로 잘 듣고 변별할 수 있는 다양한 듣기 경험을 제공하고, 부모가 유아의 이야기를 들어주는 좋은 모델이 되어야 한다. 말하기는 유아가 일상생활에서 자신이 경험한 일을 말로 표현하도록 동기부여를 해 주는 일이 필요하다. 말하기 지도는 유아의 개인적 발달 수준에 따라 자연스러운 상황에서 개방적인 분위기를 조성해 주고 언어적 상호작용을 통해 촉진시킨다. 읽기는 유아가 일상에서 흥미를 느낄 수 있는 다양한 문해 환경을 마련해 주고 읽기를 경험할 수 있도록 한다. 유아의 쓰기는 끄적거리기로 시작하여 크레파스로 그리기, 가위로 오리기, 그림 맞추기 등 눈과 손의 협응으로 하는 과정들을 거친다. 다양한 자료를 제공해 자연스럽게 쓰기를 유도하고, 글자의 모양보다는 의미를 강조한다.

(4) 놀이를 통한 지적 자극 제공

유아들은 초등학교에 입학하기 이전에 적절한 학습 기회를 가지는 것이 필요하다. 이에 좋은 유아교육기관을 선정하여 유아를 보내고 가정에서 할 수 없는 다양한 경험이나 여러 활동을 해 볼 수 있도록 하는 것이 중요하다.

유아기는 놀이를 통해 인지적 발달이 가속화되므로 또래들과 놀이집단에서 놀 수 있는 기회와 놀이 자료를 제공해야 한다. 놀이는 여러 영역에 긍정적 영향을 미치는데, 유아가 습득한 지적, 사회적, 감성적 능력을 발달시킬 수 있는 토대를 마련하게 된다. 유아들이 장난감이나 놀이 기구를 공유하면서 양보하고 배려하고 또래집단에 적응해 나가는 사회적 기술도 습득할 수 있다.

놀이는 유아의 흥미와 호기심을 자극하고, 적극적으로 유아 자신의 느낌이나 생각을 표현할 수 있도록 해야 한다. 놀이 자료는 학습을 자극하는 장난감이나 실제 조작 가능한 것들로 다양한 경험을 직접적으로 체험하는 것이 중요하다. 놀잇감은 유아의 연령과 발달 특성에 적합한 것으로 안전성과 내구성, 용도의 다양성 등을 고려한다. 상품화된 놀잇감 외에 주변의 생활용품과 재활용품, 자연에서 얻을 수 있는 것들도 교육적인 효과를 거둘 수 있다.

토의: 생각해보기

1 유전과 환경이 영유아의 발달에 미치는 영향에 대한 실제 사례를 찾아보고 토론해 보자.

2 자신이 임신 사실을 모르고 약물을 복용했을 경우 올바르게 행동하는 방법에 대해 이야기 나누어 보자.

3 주위의 어른들로부터 들은 태교에 대해 의견을 나누어 보고, 임신 후에 어떻게 태교를 할 것인지 생각해 보자.

4 영아의 놀잇감으로 어떤 것들을 제공해야 하는지 의견을 나누어 보자.

5 유아기에 길러 주어야 하는 기본생활습관에는 어떤 것들이 있는지 토론해 보자.

Chapter 02

자녀의 특성에 따른 부모역할

현대사회에서 가정과 아동들이 처한 상황에 따라 부모의 역할은 다양하게 나타난다. 이 장에서는 특수아 자녀, ADHD 자녀, 다문화 자녀, 한부모 자녀, 학대가족 자녀 등을 중심으로 다양한 자녀의 특성에 따른 부모역할을 살펴보고자 한다.

1. 특수아 자녀의 특성과 부모역할

특수아 자녀 가운데 지적장애, 자폐증 그리고 학습장애를 중심으로 장애의 특징과 부모의 역할을 살펴보면 다음과 같다.

1) 지적장애

지적장애는 지적 능력이 평균 범위보다 훨씬 낮고, 가정생활, 사회적 기능, 소통, 학습 등의 능력이 동일 연령의 사회적 기준보다 낮아서 부적응 행동을 보이는 장애이다. 현저하게 심한 발달상의 지체가 없는 한, 유아기에는 지적장애를 정상아와 구분하지 못하는 경우가 많다.

지능의 지체가 염색체 이상 등 유전적인 것일 수도 있고 임신 중 태내 발달 과정에서 일어난 내적·외적 문제로 인하여 발생된 것일 수도 있으며, 또는 출생 후에 사고나 질병 등으로 인하여 뇌세포나 대뇌피질의 손상에서 비롯된 것일 수 있다. 원인이 어떻든 간에 현재 아동의 인지능력에 결함이 생겨 정상적인 인지발달이 진행되지 못하고, 지적 기능이 지체되고 있다는 사실이다.

아동이 지적장애라고 판명되면 그 아이에 맞는 교육 프로그램을 제공하는 것이 기본적인 대응이다. 즉, 학습에 대한 자신감을 가지고 자신이 할 수 있는 범위 내에서 의욕적인 태도로 임할 수 있도록 각자에게 맞는 교육적 접근이 필요하다. 지적장애로 인해 발생되는 부적응의 문제를 최소화하고 자립을 목표로 하기 위하여 일상생활에서의 적응기술 훈련, 사회적 기술 훈련, 직업훈련 등을 실시한다.

지적장애 아동에 대한 교육적 접근 외 가족에 대한 지속적인 상담도 필요하다. 이들의 부모는 자신의 자녀가 장애아라는 사실을 인정하고 싶지 않거나, 자녀나 주위 사람에 대한 심리적 부담과 죄책감, 아이의 장래에 대한 불안 등 부정적이고 왜곡된 인지나 감정을 가지고 있는 경우가 많다. 그러므로 이들 부모에 대한 전문가의 적절한 지원이 매우 중요하다(황희숙 외, 2018).

근래에 이르러서는 심한 중복장애가 있지 않는 한, 그리고 다른 특수시설을 필요로 하지 않는 한 정상아들과 함께 유치원 생활을 하도록 하는 것이 대체로 권장되고 있다. 경도급의 지적장애가 있는 아동이라면 정상적인 유아교육기관에서 교육을 받을 수 있도록 교육기관과 부모 간의 긴밀한 협조를 통해 배려할 필요가 있다.

2) 자폐증

자폐증은 타인과의 상호작용의 질, 커뮤니케이션, 언어에 있어 특유한 문제가 있는 장애이고, 유아기 때부터 증세가 보이기 시작한다. 자폐증 아동들의 사회적 특성으로는 친구들에게 관심이 매우 적고, 다른 사람과 함께 어울려서 하는 집단 활동에 참여하지 않는다. 낯익고 친근한 사람에게 미소를 짓지 않으며, 눈을 마주 바라보는 것을 기피한다(김명희, 1998).

자폐증은 그 증상이 완전히 없어지도록 만드는 특수요법이나 치료방법이 아직은 없다고 보는 것이 일반적 견해이다. 이들을 위한 치료적 원칙을 고려하면서 부모가 할 수 있는 역할은 다음과 같다(강문희, 1997). 자폐증은 발달 전반에 걸친 장애를 가지고 있으므로 의학, 교육, 심리, 사회, 가정, 언어치료 등 각 전문가들의 도움이 필요하다. 교육과 치료를 시작하기 전에 정확한 진단과 교육적인 평가는 필수이다. 치료에서 제일 중요한 것은 조기발견과 조기치료이므로 부모와 교사 간의 긴밀한 협조가 있어야 한다. 부모는 자폐성향을 보이는 자녀의 강점을 발견하고 이를 발전시키는 데 적극적으로 도와주면서 정상아동과의 접촉을 많이 가지도록 한다.

3) 학습장애

학습장애란 전반적인 지적 발달에는 문제가 없지만 듣기, 말하기, 읽기, 쓰기, 계산하기 또는 추리하는 능력 가운데 특정의 부분에 대한 습득이나 사용에 상당히 어려움을 느끼는 상태를 말한다. 여기에는 문자를 읽는 것은 가능해도 쓰는 것을 못 하든지, 이야기하는 것은 문제가 없는데 문장을 읽는 것을 잘 못 한다든지, 문자를 읽거나 쓰는 것은 문제가 없는데 계산을 못 한다든지 다양한 형태가 있다(현정환, 2006).

학업부진의 배경에는 학습의욕의 저하, 불안이나 긴장감 등의 정서적 불안, 자신감의 상실, 학습 이외의 것에 대한 관심이나 흥미 등 대개 심리적 장애나 환경적인 요인이 많은 것이 일반적이다. 뇌의 구조적·기능적 장애에 의한 경우도 있는데, 그 대표적인 것이 학습장애이다.

학습장애의 증상이나 결핍의 정도는 아동 개인마다 차이가 크기 때문에 치료와 교육은 학습장애 아동의 발달수준, 정보처리의 특성, 정서적 문제의 유무, 아동의 기대 등 개인정보를 잘 파악하여 각 개인에게 맞는 구체적이고 체계적인 치료계획을 세워서 접근할 필요가 있다.

2. ADHD 자녀의 특성과 부모역할

현대사회에서 증가하고 있는 주의력 결핍·과잉행동 장애(ADHD : Attention Deficit Hyperactivity Disorder)는 발달장애의 하나로 보고 있다. 일반적 특징으로는 부주의(물건을 자주 잊어버린다, 실수 행위가 잦다 등), 충동성(행동의 자기 통제가 어려우며 퇴행적 행동을 보인다 등), 과잉행동(목적 없이 이리저리 움직인다 등)을 보이고, 이 행동 특성 중 두 가지 이상이 만 7세 이전에 나타나 적어도 6개월 이상 지속되는 경우를 ADHD라 한다(현정환, 2006).

ADHD 아동은 또래에 비해 집중력 시간이 짧고, 다른 자극에 의해 쉽게 주의력이 방해 받는 특징을 가지고 있다. 이런 증상은 일상생활의 다양한 장면에서 볼 수 있지만, 특히 학교에서 그 증상이 두드러지게 나타난다. 수업이나 주어진 과제에 금방 싫증을 내기도 하고 수업 중에 멍하게 있는 행동도 눈에 많이 띈다.

ADHD 아동 가운데 행동, 말, 감정의 억제가 쉽지 않은 아이들도 있다. 이 때문에 좌우를 확인하지 않고 도로에 뛰어들기도 하고, 아무 기계나 물건에 충동적으로 손을 대어 상처를 입기도 하는 등 위험한 상황에 놓이는 경우가 많다.

과잉행동의 증상은 해당 연령에 상응하지 않는 불안정한 행동으로 나타난다. 비교적 가벼운 것은 침착하지 못한 불안정한 행동의 수준이다. 좀 더 심한 수준이 되면 무언가에 의해서 움직이는 것처럼, 또는 발동기에 의해 움직이는 것처럼 움직임이 왕성하다. 이 수준의 아이들은 가만히 있지 못하고 끝없이 움직이고 걸어야 되는 장소에서 달리기도 하고 물건 위에 함부로 올라간다. 몸에 상처를 입는 경우도 빈번하여 타박상이나 긁힌 자국 등이 항상 있다. 연령 증가에 따른 대뇌의 성숙이 진행되면 과잉행동은 점차적으로 감소한다.

현재 ADHD의 원인은 대뇌 전두엽의 기능장애에 의한 것으로 알려져 있다. 전두엽은 주의력이나 단기기억력의 통제를 관장하고 있는 부분이다. 전두엽의 신경세포 간의 작용에 필요한 신경전달물질이 해당 연령의 평균 수준보다 적기 때문에 신경세포 간에 신호가 제대로 전달되지 못한 결과, 전두엽의 활동이 떨어지면서 부주의, 충동성, 과잉행동 등의 증상이 나타나는 것으로 알려져 있다.

혈연이나 쌍생아 연구에서 ADHD 증상은 유전적인 요소가 강하다고 보고 있다. 가정환경이나 부모의 양육태도 문제는 직접적인 원인은 아니지만, 스트레스가 많은 가정이나 부적절한 양육이 ADHD의 문제를 악화시키는 위험성이 있고, 반대로 긍정적인 가정환경이나 적절한 양육에 의해 회복할 수 있는 가능성도 있다.

ADHD는 전두엽의 신경전달물질의 결핍으로 생기는 장애이므로 신경전달물질의 부족을 보충하는 약물에 의한 치료가 효과적이다. 약물투여에 의해 주의집중의 어려움이나 과잉행동의 증상이 억제되면 다른 사람의 이야기를 가만히 듣거나 책을 읽거나 과제를 수행하는 등 침착하고 안정된 활동을 할 수 있다. 그 결과 학업부진이나 학습장애 등 학습 면에서의 문제를 극복할 가능성도 있다. 또한 ADHD 아동의 학업적, 사회적 행동을 강화시켜 주는 적절한 중재 프로그램을 활용하는 것도 바람직하다.

3. 다문화 자녀의 특성과 부모역할

단일 민족의 나라라고 여겨 왔던 우리나라는 결혼, 이민, 이주노동자, 난민 등으로 다양한 국적을 가진 사람들이 유입되고 있으며 이들의 문화적 배경 또한 다양하다.

다문화 가족의 자녀는 여성 결혼이민자의 자녀가 대부분을 차지하고 있는데, 의사소통이 잘 안 되는 상태로 임신, 출산, 육아를 거치면서 한국어에 능숙하지 못 하고 가정에서 부모-자녀 간에 언어 소통이 문제가 된다. 이러한 어려움은 자녀의 언어 능력 부족과 학업 부진으로 이어져 자녀의 학교 적응에 어려움을 초래하게 된다.

다문화 가족의 아이들은 외모나 피부색이 다르고 한국어 구사능력을 제대로 습득하지 못해 의사소통을 위한 언어표현과 감정표현이 서툴 뿐만 아니라 행동에서도 차이가 나타난다. 다문화에 대한 인식이 부정적이어서 자신이 다문화 가족의 아이임을 감추고자 소극적인 행동을 보이기도 한다. 또래들과 활발히 어울리게 되는 아동기에는 따돌림을 받는 경우도 많다. 사회에의 부적응과 정서적 갈등을 겪는 아이들은 사회·정서적 발달의 문제가 야기된다. 자녀 양육을 어머니에게 의존하는 비율이 높은 상황에서 한국어 능력이 떨어지는 다문화 가정의 어머니를 대상으로 부모교육의 필요성이 제기된다. 부족한 언어적 자극을 보완할 수 있는 상호작용의 방법이나 기술 습득으로 다문화 가족의 부모-자녀 관계를 증진시킬 수 있다.

국가 간의 인구 이동이 세계적 추세인 현대사회에서 다문화 사회에 대한 인식과 태도도 달라져야 할 것이다. 선진국 중심의 문화에 대한 지향에서 벗어나 모든 문화의 가치를 존중하는 사회가 되어야 한다. 다문화 가족의 부모는 주로 여성 양육자가 담당하는 경우가 많고, 이들이 한국어나 한국 문화에 익숙하지 못한 상태에서 자녀 양육을 하게 되므로 부모 역할에 어려움을 겪게 된다. 효율적인 자녀 양육을 위해서 학교나 사회에 잘 적응할 수 있도록 도와주는 일과 자녀의 자아정체성을 올바르게 형성할 수 있도록 지원하는 일이 필요하다.

다문화 가족에 대한 정부의 제도적 지원은 다양하게 이루어지고 있다. 다문화 가족의 종합적 생활개선을 비롯하여 부모를 위한 한국적응 지원, 부모역할 수행, 임신출산 지원, 아동수당 및 보육료 지원 등이 있다. 뿐만 아니라 다문화 가족의 자녀를 위해서 언어 및 학습능력, 학력증진, 아동 인지능력 향상 서비스와 아동발달 지원 서비스를 제공하고 있다. 다문화 가족의 복지 향상을 지원하기 위해 지역사회복지관이나 건강가정지원센터에서 지역사회 프로그램도 제공하고 있다.

4. 한부모 자녀의 특성과 부모역할

한부모 가족이란 부모 중 한쪽과 만 18세 이하의 자녀가 함께 사는 부모-자녀로 구성된 가정을 일컫는데, 이혼으로 인한 한부모 가족이 증가하고 있는 추세이다. 이혼으로 인해 가족은 여러 가지 어려움에 직면하게 되며, 이러한 어려움은 가족 전체에게 영향을 주고, 자녀에게 고통스러운 경험이 된다. 부모의 이혼은 자녀에게 충격적인 일이고, 그 사실을 받아들이고 수용하여 건전한 발달을 하기까지는 상당한 시일이 걸린다. 이를 위해서 한부모 가족의 어머니나 아버지는 자녀와의 관계를 재정립해야 하고 많은 노력을 해야 한다(송진숙 외, 2006).

1) 편모 가족

이혼으로 증가하는 편모 가족은 매년 증가하는 추세이며 양부모 가족에 비해 경제적으로 매우 어렵다. 편모들이 경험하는 가장 큰 문제는 경제적 문제이며, 이는 낮은 여성의 소득 수준과 전 배우자로부터 양육비를 지원받지 못하기 때문이다.

특히 편모 가족에 대한 시각은 결손 가족, 비정상 가족으로 인식하고 있어 자녀양육에 많은 어려움을 초래한다. 편모가 겪는 어려움은 부모역할 수행에 부정적인 영향을 미치고 자녀의 발달을 저해하기도 한다.

모자가족의 경우, 아버지가 수행했던 가족 기능을 부분적 혹은 전체적으로 이행할 수 없고, 경제적으로 어렵다는 문제점이 있다. 일반적으로 남아가 여아보다 성역할을 학습하는 데 더 곤란을 겪게 되고, 부성실조 환경에서의 여아는 어른이 되어 남성과의 사랑을 발전시키는 데 장애를 겪거나 성에 대해서 자연스럽게 반응하지 못한다.

2) 편부 가족

편모가 주로 경제적 문제를 겪고 있다면, 편부는 경제적 문제 이외에도 가사, 자녀양육 및 교육 등 적응하기 힘든 새로운 역할 때문에 더 큰 어려움을 가지고 있다. 편부가 겪는 가장 큰 문제는 자녀양육과 가사일이다. 편부 가족에 대한 사회적 편견은 편부 가정을 어렵게 하는 또 다른 원인이 된다. 편부 가족을 비도덕적인 존재로 인식하는 현상은 편부들에게 심리적 압박감을 제공하게 된다. 그리하여 자녀들로 하여금 가족에 대한 수치심과 열등감을 주어 또래관계 형성에 영향을 미치게 된다. 부자가족의 경우, 경제적인 어려움과 심리적, 사회적으로도 어려움을 겪는다. 일반 가정의 자녀들은 어머니에게 감정이나 애정표현을 자연스럽게 하는데, 어머니의 부재는 이러한 정서적 표현의 기회를 어렵게 만든다.

한부모 가족의 부모가 자녀양육 시 겪게 되는 이러한 어려움을 극복하기 위해서는 한부모뿐만 아니라 자녀가 재적응을 할 수 있는 시간과 노력이 필요하다. 최근에는 한부모 가족의 증가로 부부관계는 종료되어도 자녀양육에 대한 권리, 책임 및 의사결정에 대해 부모역할을 공동으로 수행하는 공동 후견의 형태도 늘어나고 있다(신용주 · 김혜수, 2018).

5. 학대가족 자녀의 특성과 부모역할

「아동복지법」에 의하면 아동학대는 부모를 포함한 성인에 의하여 아동의 건강과 복지를 해치거나 정상적인 발달을 저해할 수 있는 신체적 · 정신적 · 성적 폭력 또는 가혹 행위 및 아동의 보호자에 의하여 이루어지는 유기와 방임을 의미한다. 이러한 내용을 기반으로 아동학대 유형을 신체 학대, 정서 학대, 성 학대와 방임으로 구분한다.

가정에서 자녀가 겪는 다양한 경험과 적응 상황은 전반적인 발달에 지속적으로 영향을 미친다. 부모-자녀 간의 상호작용 또한 아동의 신체적, 언어적, 사회·정서적 행동 발달에 미치는 영향이 크다. 부모로부터 학대를 경험하였던 자녀는 장기간에 걸쳐 발달에 심각한 장애를 겪게 된다. 학대받은 아동은 신체적, 정서적, 행동적 문제들을 보이는 것으로 나타났고 이는 건강한 발달을 저해할 뿐 아니라 또래관계, 대인관계, 나아가 성인기까지 다양한 문제를 동반하는 것으로 보고되고 있다(보건복지부, 2010).

아동학대가 발생하는 가정의 구조적 요인으로는 경제적 어려움, 부모의 실직, 사회적 고립, 한부모 가족, 소외된 경우에서 비롯되고, 개인적 요인으로는 부모의 알코올이나 약물중독, 부모의 정서불안과 그릇된 양육방법, 부모 자신의 학대 경험 등에 의해 생겨난다. 가정의 인구학적 변인과 부모의 연령, 교육 수준, 직업 등도 학대에 영향을 미치는데, 부모의 연령이 어리거나, 교육 수준이 낮거나, 비전문직에 종사하는 경우 자녀에 더욱 폭력적으로 나타났다.

학대 받은 아동의 특징으로는 공격적이거나 위축되거나, 또래로부터 거부당하고 타인과 관계를 형성하는 능력이 상실되어 나타난다(Hasketty & Kistner, 1991). 또한 부정적 자아개념을 형성하고, 불안정한 애착을 형성하여 공감능력이 결여되며, 반사회적이고 충동성, 수동성 등의 정신적 문제를 보이기도 한다(Sroufe, 1998).

아동학대는 피해자인 아동이 신체적·정신적으로 미성숙한 상태에서 가장 신뢰하는 양육자에 의해 학대가 일어난다는 점이다. 또한 학대를 당한 경험이 일정 기간 후 가해의 경험으로 연계될 가능성이 크고, 어렸을 때 학습된 가정 폭력이 후일에 학교 폭력이나 사회 폭력으로 연결될 수 있다.

아동학대는 가정에서 부모에 의해 일어나는 경우가 대다수이고, 이는 학대부모와 가정 내 부부 혹은 부모-자녀의 가족관계 및 심리사회적인 부분과 관계가 있다. 학대는 장기적으로 손상을 입히므로 학대의 피해를 최소화하기 위해 학대부모를 위한 교육과 치료적 개입이 우선적으로 이루어져야 한다. 그리고 학대 예방과 재발 방지를 위해 학대 행위자들을 대상으로 한 전문적 치료와 임상서비스, 부모교육 등 학대아동 가족을 위한 복지서비스가 제공되어야 한다.

토의: 생각해보기

1 다양한 현대 가족의 특징을 토론해 보자.

2 자녀의 특성에 따른 효과적인 부모역할에 대해 의견을 나누어 보자.

Chapter 03

부모교육과 지원의 이해

1. 부모교육과 지원의 개념 및 필요성

부모는 유아가 최초로 맺는 인간관계 대상이며, 부모가 제공하는 환경은 유아발달에 지대한 영향을 미친다고 할 수 있다. 과거 전통사회는 대가족 속에서 자녀양육에 대한 지식 및 기술이 자연스럽게 전수될 수 있었으나 급격한 사회 경제적 변화로 부모의 역할이 변화되고, 현대사회의 예비부모들은 취업 등 사회인으로서의 역할이 과중하여 부모역할을 준비하거나 계획하지 못하였고, 자녀양육 및 교육에 대한 정보 및 기술이 부족하거나 전무한 상황에서 부모가 되었다. 현대사회는 부모 및 예비부모를 대상으로 올바른 부모역할을 할 수 있도록 자녀양육 및 교육에 관한 정보와 기술을 습득하기 위한 교육을 실시해야 할 것이다.

부모교육은 체계적인 프로그램을 통해 부모에게 지식과 정보 그리고 기술을 알려 주기 위해 의도적으로 계획된 활동이라고 정의할 수 있다(Fine, 1980). 즉, 부모교육은 부모로서 바람직한 역할을 할 수 있도록 부모나 예비부모를 대상으로 긍정적인 방향으로의 변화를 도모하는 의도적이며 계획적인 활동이라고 할 수 있다. 따라서 부모교육이란 현재 부모이거나 미래 부모가 될 예비부모를 대상으로 한 긍정적인 방향으로의 변화를 도모하기 위해 체계적으로 부모역할에 대한 지식과 기술을 습득하도록 하는 것이다. 그리하여 부모가 자녀를 학대하거나 방임하지 않고, 민주적이며 바람직한 부모역할을 잘 할 수 있도록 체계적으로 지원하는 것이다. 부모교육이라는 용어는 부모지원, 부모참여, 부모개입, 부모훈련, 부모역할 등 다양한 용어로 불리기도 하지만 다소 다른 개념을 포함하여 사용되고 있다. 부모교육은 과거 유아교육기관이 부모를 대상으로 강연회 등을 실시할 때 일방적인 의미가 강조되었으나, 현재에는 부모참여나 개입이라는 쌍방적인 의미를 포함하는 보다 포괄적인 의미를 가진 용어를 많이 사용한다(정옥분·정순화, 2016). 최근에는 부모의 능동성을 강조하면서 부모지원이라는 용어를 사용하는 추세이다.

부모교육도 사회변화에 따라 그 목적과 내용이 달라졌다. 아동기에 대한 새로운 인식과 더불어 자녀양육을 위한 부모교육의 중요성을 강조한 코메니우스(Comenius) 이후 부모교육에 대해 인식을 달리하게 되었다. 20세기 후반에 와서는 아동의 인지적 발달에 관심을 기울이는 동시에 부모-자녀 간의 민주적인 관계를 형성하기 위한 노력을 하게 됨에 따라 부모교육의 필요성이 점차 확대되었다.

체계적이며 조직적인 부모교육이 요청된 것은 헤드 스타트(Head Start) 프로그램이 시작되면서, 보상교육을 새로운 과제로 등장시킨 것이 직접적인 계기가 되었으며, 이 프로그램이 설정한 부모교육의 목적은 크게 세 가지로 살펴볼 수 있다. 첫째, 유아발달 및 교육에 중요한 영향을 주는 부모역할을 지지하고 촉진시키는 활동 및 경험이 포함된 프로그램을 제공한다. 둘째, 부모 자신을 아동복지에 책임이 있는 보호자, 유아의 첫 번째 교육자, 지역사회의 공헌자로 인식하도록 한다. 셋째, 부모는 부모참여 프로그램의 계획·운영에 대한 의사결정에 참여하고, 부모를 위한 활동과 관찰자, 지원자로서 부모참여의 기회를 제공한다는 것 등이다. 헤드 스타트 프로그램 효과를 평가한 웨스팅하우스(Westing House) 보고서는 유아교육의 효과를 높이려면 부모참여가 필수적임을 지적했다(홍연애 외, 2014).

부모는 '자녀의 일차적 교사'라는 말처럼 부모는 자녀와 밀접하고 친밀한 유대관계를 형성하고 있어 유아의 발달에 매우 커다란 영향을 주는 중요한 사람이다.

부모교육과 지원의 필요성은 다음과 같이 3가지로 살펴볼 수 있다(이원영 외, 2012). 첫째, 사회적 입장에서 보면 현대의 사회, 문화, 정치, 경제 및 사회구성원들의 가치관은 급격하게 변모하여 부모들은 어떤 가치가 바람직한지와 가정에서 자녀양육 및 교육을 어떻게 해야 할지 잘 모르고 있다. 따라서 현대의 부모들이 자녀양육을 보다 효과적으로 하기 위해 유아교육기관으로부터 적절한 지원을 받을 필요가 있다. 또한 국가발전의 원동력은 인간이므로, 질적 수준이 높은 인적 자원을 확보하기 위해서는 부모역할을 지원하고, 유아를 가장 효율적으로 교육시킬 수 있는 부모교육과 지원은 당연하며 절대적으로 필요하다.

둘째, 부모의 입장에서 보면 현대사회의 젊은이들이 학업을 마치고 취업하며 부모로서의 자질을 갖추지 못한 상태에서 결혼하고 자녀를 낳게 된다. 따라서 미래에 부모가 될 청소년, 임신기의 부모, 그리고 현재 자녀를 가지고 있는 부모를 대상으로 부모교육은 필요하다. 출산 전 젊은이들이 유아의 심리발달 및 부모역할에 대한 지식을 갖게 된다면 자녀를 낳아 기르는 동안 부모 자신의 인성도 함께 성숙되지만 그렇지 못한 경우 좌절이나 갈등의 상태로 빠질 수도 있다. 따라서 부모교육과 지원을 통하여 자녀의 발달을 촉진하며 부모로서의 자질 향상 및 기술을 연마할 필요가 있다.

셋째, 유아의 입장에서 보면 전인적 성장발달은 유아교육의 목표이다. 생의 초기 유아의 발달은 환경의 상호작용으로 인한 영향을 부모로부터 가장 많이 받는다. 즉, 유아의 생존과 안전, 기본적인 욕구충족, 신체적·정서적·사회적·인지적 발달이 양육자에 의해 결정되기 때문에 부모교육과 지원은 매우 중요하다. 즉, 부모교육과 지원은 사회적 측면에서 인적 자원의 확보, 부모의 측면에서 부모로서의 자질 향상 및 기술 습득, 유아의 측면에서 전인발달을 위해서 필요하다.

유아교육기관은 유아교육의 효율성을 높이기 위해 부모교육과 지원 프로그램을 마련하여 기관과 가정에서 바람직하고 일관성 있게 유아를 지도하여야 한다.

유아교육기관은 부모교육과 지원을 유아교육과 가정교육의 연계 및 부모와 유아교육기관이 동반자·협력자적인 관계에서 유아교육의 효율성을 증진시키는 데 그 목적을 두고, 다양한 유형의 부모교육과 지원프로그램을 운영하여야 한다.

유아교육기관의 부모교육과 지원의 구체적 운영방침은 다음과 같다.

첫째, 부모를 교육의 대상으로만 보기보다는 유아를 교육하는 동반자적인 입장에서 다양한 부모교육을 통하여 유아교육기관과 가정을 연계하는 소통 방안을 모색하여 적용한다. 즉, 유아교육기관과 부모와의 소통을 강조하여 원장 및 원감과 부모와의 소통, 학급담임교사와 부모와의 소통, 부모 간의 소통 등으로 부모에게 유아교육기관을 이해하도록 하여 유아교육 및 유아교육기관의 운영에 부모의 협력과 지원을 받는다.

둘째, 부모는 유아교육기관의 정책 수립 참여자 및 지원자로 참여한다. 유아교육기관의 운영위원회에 부모가 운영위원으로 선출되어 유아교육기관의 정책수립에 참여하고 지원하게 한다.

셋째, 자녀 양육을 위한 지식 및 기술 습득 이외에도 부모 자신이 한 인간으로서 성장하는 기회가 될 수 있도록 도와준다.

넷째, 부모교육과 지원의 대상은 포괄적으로 부모, 형제, 조부모, 대리양육자 등을 포함한다.

마지막으로 유아교육기관은 부모교육과 지원 프로그램을 통해서 부모들이 유아교육기관의 운영방법, 수업내용, 자녀의 유아교육기관에서의 생활 모습과 발달상황 및 발달적 욕구 이해, 부모-자녀 간의 올바른 상호작용 방법과 지도능력, 자녀양육의 기쁨을 느낄 수 있도록 도와준다.

이와 유사하게 한국행동과학연구소(1983)는 부모교육의 목적을 다음과 같이 설명하고 있다.

첫째, 자녀의 발달을 촉진시키기 위한 부모의 역할을 인식하도록 부모를 돕는다.

둘째, 자녀의 사회, 정서, 인지, 언어, 신체발달과 이러한 발달을 촉진하는 환경조성에 관한 지식을 갖도록 돕는다.

셋째, 유아교육상 부모로서 당면하는 문제들을 해결하는 데 필요한 정보와 기법을 습득하도록 부모를 돕는다.

넷째, 유아교육에 적극 참여하도록 부모를 돕는다.

다섯째, 일상생활에 필요한 일반상식을 갖도록 돕는다.

또한 파인(Fine, 1980)에 따르면, 부모교육 프로그램들은 정보나누기, 기술훈련, 자기인식 증진시키기, 문제해결하기의 4가지 영역 중 일부가 부모교육의 목적이다(이재연 외, 1993).

1) 정보나누기

정보나누기의 목적은 부모에게 도움이 된다고 판단되는 개념이나 사실을 알려 주는 일이 주된 것이다. 많은 책, 소책자, 동영상, DVD 등이 아동발달과 부모역할에 관한 정보를 쉽게 전달해 주고 있다.

2) 기술훈련

정보제공은 부모의 행동변화를 가져오기에 불충분한 경우가 종종 있다. 그리하여 기술훈련이 거의 모든 부모교육 집단에서 실시된다. 역할놀이, 시범 보이기, 행동연습 등의 방법이 정보나누기를 뒷받침해 주고 부모에게 특정한 자녀양육기술을 가르치는 데 자주 사용된다. 부모들은 나-전달법, 반영적 경청, 시범 보이기, 칭찬, 격려, 가족회의를 하는 방법, 타협, 한계설정, 아동의 행동형성 등의 방법을 익힌다.

3) 자기인식 증진시키기

부모교육 프로그램 목적의 세 번째 요소는 자기인식을 증진시키는 것이다. 이것은 자신의 양육방식에 영향을 주어 온 부모세대의 방식을 인식하는 것과 부모가 가진 가치관이 어떻게 해서 부모가 원하지 않는 방향으로 자녀에게 영향을 주는가를 깨닫는 것을 말한다. 부모교육의 목적은 가치 명료화(value clarification)를 넘어서 부모의 가치체계에 변화를 가져오는 것까지 도모하고 있다.

4) 문제해결하기

부모교육 집단에서 이용하는 네 번째 요소는 문제해결하기이다. 그 목적은 아동발달의 광범위한 영역에 적용할 수 있는 문제해결의 기본적인 방법을 부모들에게 가르쳐서 부모가 중재할 수 있도록 하는 것이다. 문제해결은 문제 파악하기, 문제의 소유자 결정하기, 가능한 개입방법 탐색하기, 개입방법에 따른 결과 예상하기, 시행계획 세우기, 시행된 계획의 효율성 평가하기의 단계로 진행한다.

부모교육의 목표를 부모입장과 자녀입장이라는 두 가지로 제시하면 먼저 부모를 위한 목표는 부모가 바람직한 인품을 갖추어 나가도록 도와주는 데 있다. 이를테면, 자아존중감을 향상시키고 합리적인 사고능력을 배양하며, 정서적으로 안정된 태도, 책임감을 발달시키는 것 등 모두 부모의 성숙된 인격과 관련된 내용들이다. 자녀를 위한 목표는 자녀로 하여금 전인발달을 이루어 나가도록 도와주는 데 있다. 구체적으로는 인격발달의 초기에 있는 유아기를 심도 있게 이해하고 실제적인 도움주기, 유아와 친밀한 관계 유지하기, 유아교육에 필요한 지식 및 기술 습득하기 등 부모교육 기능을 증진시킴으로써 바람직한 자녀교육을 수행할 수 있도록 돕는 데 있다.

종합해 보면, 부모교육의 목적은 부모들로 하여금 교사로서의 부모역할을 증진시키고, 자녀발달과 교육에 대한 올바른 이해를 하도록 하며, 적절한 지식 및 능력을 기르도록 도와줌으로써 부모 자신의 성장 발달과 바람직한 자녀교육을 하도록 하는 데 있으며, 나아가 바람직한 가정과 사회를 건설하는 데 있다.

2. 현대사회의 특성에 따른 부모교육 지향

현대사회는 4차 산업혁명, 포노 사피엔스, 인류세, 다원화·다문화, 소핵가족이라는 5가지 특성을 가지고 있으며, 이에 따른 부모교육의 지향 방향을 살펴보면 다음과 같다(지옥정 외, 2021).

1) 4차 산업혁명시대 특성에 따른 부모교육의 방향

현대사회는 4차 산업혁명시대로 엄청난 기술 혁신에 따라 '지식의 반감기'가 갈수록 짧아지고 있다. 따라서 이제 암기 위주 교육은 의미가 없으며, 그런 방식으로는 이 시대를 따라갈 수 없다. 그리하여 미래 세대에게 길러 줄 핵심역량으로 4C, 창의성(Creativity), 협업능력(Collaboration), 비판적 사고(Critical Thinking), 의사소통능력(Communication)을 강조하였다.

4차 산업혁명시대, 스마트 육아용품(흔들어 재우는 스마트 침대, 아이 요구에 따라 반응하는 AI 유모 등)에 부모가 지나치게 의존하는 경우 자녀는 부모와의 애착형성이나 다른 사람들과의 바른 관계 맺기, 더불어 살기나 배려 등을 익히고 배울 기회를 잃게 될 수 있다. 이런 점을 고려하여 부모교육의 지향 방향을 제시하면 다음과 같다.

첫째, 부모에 대한 교육이다. 국가적 차원에서 4차 산업혁명시대에 필요한 핵심역량부터 다른 사람을 배려하고 존중하며 더불어 살아갈 수 있는 역량을 강화하도록 교육해야 한다.

둘째, 유아교육기관에서 부모들에게 자녀들과의 일상생활에서 4차 산업혁명시대에 필요한 창의성, 비판적 사고력, 다른 사람에 대한 존중과 배려, 협업 역량 등 핵심역량을 어떻게 키워 줄 수 있는지 안내하고, 부모들과 함께 협력해야 한다.

셋째, 부모들에게 자녀양육 시 편리한 기구나 도구에 지나치게 의존하지 않도록 숙지시킬 필요가 있다. 스마트 아기침대나 아이 돌보기 AI 로봇 또는 우는 아기에게 효과적인 스마트폰은 바쁘고 지친 부모들에게 편의성은 있지만 부모나 자녀 모두에게 좋지 않은 영향을 줄 수 있다. 번(Berne, 1964)에 의하면, 인간의 자극에 대한 욕구와 접촉에 대한 욕구는 영유아기 때 부모와의 직접적인 상호작용을 통해서 이루어진다. 부모가 안아주고 재우고 하는 등 친밀하게 신체적 접촉을 할 때 충족되는 욕구이므로, 기계나 도구는 영유아의 자극 욕구나 접촉 욕구를 충분히 채워 줄 수 없다.

2) 포노 사피엔스 시대 특성에 따른 부모교육의 방향

포노 사피엔스(Phono Sapience)는 스마트폰을 의미하는 'Phono'와 지혜를 의미하는 'Sapience'의 합성어이다. 즉, 스마트폰 없이는 생활이 어려운 현시대를 표현하기 위해 등장한 용어이다. 우리나라의 20~40대 부모들 역시 포노 사피엔스들이다. 즉, 스마트폰을 사용하면서 자녀양육에 관한 각종 정보수집, 상품구매, 다른 부모들과의 의사소통 등을 대부분 이것으로 해결한다. 본인의 필요에 따라 스마트폰을 사용하는 것뿐만 아니라 자녀의 울음을 멈추게 하거나 자녀교육용으로 자녀에게 직접 스마트폰을 주기도 한다. 돌도 안 된 아기일 때부터 스마트폰에 노출시키는 경우도 있고, 스마트폰 중독도 2019년 기준 만 3~9세 아이들의 22.9%에 달한다.

따라서 자녀양육의 스마트폰 사용에 대한 경고에도 대부분의 부모들이 사용하는 시대가 되었으므로 포노 사피엔스로서의 특징을 가진 부모들을 대상으로 한 부모교육의 지향 방향은 다음과 같다.

첫째, 부모교육 시 현재 영유아 부모들은 포노 사피엔스로서의 특징을 가지고 있다는 점을 고려하여 부모교육 내용을 선정하여야 한다. 단순한 정보나 지식 전달에 관한 내용에서 탈피하여 포노 사피엔스들에게 부족하기 쉬운 다른 사람들과의 직접적인 소통과 공유, 협력과 조정 관련 내용이 되도록 노력할 필요가 있다.

둘째, 부모교육 방법으로 스마트폰의 바른 활용 방안을 모색하여야 한다. 온라인 부모교육과 지원 방법은 코로나19 상황뿐만 아니라 앞으로 더욱 확대될 것으로 보이기 때문이다. 이때, 스마트폰에 익숙하지 않은 조손가정의 조부모나 다문화 가정의 부모에 대한 배려도 고려해야 할 것이다.

셋째, 자녀들과의 스마트폰 사용에 대한 현실적 방안도 모색되어야 한다. 영유아들은 부모가 스마트폰을 사용하는 것을 보면서 자라나고, 이미 아기용 스마트폰도 장난감으로 나와 있다. 이런 상황에서 부모가 스마트폰 사용을 어떻게 하는 것이 좋은지, 과연 언제부터, 어떻게 자녀를 스마트폰에 노출시키는 것이 적절한지 등 현실적 방안이 교육되어야 할 것이다.

3) 인류세 시대 특성에 따른 부모교육의 방향

인류세란 인간의 활동이 지구 기후 및 생태계에 큰 영향을 미치기 시작한 18세기부터 현재에 이르기까지의 지질학적 시기를 지칭하는 신조어이다. 인류세를 특징하는 7가지는 핵무기, 화석연료, 신물질(콘크리트, 플라스틱, 알루미늄 등), 지형변화, 비료 및 촉진제, 지구 온난화, 대량 멸종이다.

기후 위기가 가져올 미래 현상으로 살인적 더위, 빈곤과 굶주림, 치솟는 불길, 쓰나미(지진해일), 갈증과 가뭄, 사체가 쌓이는 바다, 마실 수 없는 공기, 질병의 전파, 무너지는 경제, 기후 분쟁, 시스템의 붕괴이다. 결국 이대로 기후 위기를 방치하면 인류는 종말을 맞이할 수밖에 없을 것이라는 어두운 전망이다. 지구환경위기시계는 2020년 기준 9시 47분으로 '극도로 염려스러운 수준'으로 지구 멸망 시점인 12시도 그리 멀지 않았다. 그리하여 지구 생태계의 이런 문제 상황을 극복하기 위해 유엔 중심으로 전 세계적인 지속가능발전 노력이 계속되고 있다.

이런 인류세 시대의 상황에서 부모교육의 지향 방향은 다음과 같다.

첫째, 부모교육의 궁극적 지향점을 지속가능성에 두어야 한다. 부모교육 계획단계에서부터 실행의 전 과정에 걸쳐, 그리고 부모교육의 내용과 방법의 모든 면에서 지속가능성을 지향하고 계획하고 실행하여야 한다. 예를 들어, 아나바다 장터를 유아 및 부모들과 함께 계획하고, 주기적으로 열면서 '아껴 쓰고, 나누어 쓰고, 바꾸어 쓰고, 다시 쓰고'를 생활화하는 것도 하나의 방안이다. 학부모회의 때 종이컵 대신 텀블러를 사용하는 것도 좋은 예이다.

둘째, 부모들이 자녀들과의 일상생활에서 어떻게 지속가능한 삶을 실천할 수 있는지 안내해 주고 가정과 유아교육기관과의 협력 방안을 제시해 준다. 불 끄는 날, 세계 물의 날, 종이 안 쓰는 날 등 환경기념일을 가정과 연계하여 지속가능한 삶을 위해 노력하는 것도 부모교육을 겸한 유아교육이다.

셋째, 부모가 자녀와 함께 지속가능한 삶을 지역사회로까지 확산해 갈 수 있도록 안내해 준다. 지역의 하천 살리기, 전등 끄고 별 보기 등의 전기 아끼기 운동을 할 수 있다. 이때 부모들이 왜 이런 것을 해야 하는지 충분히 이해하고 주체적으로 참여하도록 이끌어 주어야 한다.

4) 다원화 · 다문화 시대 특성에 따른 부모교육의 방향

21세기 현대사회의 특징은 다원화·다문화 사회이다. 즉, 21세기 현대사회는 개인의 취미, 가치관을 위시하여 전 영역에서 다양성을 인정하는 시대라는 것이다. 우리나라의 초혼 연령과 첫아기 출산 연령이 높아지면서 부모의 연령이 20~40대까지 20년에 걸쳐 있을 정도이다. 따라서 학부모의 연령이 매우 다양해서 현장의 교사들이 소통방식에 어려움을 겪고 있다. 또한 다문화 가구원 수는 2020년 기준으로 2.1%로 해마다 증가하고 있다.

다원화·다문화와 관련하여 포스트모더니즘이 생활 전 영역에 걸쳐 확산되고 있다. 그리하여 건축, 패션, 교육, 생활용품에 이르기까지 기존 사고를 해체하고 다양성을 요구하고 있다.

다원화·다문화 시대에 부모교육의 지향 방향을 살펴보면 다음과 같다.

첫째, 부모교육 대상이 다양화되고 있음에 대처해야 한다. 연령의 다양화 및 대상의 다양화도 고려해야 한다. 엄마, 아빠의 보편화된 개념을 넘어서 미국과 영국은 부모1, 부모2로 사용하고 있다.

둘째, 다문화 가정의 부모에 대한 세심한 배려와 적절한 지원을 모색해야 한다. 해마다 증가하는 다문화 가정의 비율을 감안하여 정부 차원의 배려와 지원 이외에도 기관 차원의 배려와 지원이 모색되어야 할 것이다. 예를 들어, 스마트폰의 번역앱을 안내하여 활용하도록 지원해 줄 수 있을 것이다.

셋째, 부모의 다양한 개성, 취미, 배경지식 등을 존중해 주어야 한다. 예를 들면, 학부모의 다양한 요구와 개성을 장려하는 학부모 동아리의 활동지원이다. 즉, 학부모들이 학생들을 위한 교육기부, 재능기부, 학교 참여활동 등을 하도록 하는 것이다.

5) 소핵가족 시대 특성에 따른 부모교육의 방향

현대사회는 핵가족보다 더 나아가 소핵가족 시대가 심화되어 가고 있다. 2017년 한부모 가정이 양부모 가정에 비해 32.5% 정도였는데, 2045년 57.9%로 예측되고 있다. 또한 아버지와 자녀로 구성된 부-자 가정 수가 향후 늘어날 것으로 전망하고 있다.

소핵가족 시대의 특성에 따라 부모교육의 지향 방향을 살펴보면 다음과 같다.

첫째, 소핵가족 현상이 심화될수록 자녀양육에 대한 직접적인 지원이나 관련 교육을 강화해야 한다. 특히 젊은 부모일수록 쉽게 찾아보는 스마트폰의 올바르지 않은 정보 및 잡다한 육아정보에 의존할 확률이 높기 때문이다. 부모들이 자녀를 양육하는 과정에서 신뢰할 만하고 적절한 도움을 받을 수 있도록 지원해야 한다.

둘째, 한부모 가족의 자녀양육 지원을 위한 온라인 상담이나 정보 제공이 활성화될 필요가 있다. 온라인상에서 쉽게 자녀 관련 상담을 받을 수 있도록 해 주고, 신뢰할 만한 곳에서 자녀양육 관련 정보를 받을 수 있도록 안내해 주어야 한다. 공신력 있는 가족센터(다문화가족센터), 한국보육진흥원, 유아교육진흥원, 육아정보센터 등에서 정보를 받을 수 있도록 알려주는 것이 바람직하다.

셋째, 국가적 차원에서 어머니뿐 아니라 아버지를 대상으로 한 교육과 지원방안을 고려하여야 한다. 부-자 가정의 증가가 계속 늘어날 전망이기 때문에 더욱 필요하다. 한부모가족센터를 통한 부모교육 프로그램은 가족역량을 강화시킬 수 있을 것이다.

3. 부모됨 및 부모역할의 특성

1) 부모됨의 발달과정

부모가 된다는 것은 자녀를 가짐으로써 저절로 터득되는 것은 아니다. 일련의 발달과정을 거쳐서 성숙한 부모가 되는 것이다. 대개 부모들은 체계적 훈련이나 교육과정 없이 부모가 되므로 부모역할을 시행착오적으로 해 나가고 있는 것이 현실이다.

듀발(Duvall, 1977)의 가족의 생애주기(family life cycle)에 따라 부모됨의 8단계 발달과정을 살펴보면 다음과 같다.

(1) 1단계 : 가족형성기(부모의 결혼, 자녀 없음)

이 시기는 부부 상호 간의 결혼에 대한 적응기에 해당된다. 서로 다른 환경, 배경, 문화, 풍습, 전통 속에서 자란 성숙한 성인남녀가 사회의 기본 단위인 가족을 형성하는 시기이다. 또한 양가의 유대관계, 미래에 전개될 가정의 모습과 새 가족 구성원의 면모를 꿈꾸는 시기이다.

(2) 2단계 : 자녀 양육기(첫 자녀 출생~30개월)

이 단계는 부부간의 스트레스가 가장 많이 발생하는 시기이다. 특히 이전의 아내와 남편의 역할에서 새로운 역할인 엄마와 아빠의 역할을 수행해야 한다. 부모역할에 대한 훈련을 받지 않은 경우, 자녀의 양육과 돌봄에 따른 정신적·신체적 고통이 따르며, 특히 취업모의 경우 남편이 육아와 가사에 적극 참여할 때 자녀양육은 즐겁고 보람된 생활의 활력소가 될 수 있다.

(3) 3단계 : 유아기(첫 자녀 30개월~6세 이전)

이 단계는 유아의 흥미, 욕구, 관심, 발달적 특성에 적합한 다양한 교육적 경험과 자극들을 제공해 주는 시기이다. 이 시기의 유아들은 매우 적극적이고 활동적이므로 부모들의 에너지가 소모되어 부부간의 애정적 결속이 약화될 수 있다.

(4) 4단계 : 학동기(첫 자녀 6~13세 이전)

이 단계는 자녀가 초등학교에 진학하여 학업에 몰두하는 시기이다. 자녀의 일과 활동이 가정이 아닌 학교생활 중심으로 확대되고, 자녀의 취미나 적성 등이 구체화되는 시점이므로 다양한 교양 및 취미생활 프로그램을 제공해야 하고, 학습준비 능력의 육성에도 신경을 써야 한다. 특히, 이 시기는 자녀의 또래관계가 형성되고 또래의 영향을 크게 받는 시기이므로 건전하고 우호적인 친구관계를 적극 지원할 필요가 있다.

(5) 5단계 : 십대 자녀기(첫 자녀 13~20세 이전)

이 단계는 부모로부터 정신적·신체적 독립을 추구하는 시기이다. 일상생활에서 제반 문제의 결정 시 상당한 정도의 자율적 선택과 결정이 허용되므로 이에 따른 책임 의식을 가질 수 있도록 지도하고 격려할 필요가 있다.

특히 이 시기의 청소년은 이상과 현실 사이의 적절한 조화를 유지하지 못하는 데서 오는 정신적·정서적 공허감이 크다. 부모는 자녀의 비현실적 이상과 포부를 비판하거나 비난하기보다는 긍정적으로 격려해 줌으로써 창의적 아이디어, 진취적 노력을 북돋아 줄 필요가 있다.

(6) 6단계 : 독립기(첫 자녀 떠나보내는 시기)

이 단계는 주로 자녀를 출가시키는 시기이다. 즉, 취업, 대학진학, 군입대, 결혼 등으로 자녀가 집을 떠나 사회구성원의 일원으로 본격적인 자신만의 삶을 위한 생활설계가 시작되는 시기이다. 이 시기 부모의 가장 큰 과업은 자녀들이 원만하게 삶의 보금자리에 정착할 수 있도록 안내하고 지원해 주는 역할이다.

(7) 7단계 : 빈 둥지기(모든 자녀 출가~부모 은퇴기)

이 단계는 부모만 혼자 남는 시기이다. 조부모의 역할을 수행하기도 하며, 직장에서의 은퇴로 경제적·심리적 측면에 변화가 예상된다.

(8) 8단계 : 가족 해체기(은퇴~사망)

이 단계는 노인기의 제반 발달적 과업을 체험하는 시기이다. 가족은 배우자의 한쪽 또는 양쪽의 사망으로 인해 해체기에 접어든다. 죽음을 슬기롭게 준비하는 진지한 자연의 순리를 받아들이는 자세가 요구되는 시기이다.

2) 부모역할의 특성

부모의 역할은 다른 역할과는 여러 측면에서 다양한 특성이 있다(이재연·김경희, 1993).

① 부모의 역할은 명확하게 정의되어 있지 않다.

부모 역할은 모호하다. 자녀를 낳아 키우는 일이 주어지면 이 일이 수행되기 위해 그 역할을 명확하게 정의하여 부여해야 하는데 그렇지 못하다. 부모들은 부모로서 성취해야 하는 것을 제대로 알지 못하고 자녀양육에 대한 기대수준도 매우 높다.

② 실수의 여지가 없다.

인생사에는 조금씩 실수의 여지가 있다. 그러나 부모는 자녀 모두를 성공적으로 키우도록 기대되며, 한 두 자녀만을 갖는 현대 가정에서는 실수의 여지가 없어 부모에게 걱정과 죄책감을 준다.

③ 부모는 도중에 그만둘 수 없다.

부모 노릇이 힘들다고 도중에 그만둘 수는 없고, 만일 그렇게 되면 아동 유기죄에 해당된다. 이 점이 부모역할 중 가장 어려운 점이라고 할 수 있다.

④ 부모의 권위는 없고 의무만 있다.

현대사회의 부모 권위는 급속도로 손상되었고 자녀에 대한 최종적인 책임은 결국 부모에게 맡겨진다.

⑤ 부모들이 따를 전통적인 자녀양육 모델이 없다.

과거에는 부모나 친척이 키우던 방식대로 자녀를 양육하였지만 사회변화가 급격해지면서 쉽게 그러한 본보기를 찾을 수도 없고 더 이상 적용할 수 없는 것들도 있다.

⑥ 부모는 자녀를 부모 자신보다 더 나은 존재로 키우도록 기대하고 있다.

급속하게 변화하는 사회에 적응해 나갈 수 있도록 부모는 자녀를 더 나은 존재로 키워야 한다. 따라서 부모는 자신이 경험해 보지도 않은 사회에 자녀들이 적응하도록 양육해야 한다는 부담을 가진다.

⑦ 부모는 자녀에 대한 총 책임을 진다.

부모는 자녀에게 어떠한 일이 생기든지 어머니나 아버지로서 궁극적인 책임을 진다.

⑧ 부모 두 사람이 한 팀이 되어 자녀를 양육한다.

두 사람이 협동하여 자녀를 양육하는 일이 장점이 될 수도 있지만, 서로 의견 차이가 있을 때는 갈등의 소지가 된다.

⑨ 각 유아마다 독특하다.

부모가 첫째 아이를 잘 이해하면 둘째 아이도 잘 이해할 수 있을 것 같지만 유아는 각기 다르기 때문에 부모역할은 어렵다. 형제간이라도 유전적으로 다르게 태어나기 때문이다.

⑩ 대부분의 부모들은 부모역할에 대한 준비나 훈련 없이 부모가 된다.

어떤 어려운 일을 할 때에는 미리 훈련을 받는 것이 통상적이다. 예를 들어 교사가 되려면 소정의 교육을 받아서 자격증을 받은 후 교사가 되고, 자동차를 운전하려면 운전면허증을 취득하여야 한다. 그러나 대부분의 부모는 훈련 없이 부모역할을 한다.

3) 양육태도의 유형

부모의 양육태도는 애정과 적대감 차원과 자율과 통제의 두 차원으로 구분할 수 있다. 이 두 차원을 중심으로 자율적 태도, 독재적 태도, 허용적 태도, 방임적 태도의 네 가지로 분류할 수 있다(Maccoby & Martin, 1983).

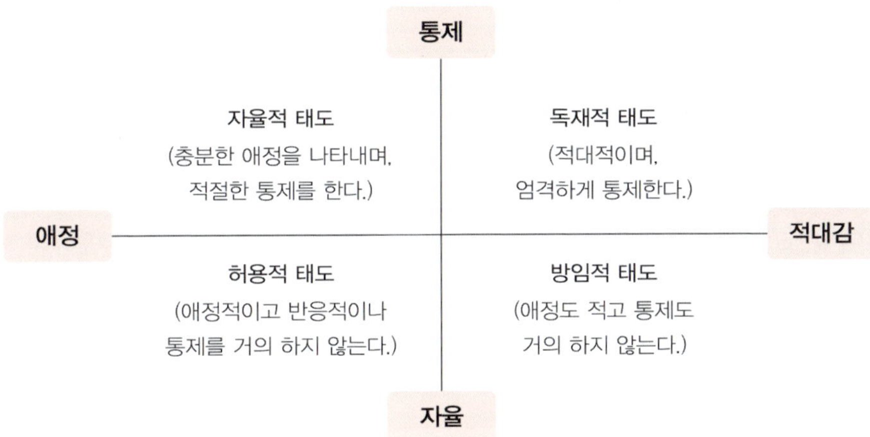

출처: Maccoby & Martin, 1983.

그림 3-1 부모의 양육태도

(1) 자율적 태도(애정-통제)

이 유형의 부모는 자녀에게 깊은 관심과 사랑을 가지고 자녀를 독립된 인간으로 존중한다. 자녀의 욕구를 인정하고, 자녀의 의견을 존중하여 경청한다. 또한 자녀에게 성숙한 행동을 요구하고 확고한 기준과 규칙을 설정한다. 이러한 분위기에서 자란 유아는 사교적이고 협동적이며, 성실하고 정서적으로 안정되고 쾌활하다. 또한 삶을 긍정적으로 받아들이고 학업성취도가 높게 나타난다.

(2) 허용적 태도(애정-자율)

이 유형의 부모는 자녀에게 애정을 나타내고 수용적이나 자녀의 행동을 거의 통제하지 않는다. 자녀가 원하는 것을 모두 허용해 주므로 자녀를 내버려 두는 태도이다. 따라서 이런 부모의 자녀들은 버릇이 없고 제멋대로이며, 무책임하기 쉽다. 특히 다른 사람의 감정과 생각을 배려할 줄 모르고 충동적이며 자기 통제가 부족하다.

(3) 독재적 태도(적대-통제)

이 유형의 부모는 지나치게 자녀의 행동을 통제하고, 애정표현이 적고 자녀를 엄격하게 다룬다. 부모가 마음대로 규칙을 정하고 자녀는 규칙에 무조건 복종해야 한다. 이런 부모의 자녀는 지나치게 순종적이거나 반항적이다. 또한 부정적인 자아개념이 형성되기 쉽고 자발성이 부족하며, 공격성이 높게 나타난다.

(4) 방임적 태도(적대-자율)

이 유형의 부모는 자녀를 양육하는 데 관심이 매우 적으며, 자녀에 대해 애정과 관심이 부족하다. 부모역할을 적절하게 수행하지 않으며 자녀의 요구를 거부하거나 무시하고 일관성 있게 자녀를 지도하지 못하는 경향이 있다. 이런 분위기에서 자란 유아는 무력감을 느끼고 사회생활에 적응하지 못하며, 반사회적인 행동을 하기도 한다.

4) 바람직한 부모역할

부모-자녀 관계도 다른 인간관계와 같이 부모와 자녀가 함께 사랑과 신뢰를 서로 주고받을 때 형성될 수 있다. 그러나 자녀의 나이가 어릴수록 부모가 먼저 사랑하고, 더 많이 베풀고, 먼저 이해해 주고, 더 오래 인내할 때 이루어질 수 있는 관계라는 것이 다른 인간관계와는 다른 점이라고 할 수 있다.

바람직한 부모-자녀 관계를 형성하여 자녀들을 성공적으로 양육한 부모들은 다음과 같은 세 가지의 공통적인 특징들을 가지고 있다(정미라 외, 2006).

(1) 자녀에 대한 신뢰

바람직한 부모-자녀 관계를 형성한 부모들은 자녀들에 대하여 '부모가 조건 없는 사랑을 주며 잘 키우고자 노력한다면 아이는 반드시 바르고 유능하게 자랄 수 있는 성향을 가지고 있다.'는 믿음을 가지고 있다. 부모가 자녀에 대해 이러한 믿음을 가지고 있으면 우선 부모 자신이 항상 긍정적인 사고를 하게 되므로 자녀들을 대하는 태도가 늘 긍정적이다. 그 결과 이런 부모들은 자녀들을 무시하거나 비난하기보다는 자녀들을 격려하고 자녀들에게 삶에 대한 용기와 긍정적인 태도를 갖게 해 주어 자녀들이 성공적인 삶을 살 수 있는 정서적인 기반을 형성해 준다.

자녀의 성향이나 가능성에 대해 확고한 믿음을 가지고 있는 부모라면 자녀들이 자신의 속도에 맞게 발달하여 자신만이 가진 능력을 발휘하도록 기다려 줄 수 있다. 이러한 부모는 남들이 한다고 해서 자기 아이에게도 그것을 하도록 강요하지 않으며 자기 아이가 가진 특징을 찾으려고 노력하는 반면, 다른 아이와 쓸데없이 비교하지 않고 자기 아이에게 꼭 필요한 칭찬과 격려를 줄 수 있다.

(2) 자녀에 대한 관심과 배려

바람직한 부모-자녀 관계를 이룬 부모들은 아이에게 늘 관심을 갖고 아이의 기본 욕구에 민감하게 반응해 준다는 것이다. 인간에게는 반드시 만족되어야 하는 기본적인 욕구가 있다. 유아의 경우에도 예외가 아니어서 기본적인 욕구의 충족이 이루어져야만 더 나은 단계로의 발달이 가능하게 되며 그렇지 못한 경우에는 많은 문제를 일으키게 되므로 기본 욕구의 충족이 훈육의 기초가 되며 모든 유아 문제해결의 시작이라고 말하기도 한다.

어려서부터 기본 욕구의 충족을 경험한 아이들일수록 지나치게 요구하지 않고 적절한 수준에서 잘 만족할 수 있다. 그러나 평소에 기본적인 욕구의 충족을 경험하지 못한 아이들은 자기가 정말로 원하는 것이 무엇인지 정확하게 알지 못하므로 이것저것을 끊임없이 원하게 되고, 무리한 요구에 대해 부모가 아무리 설명해도 그것을 받아들이지 못한다.

유아가 가지고 있는 기본적인 욕구의 종류는 대개 비슷하나 그 정도는 아이마다 다르며 유아가 가진 욕구 종류나 정도를 가장 잘 파악할 수 있는 사람은 부모이다. 따라서 부모는 자녀의 욕구를 정확하게 파악할 수 있도록 늘 아이에게 관심을 가지고 지켜보며 필요에 따라 그들의 욕구를 최대한 충족시켜 줄 수 있도록 노력해야 한다.

유아들에게 반드시 충족되어야 할 기본적인 욕구들은 수면, 영양, 빛, 공기, 물, 안락함, 안전, 공간, 자연, 소속감, 활동, 사랑 등이다.

부모의 사랑은 유아들이 느낄 수 있도록 표현되어야 한다. 여기에서 말하는 사랑이란 기본적인 욕구를 충족시켜 주는 것과 함께 '아이들이 느끼고 싶어 하는 부모와의 애정적인 교류'를 의미한다. 부모들은 가슴 가득 담고 있는 자녀에 대한 사랑을 자녀들이 충분히 느낄 수 있도록 표현해 주어야 한다. 아이와 눈을 마주보며 이야기하고, 아이가 관심 있어 하는 것에 함께 관심을 가져주고, 특별히 무엇을 하지 않아도 하루에 얼마 동안의 시간은 아이와 함께 있어 주고, 아이의 이름을 자주 불러 주고, 눈이 마주칠 때마다 웃어 주고, 잠자기 전에는 항상 사랑한다고 말해 주고, 적어도 하루에 한 번은 아이와 이야기하는 시간을 갖는 등 사소한 일이라고 생각하는 것에서부터 부모는 자녀들이 부모의 사랑을 가능한 한 자주 느낄 수 있도록 표현해 주는 것이 아이들에게 도움을 줄 수 있다.

(3) 부모–자녀 간의 의사소통

바람직한 부모-자녀 관계를 이룬 부모들은 아이들과 항상 대화를 한다는 것이다. 부모가 먼저 말을 하기보다는 우선 자녀들의 말을 들어서 그들의 마음을 이해하며 그들에게 공감하고 있다는 사실을 보여 주고, 자녀가 스스로 자기를 돌아보고 문제의 해결책을 찾아낼 수 있도록 기회를 주려고 노력한다.

① 자녀의 말 경청하기

대화의 대상이 누구이든 간에 대화를 함에 있어 가장 기본이 되는 것은 서로의 말을 잘 들어주는 것에서 시작된다. 서로의 말을 들어서 상대의 마음을 이해하고 공감하는 사람들 사이에서만 진정한 대화가 이루어질 수 있기 때문이다. 부모-자녀 간의 대화에서도 마찬가지여서 아이들은 주로 부모가 자신들의 이야기를 들어주기를 원한다. 그리고 만약 자신의 부모가 자신들의 마음을 이해하고 있으며 자신들과 같은 느낌을 가질 수 있다는 것을 알게 되면, 아이들은 자신의 부모를 믿고 자기의 생각이나 느낌을 솔직하게 이야기할 수 있게 되고 부모의 말에 귀를 기울일 수 있게 된다.

유아의 말을 들을 때는 다른 일을 하거나 다른 곳을 쳐다보지 말고 아이의 얼굴이나 눈을 쳐다보고 온화한 얼굴의 편안한 자세로 아이의 말을 들어주는 것이 좋다. 말의 내용에 따라 물어보아야 할 것이 있을 때는 아이의 말을 중간에 끊지 말고 다 들은 다음에 질문을 하고, 화가 나더라도 자제하고 끝까지 들어주어야 한다.

유아의 말이 끝나면 유아가 한 말의 의미를 부모가 제대로 이해하고 있는지를 반영적 경청기술 등을 통해서 확인해 본다.

② 자녀 스스로 해결책 찾기

성인이나 아이나 할 것 없이 누군가가 자기의 말을 진지하게 들어주거나 자신의 감정이 받아들여지고 있다는 것을 알게 되면 마음이 편안해지면서 자기의 행동을 돌아볼 수 있는 여유를 갖게 된다. 즉, 아이들은 자신의 생각을 언어로 표현하면서 자기의 행동이나 느낌 등을 객관적으로 분석할 수 있게 되고 자기의 잘못을 반성하거나 문제가 있었다면 해결책을 찾을 수 있다.

아이의 말을 듣고 부모가 해결사가 되어 해결책을 제시하거나 부모가 직접 문제를 해결해 주는 것 등은 당장은 아이를 행복하게 해 줄 수 있을지 모르나, 실제로 아이들은 그러한 해결방법에 대해 마음속 깊은 곳에서부터 우러나오는 자기 자신에 대한 만족감을 느낄 수 없게 되는 경우가 대부분이다. 따라서 자녀의 말을 듣고 난 이후에는 아이 스스로 자신을 돌아보고 해결방안을 찾아볼 수 있는 기회를 주는 것이 좋다.

부모도 완전한 존재가 아니므로 때로는 어려운 문제에 대해서는 시간을 가지고 심사숙고해야 한다는 사실을 알게 해 주는 것도 필요하다. 자녀에게 조언을 할 때는 해결책을 제시하기보다는 부모의 경험을 예로 들어 적절한 해결책을 찾아 낼 수 있는 방법을 함께 이야기하는 것이 좋다.

토의: 생각해보기

1 부모교육과 지원의 필요성에 대하여 의견을 나누어 보자.

2 현대사회의 특성(4차 산업혁명, 포노 사피엔스, 인류세, 다원화 및 다문화, 소핵가족 시대) 중 하나를 선택하여 시대 특성에 따른 부모교육의 방향에 대하여 토론해 보자.

3 부모의 양육태도에 비추어 바람직한 부모역할에 대하여 의견을 나누어 보자.

Chapter 04

부모교육 프로그램의 유형

1. 부모효율성훈련

부모효율성훈련(Parent Effectiveness Training: PET)은 미국의 임상 심리학자인 토마스 고든(Thomas Gordon)이 칼 로저스(Carl Rogers) 이론에 입각하여 만든 부모교육 프로그램이다.

고든은 정서적·지적 문제가 있는 아동들을 심리치료하면서 자신의 정신의학적 접근이 치료에 부족함을 느끼게 되었으며, 부모에게 실제적 도움이 필요하다는 확신을 갖게 되었다. 고든은 문제가 있는 아동들의 부모들이 심리적·신경증적 문제가 있는 것이 아니라, 대체적으로 자녀문제를 효율적으로 다루지 못하는 데서 오는 부적절함과 불만을 갖고 있는 것으로 부모-자녀 관계에서의 문제는 정신의학적으로 다루기보다는 부모-자녀의 관계 개선의 관점에서 다루어지는 것이 효과적이라고 생각해 부모-자녀 관계 향상에 초점을 두게 되었다.

부모효율성훈련(PET) 프로그램은 1962년부터 미국 전역에 보급되기 시작하였으며, 우리나라에서는 1989년 한국심리상담연구소에 한국지부(KETI)가 발족되어 부모역할훈련을 하고 있다.

본 장은 '연미희·김진숙(2022). 부모교육 이론과 실제. 동문사'의 내용을 재구성한 것임.

1) 기본가정 및 목적

(1) 기본가정

부모효율성훈련은 모든 인간관계에 적용할 수 있는 인간관계이론에 기초를 두고 있다. 따라서 부모-자녀 간의 기본적인 인간관계를 가장 바람직한 방향인 생산적이고 협동적인 관계로 발전시키려는 데 중점을 두고 있다.

부모효율성훈련의 기본가정을 살펴보면 다음과 같다.

첫째, 비일관성의 원리(inconsistency principle)로 자녀를 대하는 부모의 태도와 행동에 일관성이 없는 것은 당연하다고 보고 있다. 그러나 부모-자녀 관계는 애정과 존경을 바탕으로 한 온정적인 관계가 바람직하기 때문에 주어진 상황에서 부모의 기분 등에 따라 달라질 수 있는 부모의 태도는 훈련이 필요하다는 것이다. 특히 부모가 완벽한 부모 노릇을 하고자 하는 고정관념이 있을 경우, 바람직하지 못한 부모-자녀 관계가 형성될 수도 있으므로 자녀의 행동과 태도에 따라 부모의 수용능력과 태도도 변화되어야 한다는 것이다. PET의 기본가정은 부모의 유형을 '수용형의 부모'와 '비수용형의 부모'로 구분하여 부모가 자녀의 행동을 수용하는 정도는 부모의 감정, 자녀의 성격과 특성, 환경 등에 따라 다르다고 보고 있다. 그러므로 부모가 자녀에게 감정을 솔직하게 표현할 때에만 바람직한 부모-자녀 관계를 형성할 수 있다는 것이다.

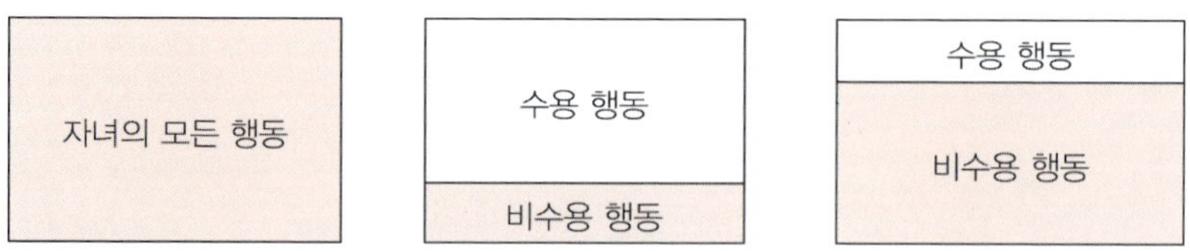

수용형의 부모 비수용형의 부모

그림 4-1 수용영역과 수용정도

둘째, 문제의 소유의식 원리로 문제를 소유한 사람이 자녀인지 부모인지 파악하는 것이 바람직한 부모-자녀 관계 형성을 위한 해결의 지름길이라고 본다.

고든은 자녀의 행동을 세 가지 유형으로 분류하였다.

첫째 유형은 자녀가 자신의 욕구를 만족시키지 못하여 화를 내거나 또는 좌절을 경험하거나 실망하는 경우로 자녀가 문제를 소유하는 것이다. 예를 들면, 친구에게 놀림을 당한다거나 기대보다 시험을 잘못 보았기 때문에 나타나는 자녀의 행동을 들 수 있다.

둘째 유형은 자녀가 자신의 욕구를 충족시키기 위해 부모의 권리를 침해하고 방해하는 행동으로, 이때는 부모가 문제를 소유한다. 예를 들면, 부모가 전화를 하는데 자녀가 옆에서 큰소리로 떠든다거나, 식사시간인데도 TV만 보는 등의 행동이다.

셋째 유형은 부모-자녀 관계에 전혀 문제가 없는 행동이 있다. 예를 들면, 부모와 자녀가 평온하게 책을 보는 상황이다.

문제의 소유자를 파악하는 일은 부모-자녀 간에 긍정적인 인간관계 형성을 위해 매우 중요하다. 문제의 소유자가 누구인가에 따라 적용되는 기술이 다르기 때문이다. 자녀에게 문제가 있을 경우에는 부모가 상황에 따라 조력기술(helping skills)을 사용하고, 부모가 문제가 있을 경우에는 상황에 따른 솔직한 감정을 표현하는 대면기술(confrontation skills)을 사용해야 한다.

자녀의 문제	**조력기술**
문제 없음	
부모의 문제	**대면기술**

그림 4-2 문제의 소유원리

(2) 목적

부모효율성훈련의 목적은 다음과 같다.

첫째, 부모는 신이 아니라 한 인간임을 깨닫도록 한다.

둘째, 부모는 자녀행동의 의미를 파악하여 이해하고 자신의 감정을 솔직히 표현하는 기술을 습득하게 한다.

셋째, 부모에게 자녀와의 관계에서 발생하는 문제에 대한 효과적 대응방안으로 의사소통기술을 습득하게 한다.

2) 교육내용

(1) 반영적 경청

부모는 자녀가 문제를 소유하고 있을 때 자녀의 감정을 이해해 주기 위한 경청기술을 사용해야 한다.

경청기술은 크게 수동적 경청(passive listening)과 반영적 경청(active listening)의 두 가지로 분류할 수 있다. 단지 말을 하도록 유도하는 말문을 열어주기나 침묵, 인정하기 등의 수동적 경청보다 더 효과적인 방법인 반영적 경청에서는 송신자(sender)뿐만 아니라 수신자(receiver)도 의사소통과정에서 적극적이 된다. 반영적 경청에서 수신자는 송신자의 느낌이나 메시지의 의미를 이해하려고 노력한다. 수신자는 자신이 이해한 것을 말로 표현하여 송신자가 확인할 수 있도록 피드백을 한다. 이때 수신자는 비평, 견해, 충고, 논리, 분석 혹은 질문과 같은 메시지를 보내서는 안 된다. 단지 송신자의 메시지가 의미한다고 느끼는 것만을 과장하거나 축소하지 않고 피드백하는 것이다(Gordon, 1975).

반영적 경청을 사용하기 위해 구체적으로 그 과정을 살펴보면 다음의 3단계로 이루어진다.

1단계는 부호화 단계로서 유아가 언어적·비언어적 방법으로 자신이 어려움에 처해 있다는 단서를 전달한다. 이때 부모는 유아의 말뿐만 아니라 표정이나 행동 등에도 큰 관심을 두어야 한다.

2단계는 유아가 나타내는 모든 단서를 바탕으로 유아가 어떤 어려움을 겪는지 추측해서 느낌이나 생각을 말해 주는 부호해석의 단계이다. 부모가 정서적으로 불안정한 상태에 있는 유아의 기분을 이해해 줌으로써 유아는 자신의 불안정한 감정에서 벗어날 수 있다.

3단계는 긍정 또는 거부의 단계로서 유아는 부모의 반응에 대해 자신의 감정을 확인하고 긍정하거나 부정한다.

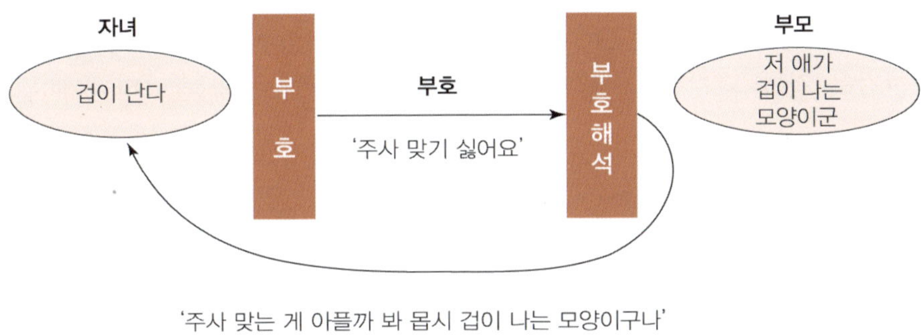

그림 4-3 반영적 경청과정

3단계의 과정 중 핵심적인 부분은 2단계로서, 여기에서 부모는 유아가 보낸 부호를 해석해서 유아의 감정을 그대로 이해하며 언어로 표현해 주어야 한다.

예를 들어, 유아가 예방주사를 맞아야 하는데 뒷걸음치며 도망가려고 할 때, 부모는 자녀에게 "주사 맞지 않고 어딜 도망가려고 하니?"라고 의사소통 걸림돌을 사용하지 말고, "○○야, 주사 맞는 게 아플까 봐 몹시 겁이 나는 모양이구나."라고 말함으로써 자녀의 감정을 언어로 표현하는 반영적 경청을 사용할 수 있다. 또 바닷가에서 파도가 치는 것을 보고 유아가 모래사장 근처에도 가지 않으려고 할 때 부모는 "넌 겁쟁이구나."라고 말하기보다는 "파도치는 것이 무서운가 보구나."라고 자녀의 불안한 감정을 읽어 주는 것이 바람직한 지도방법이다. 일단 자녀가 느끼는 감정을 그대로 이야기해 주면 유아는 자신의 문제를 스스로 해결할 수 있게 된다.

그런데 이때 부모들이 유의해야 할 점은 유아를 대하는 태도이다. 만약 부모의 태도가 공감을 불러일으키지 않으면 부모가 무슨 말을 하든지 유아에게는 그 말이 속임수로 느껴질 것이다. 부모가 하는 말 속에 진정한 공감이 느껴질 때 유아는 자신의 마음을 부모에게 진실하게 털어놓는다. 또한 자녀가 문제를 가지고 있을지라도 부모와 말을 하고 싶어 하지 않을 때에는 반영적 경청기술을 사용할 수 없다.

모든 유아는 친구, 형제자매, 부모, 교사와의 관계에서 혹은 자신과의 문제로 실망·좌절·고통 등을 경험하게 된다. 이런 상황에서 문제해결을 위해 부모의 도움을 받은 유아들은 심리적 건강을 유지하고 더욱 용기와 자신감을 갖게 되지만, 그렇지 못한 유아는 정서적 문제를 나타내게 된다 (Gordon, 1975).

(2) 나-전달법

전형적으로 부모는 자녀의 행동으로 인해 화가 날 때 자녀의 행동을 비난하고 훈계하는 경향이 있는데, 이것을 의사소통기술에서 너-전달법 (You-Message)이라고 한다. 너-전달법은 자녀의 감정을 상하게 하므로 자녀의 행동을 변화시키는 데 비효과적이다. 이런 상황에서 바람직한 의사소통기술은 부모가 자신의 감정을 자녀에게 표현하는 나-전달법 (I-Message)을 사용하는 것이다. 예를 들어, 유아가 소파 위에서 뛰고 있을 때 부모는 자녀에게 “엄마가 소파에서 뛰지 말라고 얼마나 많이 얘기했니? 도대체 엄마 말을 듣고 있니?”라고 말하기보다는 “엄마는 네가 소파에서 뛰면 소파가 망가져서 못쓰게 될 것 같아서 불안하단다.”라고 나-전달법을 사용하는 것이 바람직하다.

부모의 감정을 효과적으로 표현하는 나-전달법은 다음과 같은 세 가지 요소가 필요하다.

① **행동**: 부모를 괴롭히는 자녀의 행동을 비난 없이 간단하게 진술하는 것이다. 예를 들면, ‘네가 떠들면’이 아니라 ‘네가 큰 소리로 말하

면'과 같이 자녀의 행동을 비난하지 않고 진술하는 것이다.

② 영향: 자녀의 행동이 부모에게 미치는 구체적인 영향을 진술하는 것이다. 구체적인 영향은 자녀의 행동으로 인해 부모가 소모하게 되는 시간, 노력, 비용 등을 의미한다. 예를 들어, "네가 큰소리로 말하면(자녀의 행동), 엄마는 전화통화 중에 상대방의 말소리가 잘 들리지 않는다(부모에게 미치는 영향)."라고 말하는 것이다.

③ 감정: 매우 핵심적인 요소로 자녀의 행동으로 인해 부모가 느끼는 감정이 어떤 것인지를 표현하는 것이다. 예를 들어, "네가 큰소리로 말하면(행동), 엄마는 전화통화 중에 상대방의 말소리가 잘 들리지 않아서(구체적 영향), 몹시 기분이 좋지 않다(감정)."라는 식으로 표현하는 것이다.

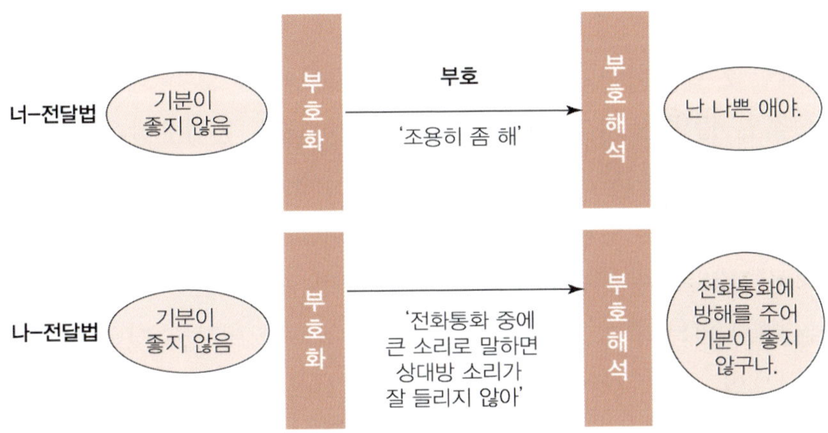

그림 4-4 나-전달법과 너-전달법의 비교

(3) 민주적인 방법

부모와 자녀 간에는 여러 가지 크고 작은 갈등이 생겨나는데, 이 갈등을 해결하는 방법은 크게 세 가지로 분류할 수 있다.

첫째는 권위주의적인 방법이다. 이는 부모가 원하는 대로 자녀에게 명령하는 것이다. 이때 자녀는 부모에게 원망·분노·적대감을 갖게 되고,

부모의 욕구는 충족되지만 자녀의 욕구는 충족되지 못하므로 부모가 이기고 자녀는 진 것이다.

둘째는 허용적인 방법이다. 즉, 부모는 자녀가 원하는 대로 이끌려 가는 것이다. 이것은 앞의 경우와 반대로 자녀가 이기고 부모가 진 것이다. 이 경우에 부모는 좌절감과 자녀에 대한 미움을 가질 수 있다.

마지막은 바람직한 부모-자녀 간의 갈등을 해결하기 위한 민주적인 방법(no-lose method)이다. 이것은 부모와 자녀가 타협하여 서로의 욕구가 충족될 수 있는 방향으로 갈등을 해결하므로 지는 사람이 없이 둘 다 이기는 방법이다. 그러므로 '양승법' 혹은 '무패법'이라고도 불린다. 이 방법은 성인들이 민주적으로 갈등을 해결하는 방법으로 예를 들면, 남편과 아내는 상호 간의 동의를 통해 그들의 의견 차이를 해결할 때 이 방법을 사용한다. 사업상 동업자들도 상호 간 빈번한 갈등을 해결하기 위해서 이 방법을 사용한다. 이것은 동등하거나 비교적 동등한 힘을 소유한 개인들 간의 갈등을 해결하는 데 자주 사용된다(Gordon, 1975).

민주적인 방법은 유아가 해결책을 수행하도록 동기유발을 시켜 주고 좋은 해결책을 찾아낼 가능성을 높여 주며, 부모-자녀 간의 적대감을 줄이고 사랑을 증대시키기 때문에 효과적이다.

이러한 장점을 가진 민주적인 갈등해결방법은 6단계로 구성되어 있다. 1단계는 부모-자녀 간의 갈등을 일으키는 문제를 정의하는 것이다. 다시 말해서, 부모의 욕구와 자녀의 욕구를 서로 명확하게 밝히는 단계이다. 2단계는 부모-자녀 간의 갈등을 해결할 수 있는 해결책을 만들어 내는 것이다.

이는 부모와 자녀가 서로 여러 가지 해결책을 내놓는 것이다. 3단계는 부모와 자녀가 서로 내놓은 해결책에 대해 평가하는 것이다. 즉, 여러 가지 해결책에 대한 자녀의 만족과 불만족을 알아내고, 수용할 수 있는 해결책에 대하여 이야기한다. 4단계는 3단계의 평가를 통해서 가장 좋은 해결책을 결정하는 것이다. 5단계는 결정된 해결책을 수행하는 것이다.

마지막 6단계는 사후의 평가로 해결방안이 부모와 자녀에게 어떻게 활

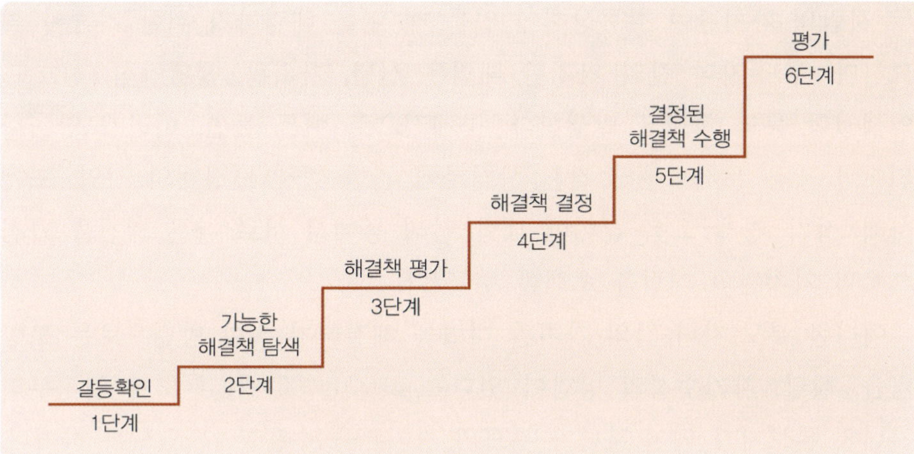

그림 4-5 민주적인 갈등해결방법의 6단계

용되고 있는지 확인하는 시간을 갖는 것이다. 그리하여 결정된 해결책이 잘 수행되지 않을 때에는 다시 이전의 단계로 돌아가서 해결책을 수정하거나 새로운 해결책을 만들어 내어 갈등을 해결해야 한다. 예를 들어, 자녀의 TV 시청 시간으로 부모와 자녀가 갈등관계를 가질 경우 먼저 1단계에서 부모와 자녀는 자녀의 오랜 TV 시청이 서로 간의 관계에 갈등을 일으킨다는 것을 확인한다. 2단계에서는 문제를 해결하기 위해 어떻게 하는 것이 좋은지 부모와 유아가 해결책을 제안한다. '어린이 만화영화를 1시간만 본다.'든지 아니면 '오후 4시 30분부터 5시 30분까지 교육방송을 본다.'든지 여러 가지 해결책을 내놓는다. 3~4단계에서는 부모와 유아가 내놓은 해결책들 중 서로가 만족하는 가장 좋은 것을 평가를 통해 선택한다. 5~6단계에서는 실제로 1~2일 혹은 1주일 정도 실행해 본 후, 잘 진행되어 가면 그대로 두고 그렇지 못한 경우에는 다른 해결책을 모색한다.

(4) 가치관 대립

자녀가 성장함에 따라 부모-자녀 간에 더 다양한 갈등이 생길 수 있다.

두 사람의 가치관이 갈등상태에 있을 때 이를 해결하기 위한 기술이 필요하다. 부모-자녀 간의 가치관 대립은 신념, 가치관, 생활양식, 선호도, 인생철학 등의 차이로 발생한다. 구체적으로 예를 들면, 머리 모양이나 의복과 같은 문제로부터 결혼 상대자에 관한 견해나 장래의 직업, 또는 사회·정치·경제·교육 분야에 대한 견해 등에서 서로 다른 의견을 가짐으로써 가치관의 대립을 초래할 수 있다.

이러한 부모-자녀 간의 가치관 대립을 해결하기 위한 방법으로는 모방학습, 상담, 자기수정의 방법이 있다(Gordon, 1975). 즉, 부모가 일찍부터 자녀의 본보기가 되어 자녀가 부모의 가치관을 수용할 수 있도록 하거나, 자녀가 도움을 청할 때 기꺼이 상담자가 되어 줌으로써 자연스럽게 부모 자신의 견해를 자녀에게 수용할 수 있도록 해야 한다. 이와 반대로, 부모가 자신의 가치관을 검토한 후 수정하여 자녀의 가치관을 수용하는 방법도 있다.

(5) 환경의 변화

환경의 변화는 유아의 주위 환경을 변화시킴으로써 유아의 행동을 수정하고자 하는 것이다. 환경적 변화는 나이 든 아동보다는 영아기나 유아기 자녀에게 더욱 좋다. 부모들은 자녀에게 언어적 방법에 더욱 의존하며, 특히 어떤 부모는 부모의 힘에 의하여 유아의 행동을 지배하거나 위협하려 한다. 결과적으로, 환경적 변화를 통한 변화는 무시하고 수용하기 어려운 아동의 행동에 말로만 떠들게 된다. 간단한 환경적 변화로 유아들에게 효과적으로 사용할 방안을 강구할 필요가 있다. 환경의 변화는 다음의 4가지 종류를 들 수 있다.

① 환경의 풍요화

환경의 풍요화는 유아의 비수용 행동을 예방하고 중지시키는 효과적 방안의 하나이다. 즉, 유아가 활동할 많은 자료들-장난감 재료, 독서물,

놀이물, 기타 완구–을 제공하는 것이다. 아이들은 자신이 흥미 있는 일에 전념하면 부모를 괴롭히거나 성가신 일에 집착하지 않는다.

아이들을 동반한 여행의 경우에도 가끔 아이들이 부모를 성가시게 한다. 이럴 경우를 대비하여 어떤 가족은 아이들의 장난감이나 평소 가지고 놀던 완구를 준비하는 것을 볼 수 있다. 또 친구를 데리고 오거나 장난감을 갖고 놀기에 좋은 환경에서는 혼자서 놀 때보다 부모의 말도 잘 듣고 수용적인 행동을 많이 한다.

② 환경의 빈약화

유아들은 지나치게 많은 환경적인 자극을 싫어할 때가 있다. 예를 들어, 부모들은 아이들에게 잠들 시간이나 식사시간에 TV 시청 등과 같은 자극을 주면서 갑자기 조용해지거나 자제해 주기를 바라고 있다. 이러한 시간은 자극을 주기보다는 오히려 자극을 약화해야 할 때이다. 따라서 부모는 TV를 끄고 조용한 환경을 조성하여 자녀가 잠들 수 있게 해 주어야 한다.

③ 환경의 간결화

유아들은 가끔 환경이 너무나 복잡하고 까다로울 때 비수용적인 행동을 하게 된다. 그래서 그들은 부모의 도움을 조르고, 어떤 활동은 아주 포기해 버리기도 하며, 공격성을 보이거나 물건을 마루에 집어던지며 울고 달아나는 행동을 하게 된다.

부모는 유아들의 환경을 간결화시킬 수 있는 다음과 같은 사항을 참고할 수 있을 것이다.

- 유아 스스로 자기 힘으로 입기 쉬운 옷을 구입해 줄 것
- 옷걸이를 낮게 달도록 할 것
- 깨지지 않는 컵이나 유리제품을 구입할 것
- 유아방의 벽지는 물로 지우기 쉬운 재료를 사용할 것

④ 활동공간의 제한

유아들의 활동공간을 제한하는 것은 비수용적 행동을 예방할 수 있다. 가정 내에서 조금만 주의를 기울이면 유아들의 생활공간을 제한하여 안전하게 키울 방안이 마련된다. 풀, 진흙, 페인트 등을 가지고 구성놀이를 할 장소를 정해 놓거나, 시끄럽고 마구잡이 장난을 쳐도 좋은 장소를 택해 정해 주는 일도 생각해 볼 수 있다.

3) 운영방법

우리나라의 경우 부모효율성훈련(PET)은 한국지부인 한국심리상담연구소에서 지도자 자격연수 과정을 받은 강사가 부모를 대상으로 실시하고 있다. PET 훈련은 일주일에 1회 모임을 갖고, 1회 모임에 3시간씩 총 8주 동안 훈련하도록 한다. 한 집단은 10~15명 내외의 참여자로 이루어지고, 워크북과 교재를 사용한다.

참가자들은 강사의 강의를 듣고 의사소통에 대한 여러 가지 원리를 배우며 토론하게 된다. 또 강사의 시범을 통해 구체적인 수행방법을 배우고, 역할놀이를 하면서 실습하고 지도받게 된다. 수업에서 배운 것을 가정에서 자녀에게 실제로 적용해 보고, 교재를 읽으며 과제로 내준 워크북을 풀어 보아야 한다. 이런 결과는 차기 모임에서 발표하며, 다른 사람의 경험을 경청하면서 의사소통기술의 적용방법을 수정하고 재학습하며 이해할 수 있다.

2. 체계적 부모효율성훈련

체계적 부모효율성훈련(Systematic Training for Effective Parenting: STEP)은 딩크메이어(Dinkmeyer)와 맥케이(Mckay)가 1976년에 개발한 부모교육 프로그램이다. 이것은 미국 플로리다주의 의사소통 및 동기유발 훈련 연구소

(Communication and Motivation Training Institute)의 딩크메이어와 애리조나 대학의 상담가인 맥케이가 기존 드라이커스(Dreikurs)의 민주적 양육이론과 고든의 부모효율성훈련 이론의 장점을 종합하여 체계적이고 조직적이며 종합적인 프로그램을 개발한 것이다.

1) 기본가정 및 목적

체계적 부모효율성훈련(STEP)은 그 기본 가설을 민주적인 가정에 두고 있으며, 부모-자녀 관계의 질을 향상시키기 위해서는 부모-자녀가 상호 존중하고 부모는 자녀들에게 스스로 결정하고 행동할 수 있는 기회를 보다 많이 제공하여야 한다고 설명한다. 그리고 부모-자녀 간의 질적인 관계형성은 자연적이고 논리적인 귀결에 의해 이루어지는 민주적인 의사소통이라고 주장한다.

체계적 부모효율성훈련의 교육철학은 사랑과 존중을 바탕으로 한 인간 가치의 구현에 있는데, 부모교육에 있어서도 자녀들을 용기와 격려로 가르치는 방법을 터득하게 하는 데 목적을 두고 있다.

2) 교육내용

체계적 부모효율성훈련은 총 9장으로 구성되어 있으며, 각 장의 구체적인 내용은 다음과 같다(이경우 역, 1992).

(1) 자녀행동의 이해

자녀의 행동을 이해하기 위해서는 자녀를 존중하고 자녀의 존엄성과 가치를 이해하는 일이 중요하다. 특히 자녀를 격려하고 자녀에게 책임을 부여하며 자녀의 행동을 이해하려는 자세가 중요하다. 자녀의 행동을 이해하는 데 있어서 중요한 점은 자녀들의 그릇된 행동의 내면에는 인정을 받거나 사회적으로 승인을 얻기 위한 욕구가 내재되어 있다는 것을 인식하는 것이다.

그리하여 자녀의 잘못된 행동을 주의 깊게 관찰하여 행동의 밑바닥에 깔려 있는 좌절된 욕구를 이해하고 자녀와 긍정적인 관계를 형성하는 일이 중요하다. 드라이커스가 말하는 잘못된 행동의 목표란 관심 끌기, 힘 행사하기, 앙갚음(보복)하기, 무능함 나타내기를 말한다.

① 관심 끌기

유아는 자신이 가정에 소속되지 못하고 의미 없는 존재라는 심리적인 열등감에 사로잡히게 되면 다른 사람으로부터 관심을 받아야만 안전한 위치를 차지할 수 있다는 잘못된 심리적 목표를 세운다. 관심 끌기의 목적은 자신의 행동이 부정적일지라도 부모의 관심을 받음으로써 부모로부터 사랑을 받는다고 느끼는 데 있다. 따라서 잘못된 행동의 결과가 나쁘고 부모의 반응이 부정적일지라도 관심 끌기의 목적을 달성했다고 생각하면 계속 잘못된 행동을 한다.

예를 들어, 집에 손님이 오셨을 때 부모가 손님과 이야기하는 것에 열중해 있으면 유아가 부모에게 무엇을 해 달라고 평소보다 더 많은 요구를 한다든지, 동생이 생겼을 때 동생에 대한 주변 사람들의 관심에 질투를 느껴 관심을 자신에게 유도하기 위해 퇴행 등의 이상한 행동을 하는 것 등이다.

② 힘 행사하기

유아가 스스로 많은 것을 할 수 있게 되고, 자신이 할 수 있는 것을 부모가 못하게 한다는 것을 인식하면 유아는 자신이 하고자 하는 것을 해야만 가정에서 확고한 위치를 차지한다는 잘못된 심리적 목표를 세운다. 이러한 동기에서 유아는 부모의 요구에 '싫어.'라는 말을 자주 사용하게 된다. 이처럼 유아가 부모의 요구를 거절하면서 자신의 힘을 과시하는 것은 자신이 대장의 위치를 차지해야만 하고 싶은 대로 할 수 있다고 생각하는 것으로, 무엇을 하라고 하면 하지 않고, 반대로 하지 말라고 하면 하는 반항적인 행동으로 나타난다.

③ 보복하기

유아가 자신이 집단 내에서 힘도 없고 가치도 없으며 다른 사람으로부터 사랑을 받지 못한다는 잘못된 생각을 갖게 되면, 자신이 상처를 받았으므로 그만큼 다른 사람에게도 상처를 주어야만 집단에서 자신의 위치를 확고하게 할 수 있다는 잘못된 목표를 세운다. 따라서 유아는 심술궂고 잔인한 행동으로 다른 사람에게 상처를 준다. 예를 들면, 유아가 부모로부터 불공평한 대접을 받았다고 느꼈을 때, 부모에게 상처를 주고자 부모가 보는 앞에서 장난감을 부수거나 동생을 때려서 울린다.

④ 무능함 나타내기

유아가 자신의 잘못된 행동목표를 효과적으로 달성하지 못하게 되면 매사에 쉽게 포기하고, 사회적 상호관계나 책임을 피해 퇴행함으로써 자신의 위치를 확보하려고 한다. 유아는 성공하려는 희망을 갖기는커녕 아예 포기하기 때문에 다른 사람이 자기에게 기대하지 못하게 한다. 이처럼 무능함을 보이는 유아는 자신이 해낼 수 없는 것 이상으로 모든 것을 포기한다.

예를 들면, 숙제를 항상 스스로 하지 못하고 엄마가 도와주어야만 할 수 있다. 따라서 엄마가 외출 후에 늦게 돌아와도 숙제는 시작도 안 하고 있는 것이다.

표 4-1 자녀의 잘못된 행동목표에 대한 바람직한 반응

자녀의 목표	부모의 바람직한 반응
관심 끌기	• 잘못된 행동을 무시한다. • 바람직한 행동을 했을 때 긍정적인 관심을 보인다.
힘 행사하기	• 자녀와 싸우기보다는 행동의 결과를 자녀 스스로 경험하게 한다.
보복하기	• 보복으로 대응하기보다는 무시한다. • 신뢰와 상호 존중을 회복하도록 노력한다.
무능함 나타내기	• 절대 포기하지 않는다. • 자녀의 장점을 찾아 격려해 준다. • 약간의 진전이라도 보이면 놓치지 않고 격려한다.

(2) 자녀와 부모 자신의 이해

자녀의 행동은 가족 분위기와 가치관, 성역할, 가족 내에서의 위치, 부모의 훈육방법 등의 환경적 요소에 영향을 받게 된다. 따라서 부모들은 자녀에 대해 이해해야 하고, 아울러 자신에 대해서도 올바른 이해를 하도록 하여야 한다. 체계적 부모효율성훈련에서는 완벽한 부모는 없다는 것을 전제로 책임 있는 부모의 역할을 강조하고 있다(표 4-2, 표 4-3 참조). 특히 자녀들이 잘못된 행동을 할 때 정서를 표출하기 때문에 부모가 강압적인 방법으로 자녀를 통제하려 하기보다는 자녀들이 스스로 결정하여 행동할 수 있도록 하는 방법이 바람직하다는 것이다. 책임 있는 부모는 자녀에게 긍정적인 태도를 나타내어 자녀를 격려한다.

표 4-2 완벽한 부모의 특징

부모의 신념	부모의 행동	자녀에게 일어나는 결과
• 부모는 자녀를 통제해야 한다.	• 복종을 요구한다. • 벌을 준다. • 이기려고 한다. • 부모가 옳고 자녀는 틀리다고 주장한다.	• 반항한다. • 이기거나 옳아야 한다. • 진정한 감정을 속인다. • 분노를 느낀다. • 앙갚음을 찾는다. • 인생이 불공평하다고 느낀다. • 포기하고 회피한다.

부모의 신념	부모의 행동	자녀에게 일어나는 결과
		• 거짓말 · 도둑질을 한다. • 자율성이 결여된다.
• 부모는 우월하다.	• 자녀를 동정한다. • 책임을 진다. • 과잉보호를 한다. • 독선적이다. • 자녀에게 창피를 준다.	• 자신을 연민하고 다른 사람을 비난하는 것을 배운다. • 인생이 불공평하다고 느낀다. • 무능력함을 느낀다. • 다른 사람이 베풀어 주길 원한다. • 우월할 필요가 있다고 느낀다.
• 부모는 받을 자격이 있다. • 자녀는 부모에게 빚졌다.	• 공평에 지나치게 민감하다. • 조건을 붙인다.	• 다른 사람을 믿지 않는다. • 인생은 불공평하다고 느낀다. • 이용당한다고 느낀다. • 다른 사람을 이용하려 한다.
• 부모는 완전해야 한다.	• 모든 것에서 완전을 요구하고 결점을 찾는다. • 다른 사람의 생각에 지나친 관심을 갖는다.	• 자신이 결코 훌륭하지 않다고 믿는다. • 완벽주의자가 된다. • 좌절감을 느낀다.
• 자녀가 나보다 더 중요하다.	• 지나치게 자녀에게 몰두한다. • 자녀의 요구를 들어주고 양보한다. • 안 된다고 하는 것에 죄의식을 느낀다.	• 받기를 기대한다. • 사회적 관계를 잘 형성하지 못한다. • 다른 사람의 권리를 존중하지 않는다. • 이기적이다.

(3) 자아존중감과 자신감 배양

이 프로그램의 부모교육 내용 중에서 자신감과 자아존중감을 배양하는 목표는 통제나 벌을 가하지 않고 자녀의 바람직한 행동을 하게 만드는 데 있다. 즉, 외적 통제에 의한 '외적 동기화'보다는 자녀 스스로 긍정적인 행동을 유발할 수 있는 '내적 동기화'를 강조하고 있다. '내적 동기화'는 자녀가 잘못된 행동을 할 경우라도 실수를 인정해 주고, 긍정적 행동을 제시함으로써 자아존중감을 갖게 하는 방법을 활용한다.

표 4-3 책임 있는 부모의 특징

부모의 신념	부모의 행동	자녀에게 일어나는 결과
• 자녀 스스로 결정할 수 있다고 믿는다.	• 선택하게 한다. • 격려한다.	• 자신감을 느낀다. • 무엇이든 하려고 한다. • 문제를 해결한다. • 유능하다.
• 다른 사람과 동등한 인격이다.	• 자녀를 믿고 존중한다. • 독립성을 격려한다. • 선택과 책임감을 갖게 한다. • 자녀가 공헌하기를 기대한다.	• 자립심과 책임감을 발달시킨다. • 결정하는 것을 배운다. • 자신과 타인을 존중한다. • 평등을 믿는다.
• 상호 존중을 믿는다.	• 평등성을 증진한다. • 상호 존중을 격려한다. • 자녀가 죄의식을 갖지 않게 한다.	• 자신과 타인을 존중한다. • 사회적인 감정이 증가한다. • 다른 사람을 신뢰한다.
• 부모도 인간이므로 불완전한 것이 당연하다.	• 현실적인 기준을 정한다. • 힘을 강조한다. • 격려한다. • 자신의 이미지에 관심이 없다. • 인내심이 있다.	• 자기 평가보다 닥친 일에 집중한다. • 시도하다가 실수하면 다시 도전한다. • 새로운 경험을 하려는 용기를 지니고 있다. • 다른 사람에 대해서도 인내한다.
• 자신을 포함한 모든 사람이 중요하다고 믿는다.	• 상호 존중과 공헌하도록 격려한다. • 시중들지 않는다. • 안 된다고 할 때를 안다.	• 훌륭한 사회적 관계를 가진다. • 다른 사람의 권리를 존중한다.

특히 자녀들에게 자신감과 자아존중감을 길러 주기 위해서는 격려를 많이 해 주어야 하며, 격려를 통해 자신을 신뢰하게 되고 자존심을 배양하도록 하여야 한다는 것이다. 격려는 부모의 올바른 대화기법을 통해 이루어진다는 것이다.

칭찬과 격려를 비교하면, 격려는 스스로 자신감과 자아존중감을 갖게 하는 데 비해, 칭찬은 자아존중감이나 자신감을 갖게 만들지는 않는다(표 4-4 참조).

표 4-4 칭찬과 격려의 특성

	칭찬	격려
관심영역	• 외적 통제 • 외적 평가 • 자기평가와 개인적 이익 • 과제수행에 대한 보상	• 자기존중과 성장 • 내적 평가 • 가치인정 그리고 장점과 공헌에 대한 가치부여 • 노력과 향상
자녀에게 미치는 영향	• 과제수행에 대한 보상 : 실패에 대한 두려움, 지나친 기준과 가치 부여 • 자기평가와 개인적 이익 : 과다경쟁의식, 타인의 희생을 개의치 않는 최고지향 성향 • 외적 평가 : 남을 기쁘게 하는 데 가치부여, 반대하는 데 대한 두려움 • 외적 통제 : 순종하는 것에 대한 가치부여, 반항 가능성, 포기와 협동	• 자기존중과 성장 : 실패 경험에 대한 자기극복, 재시도하려는 노력 • 내적 평가 : 자기성장과 진보에 대한 긍정적인 평가 • 노력과 향상 : 노력에 대한 인정, 지속적 노력 • 가치인정 : 개인과 모든 이를 위해 재능을 활용, 자신과 타인의 성공에 대해 만족

(4) 의사소통 – 효과적인 경청

이 프로그램에서 의사소통은 듣기와 말하기 기법으로 대별되는데, 효과적인 의사소통은 효과적인 경청을 통해 가능하다고 보고 있다. 특히 부모의 권위주의적이고 인습적인 태도는 효과적인 의사소통을 방해하는 주된 요인이 되고 있다고 본다.

효과적인 의사소통기술 중 경청(listening)의 기법은 자녀의 생각과 감정을 반영하는 개방적이고 반영적인 경청(reflective listening)이 권장된다.

의사소통 과정에서 자녀의 표현에 대해 효과적인 경청을 예시한 결과는 다음 **표 4-5** 에 나타나 있다. 자녀의 의사표현에 대해 부모가 폐쇄적 반응을 나타낼 때와 개방적 반응을 나타낼 때의 표현들을 제시한 것이다.

표 4-5 효과적인 경청

자녀의 의사표현	폐쇄적 반응	개방적 반응
그 애랑 다시는 놀지 않을래.	그럴 수도 있지, 잊어버려라.	그 애 때문에 화가 났구나.
색칠하기를 그만 두겠어요.	하던 것을 마쳐야지, 그러면 안 돼.	색칠하는 게 어렵지. 색칠하기가 힘들 때도 있어.
○○이 때문에 유치원에 가기 싫어요.	유치원 가지 않겠다는 것은 안 돼. 유치원은 가야 되는 거야.	○○가 귀찮게 굴어서 싫은 모양이구나.
엄마가 싫어요.	그런 말하면 안 돼.	엄마 때문에 화가 난 모양이구나.

(5) 의사소통 : 대안 찾기와 나-전달법

대안 찾기의 단계는 자녀를 이해하기 위한 경청에서부터 자녀행동의 결과를 평가하는 데까지 몇 가지 단계가 있다.

즉, 자녀의 감정을 이해하기 위한 경청단계, 브레인스토밍(brainstorming)을 통한 대안을 모색하는 단계, 바람직한 해결책을 선택하는 단계, 예상되는 결과를 논의하는 단계, 자녀의 실행단계, 자녀 행동의 결과를 평가하는 단계 등 6단계를 거치게 된다. 그리고 나-전달법을 활용하여 부모 스스로의 감정과 생각을 정직하게 표현하도록 하여야 한다. 따라서 문제가 발생하였을 때는 대안을 찾을 수 있도록 효과적인 의사소통을 하여야 하며, 특히 중요한 것은 나-전달법을 활용하여 솔직하게 생각과 느낌을 표현하는 것이 중요하다.

표 4-6 반영적 경청과 나-전달법

상황	문제의 소유자	의사소통	
		반영적 경청	나-전달법
자녀가 약속한 대로 TV시청 시간을 줄이지 않았다.	부모		네가 약속을 지키지 않아 실망스럽구나.
자녀가 친구가 놀아주지 않는다고 울고 있다.	자녀	친구가 놀아주지 않아서 속상한 모양이구나.	

(6) 책임감 배양

부모들이 자녀를 양육할 때 대개 권위를 바탕으로 보상과 처벌을 통한 훈육방법을 쓴다. 그러나 이러한 방법은 자녀의 자율성 신장에 방해가 될 뿐만 아니라, 책임감 배양에도 저해요인이 된다. 책임감 배양을 위한 바람직한 방법으로서는 자연적 귀결과 논리적 귀결방법이 권장되고 있다.

책임감을 배양하기 위해서는 자연적 귀결과 논리적 귀결을 사용하는 것이 바람직한데, 이러한 귀결방법을 활용하는 데 있어서 몇 가지 원칙이 있다. 그 원칙은 다음과 같다.

① 자녀의 행동목적과 감정을 이해하는 일이 중요하다.
② 행동은 단호하면서 메시지는 친절하게 한다.
③ 일관성 있는 행동을 보이는 부모가 된다.
④ 행위자와 행위를 분리한다.
⑤ 독립심을 갖도록 용기를 북돋아 준다.
⑥ 동정심을 남용하지 않는다.
⑦ 말을 적게 하고 행동을 먼저 한다.
⑧ 모든 자녀가 행동을 나누어 갖도록 한다.
⑨ 완벽한 부모가 되려고 애쓰지 않는다.
⑩ 문제의 소유자가 누군지 파악한다.
⑪ 남의 생각에 지나치게 의존하거나 관심을 두지 않는다.

(7) 논리적·자연적 귀결의 활용

자연적 결과는 자연적인 상황에서 유아 스스로 자신의 행동에 대한 결과를 경험할 수 있도록 하는 방법이다. 만약 부모가 방해하지 않는다면 일상생활에서 유아들은 자신의 행동에 대한 결과를 자연스럽게 경험할 수 있을 것이다. 예를 들어, 점심을 먹지 않으면 오후 간식시간 이전에 배가 고플 것이라든지, 눈싸움을 할 때 장갑을 끼지 않으면 손이 시릴 것이라는 것 등이다.

일반적으로 부모들은 자녀를 꾸짖고 벌을 주어서라도 자녀를 올바로 키워야 한다고 느끼기 때문에 자연적 결과의 경험을 방해한다. 따라서 부모는 위험하지 않은 경우에는 사건이 자연스럽게 흐르도록 놓아두어, 자녀가 그 사건의 결과를 경험할 수 있도록 도와주는 것이 바람직하다.

논리적 결과는 행동에 대한 결과가 유아의 행동으로 인해 자연스럽게 일어난 것이 아니라 다른 사람이나 부모에 의해 정해지는 방법이다. 즉, 유아와 성인이 합의하여 논리적으로 행동과 관계되는 결과를 정하는 것이다. 이것은 인간의 평등성을 기초로 한 방법으로서, 논리적 경험을 통해 유아는 자신의 권리를 요구할 수 있게 되고 책임감을 갖게 되어 의사결정에 동등하게 참여할 수 있게 된다.

예를 들어, 종이에만 그림을 그리기로 부모와 약속하고, 벽이나 방바닥에 낙서를 했을 경우 자녀가 '낙서를 지우기'로 합의하였으면 약속을 지키지 않을 경우 그것을 '논리적 결과'로 사용하는 것이다.

(8) 가족모임

가족모임은 의사결정 과정에 온 가족이 참여토록 하는 방법이다. 가족모임을 통해 부모-자녀 간의 관계가 원활해질 뿐만 아니라, 가족 간의 참여기회도 확대된다.

표 4-7 가족모임의 지침

바람직한 사항	바람직하지 못한 사항
• 계획된 시간에 정기적으로 모인다.	• 일이 생길 때만 모인다.
• 모든 구성원들을 동등하게 대한다. • 모든 사람이 경청한다.	• 권위적인 사람에 의해 모임이 지배된다.
• '반영적 경청'과 '나-전달법'을 사용하여 가족구성원들을 격려하고 그들의 느낌과 생각을 정확하게 표현한다.	• 다른 사람의 이야기를 듣지 않으며 서로에게 용기를 주지 못한다.
• 현실적인 문제를 다룬다. 중요하지 않은 주제는 피한다.	• 행동의 목적보다는 말다툼, 싸움, 불평만을 다룬다.

바람직한 사항	바람직하지 못한 사항
• 가족 내에서 일어난 좋은 일을 알림으로써 구성원을 격려한다.	• 불만과 비난에 초점을 맞춘다.
• 가족을 위해 오락이나 레크리에이션의 계획을 세운다.	• 일 분담과 훈련으로 모임의 한계를 정한다.
• 모임의 지속시간을 함께 정하고 정해진 시간에 끝낸다.	• 모임의 지속시간을 무시한다.
• 계획이나 결정은 기록한다. 또한 잊지 않도록 게시해 둔다.	• 동의한 사항을 실천하지 않는다.

가족모임을 위해 가족구성원들이 지켜야 할 몇 가지 사항은 다음과 같다.

① 가족구성원 간의 동등한 입장에서 사회자를 돌아가면서 한다.
② 브레인스토밍을 통해 대안을 모색한다.
③ 정규적으로 계획된 시간에 모인다.
④ 가족 전체가 함께할 수 있는 오락을 준비한다.
⑤ 가족 내에 일어난 일을 알려 상호 격려하고 위로하게 한다.
⑥ 모든 가족이 개방적인 태도로 경청하고 감정과 생각을 솔직하게 표현한다.
⑦ 소요시간은 가족들이 함께 정하며 시간을 준수하도록 한다. 보통 1시간이 바람직하며, 어린아이가 있는 경우는 시간을 30분 이내로 하는 것이 좋다.
⑧ 모임의 결과와 내용을 기록하는 것이 좋다.

가족모임을 위한 지침과 피해야 할 점 등을 정리한 결과는 앞의 표 4-7과 같다.

(9) 자신감 배양과 잠재력 신장

효과적이며, 민주적 행동의 부모는 자녀들에게 자신감을 배양하여 잠재력을 신장시킨다.

부모역할의 유형은 자기 패배적 신념의 부모, 비효과적이며 독재적 반응의 부모, 효과적이며 민주적 행동의 부모로 구분이 가능하다. 이러한 유형에 따라 나타내는 부모역할을 비교한 결과는 다음 표 4-8과 같다.

표 4-8 민주적 · 긍정적 부모역할

부모에게 도전되는 문제	자기 패배적 신념의 부모	비효과적 · 독재적 반응의 부모	효과적 · 민주적 행동의 부모
• 자녀가 말대꾸한다. 건방진 말을 한다.	• 부모는 자녀에게 존경을 받고 두려운 존재로 보여야 한다.	• 사과를 받아내고 자녀의 말에 시비를 건다.	• 자녀가 화를 내는 것을 무시하고, 반영적 경청을 하며, 나-전달법을 사용하여 논리적 귀결을 사용한다(화난 말투는 사용하지 않는다).
• 여행 갈 준비를 하도록 요구하는데 반응이 전혀 없다.	• 부모는 즉시 반응을 얻어내야 한다.	• 명령, 요구, 벌을 준다.	• 나-전달법을 사용하여 부모의 요구에 응하지 않았을 때의 논리적 귀결을 경험하도록 한다.
• 학교 갈 시간에 늦장 피운다.	• 자녀는 게을러서는 안 된다. 다른 사람이 나를 어떻게 보겠나?	• 잔소리하고 강요한다.	• 논리적 귀결을 허용한다.
• 자녀들끼리 싸우고 말다툼한다.	• 부모가 싸움을 말린다. • 부모는 판단을 잘한다.	• 간섭하고 조사한다.	• 자녀들의 능력으로 해결할 수 있도록 자신감을 준다.
• 거실에 물건을 늘어뜨려 놓는다.	• 부모가 치우는 것이 낫다.	• 잔소리하거나 자녀가 정리한 후 다시 치운다.	• 나-메시지를 사용하거나 논리적 귀결을 사용한다.

3) 운영방법

우리나라의 경우, 이경우(1992)가 번역한 STEP 워크북이나 황옥자·이지연(2012)이 번역한 영유아, 아동, 청소년 대상의 STEP Ⅰ, Ⅱ, Ⅲ 교재를 활용하여 프로그램을 진행한다. STEP 프로그램은 일주일에 1회, 9주에 걸쳐 실시한다. 10~12명을 한 집단으로 구성하여 지도자가 프로그램을 운영한다. 1회 모임은 2시간 정도로 강사는 지침서에 따라 참석자들의 활동, 문제 상황, 역할놀이 등으로 이루어진다. 지도자들은 부모들에게 모임의 과정과 목적을 올바르게 설정하도록 도움을 주며, 토의와 연구에 참여하도록 촉매자 역할을 수행한다.

3. 적극적 부모역할훈련

마이클 팝킨(Michael Popkin)은 1983년에 자신이 개발한 적극적 부모역할 토의 프로그램을 개정하여 적극적 부모역할훈련(active parenting)을 만들었다. 당시 마이클 팝킨의 목표는 교육공학적인 방법을 부모교육 분야에 적용시키는 것이었다. 그 후 3년간의 연구와 개발을 통해 비디오를 활용한 훈련법이 가장 경제적이고 효과적인 혁신안이라는 결론을 내린 후에, 2~12세 아동의 부모를 위한 적극적 부모역할훈련(Active Parenting Today: APT)을 개발하였다.

부모역할훈련 프로그램인 APT와 AP/Teens의 비디오 교재에는 서양인, 흑인, 정상인, 한부모 가정, 혼합 가정이 등장하여 다양한 가족 유형을 보면서 많은 도움을 받게 되어 있다(홍경자 역, 1995).

1) 목적

적극적 부모역할훈련 프로그램의 목적은 자녀들이 민주사회에서 잘 자라기 위하여 필요한 자질인 협동심, 용기, 책임감, 자기존중감을 길러 주기 위한 기술과 지식을 부모에게 제공함으로써 가족구조를 통하여 인간의 무궁한 잠재력을 개발시키고자 하는 데에 있다.

2) 교육내용

적극적 부모역할훈련 프로그램의 기본 이론은 아들러(Adler)와 드라이커스(Dreikurs)의 이론, 칼 로저스(Carl Rogers), 토마스 고든(Thomas Gordon)의 의사소통기법과 알버트 엘리스(Albert Ellis)의 연구결과에 기초를 두고 있다.

(1) 적극적 부모

① 지도자 유형으로서 부모유형의 이해

- **군주형**(autocratic style) - **독재자** : 군주적 부모는 독재자처럼 자녀들에게 무엇을, 어떻게, 언제 해야 할지를 명령한다. 자녀들은 의문을 제기하거나 도전하거나 의견에 반대할 여지가 없다. 일을 잘하면 부모에게서 보상을 받고 일을 못하면 처벌을 받을 따름이다. 이러한 독재적 양육방법은 오늘날과 같은 평등의 시대에는 적절하지 못하다.
- **허용형**(permissive style) - **심부름꾼** : 허용적 부모란 거칠고 완고한 독재적 방식에 강력하게 반대하는 사람들이다. 허용형의 부모는 자녀들이 마음대로 지나치게 많은 시간 동안 하고 싶은 일을 하도록 허용한다. 이러한 가정에서는 질서와 규율이란 것이 없고 무제한의 자유가 보장된다. 허용적 부모들은 자녀의 심부름꾼처럼 행동하면서 자녀들이 부모를 유린하도록 방임한다.
- **민주형**(democratic style) - **적극적 부모** : 어떤 점에서 민주형은 군주형과 허용형의 중간쯤 되는 형태라고 말할 수 있으나, 그 이상의 의미를 함축하고 있다. 적극적인 부모의 가정에서는 '자유'가 이상적으로 추

구되며, 타인의 권리와 개개인의 책임도 똑같이 추구해야 할 이상으로서 부모는 협동심을 길러 주고 학습을 자극하는 지도자이다. 민주적 가정에는 질서가 있고 세심한 관심도 있다. 개개인이 다 중요한 구성원으로 인정을 받는다.

② 적극적 부모역할의 첫 단계 : 선택

인간에게 있어서 단순하면서도 가장 강력한 힘은 선택하는 힘이다. 따지고 보면 국가 간의 전쟁이 불가피한 것도 그들의 삶을 선택할 권리를 보장받기 위한 것이다. 그만큼 선택권이란 큰 영향력을 지닌 것이다. 적극적 부모역할훈련에서 주장하는 적극적인 부모는 '한계 안에서의 자유'를 자녀에게 허용한다. 여기에서 자유란 아동이 선택을 하는 자유인 것이다.

선택은 힘이다. 자녀들에게 선택의 자유를 제공하는 것은 그들의 힘을 크게 북돋워 주는 것이다.

(2) 용기와 자기존중감 불어넣기

어떤 사건을 접했을 때 자녀는 실패를 경험하게 되면 자신을 무능하다고 생각하게 되고 낙심하며 소극적이거나 자포자기적인 행동을 하기 쉽다(그림 4-6). 이처럼 어떤 사건에 관련되어 청소년이 생각하는 것은 감정과 행동에 영향을 미친다. 이러한 것이 계속되다 보면 아동에게 실패회로가 수립된다. 만약 십대들이 낙심하는 정도가 심해지면 학교를 포기할 수도 있다.

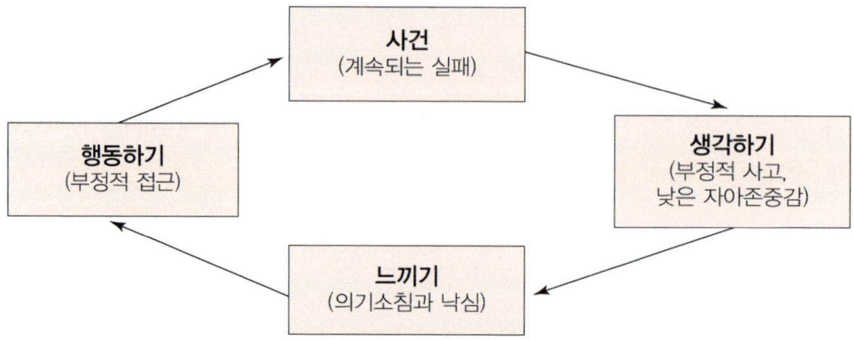

그림 4-6 실패회로

한편, 자녀가 성공적인 경험을 하는 어떤 사건이 발생하게 되면 자신을 유능하다고 생각하고, 자신감을 느끼며, 적극적이고 긍정적인 행동을 하게 된다(그림 4-7). 이러한 유형을 반복하다 보면 청소년에게는 성공회로가 수립된다.

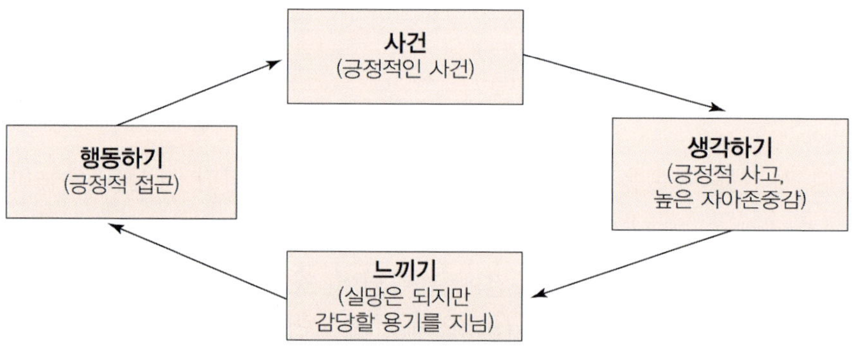

그림 4-7 성공회로

그러므로 부모는 자녀의 기를 꺾어 주는 사람, 곧 어떤 사건의 유발자가 되지 않도록 유념하며, 낙심하고 있는 자녀를 실패회로에서 빠져 나오도록 돕고 용기 있는 자녀들에게는 계속해서 성공회로 안에서 더욱 잘 생활할 수 있도록 도움을 주어야 한다.

이러한 성공회로 안에 머물게 하려면 자녀들이 자아존중감을 높이고 용기를 얻을 수 있도록 기를 살려 주는 대화로 격려를 아끼지 않아야 한다(표 4-9).

표 4-9 기 꺾기 – 기 살리기

기 꺾기	기 살리기
1. 부정적인 기대감을 갖기	1. 자신감을 심어주기
2. 실수를 지적하기	2. 힘을 북돋우기
3. 완벽주의	3. 아동의 가치를 인정하기
4. 과잉보호	4. 독립심을 자극하기

(3) 자녀의 행동이해(6~12세)

자녀의 그릇된 행동의 이면에는 자녀의 숨겨진 심리적 욕구 내지 목적이 있다. 자녀를 잘 지도하기 위해서는 자녀의 숨겨진 욕구를 부모가 먼저 파악하는 요령이 있어야 한다. 적극적 부모역할훈련에서는 자녀가 부정적 접근방식을 취했을 때, 부모가 느끼는 감정과 부모의 지도에 대한 자녀의 반응을 단서로 하여 자녀의 행동 목적을 이해할 수 있다고 가르치고 있다(표 4-10).

표 4-10 아동의 행동목적 이해하기

부모가 느끼는 감정	부모의 지도에 대한 자녀의 반응	부정적 접근방식	자녀의 목적(욕구)
짜증이 난다.	멈춘다. 그러나 곧 다시 시작한다.	부당한 관심 끌기	접촉
화가 난다.	잘못된 행동이 증가한다. 혹은 잠시 수그러들다가 또다시 싸운다.	반항	힘
속이 상한다.	부모의 마음을 계속 상하게 하거나 잘못된 행동을 증가시킨다.	복수	보호
무기력하다.	수동적으로 된다. 시도하려 하지 않는다.	부당한 회피	물러서기

(4) 책임감 발전시키기

책임감이란 자신이 어떤 행동을 선택하고 그 선택의 결과를 받아들이는 과정이다. 책임감 개발을 위한 효과적인 훈육방법을 살펴보면 다음과 같다.

① 정중한 요청

어떤 상황에서 부모가 원하는 바를 자녀가 잘 알지 못할 때 먼저 요청을 통해 부모가 원하는 것을 자녀에게 부드럽게 밝힌다.

② 나-전달법

나-전달법에는 네 가지 요소가 있다.

- 부모가 보는 문제점을 구체적으로 밝힌다.
- 그 상황에 대해서 부모가 느끼는 바를 말한다.
- 부모 자신의 이유를 진술한다.
- 부모가 원하는 바를 밝힌다.

③ 논리적 결과

정중한 요청과 나-전달법이 효과가 없을 때에는 자녀에게 결과를 부여한다. 논리적 결과란 자녀가 선택한 행동에 대한 타당한 대가를 치르게 하는 훈육방법이다. 논리적 결과를 사용하는 요령은 다음과 같다.

- 먼저 자녀에게 선택권을 준다.
- 자기 행동의 결과로 치르는 대가에 대한 토론에 자녀를 참여시킨다.
- 결과는 논리적 타당성이 있어야 한다.
- 부모 쪽에서 실제로 실천할 수 있는 선택권만 주도록 한다.
- 단호하지만 조용한 목소리로 말한다.
- 일단 자녀에게 선택권을 주고 나서는 반드시 그대로 실행시킨다.
- 자녀가 부모를 시험해 본다는 사실을 유념한다.

• 자녀 행동의 결과를 경험하는 기회를 다시 한 번 준다.

(5) 의사소통을 통한 협동심 구하기

가족이나 사회에서 협동심은 매우 중요한 가치를 가지고 있다. 간단히 말하면, 협동은 두 사람 이상이 공동의 목표를 향하여 함께 일하는 것이다. 자녀와 집안일을 논의할 때라든지 협력을 구할 때에 부모가 효과적으로 자녀에게 대화하는 요령은 자녀가 어떤 문제를 소유했을 때, 다시 말해서 자녀에게 고민이 생겼을 때에도 똑같이 사용할 수 있다. 이러한 의사소통의 기법은 두 단계로 나뉜다. 먼저, 의사소통의 걸림돌을 피하고 적극적인 의사소통기법을 사용하는 것이다.

적극적 부모역할훈련의 강조점은 가정에서 부모가 자녀와 정기적으로 가족회의를 열어서 가정의 의사결정 과정에 자녀를 참여시키는 것이다. 이를 통하여 민주적인 리더십과 발표력이 신장되도록 하고 있다. 아울러 가족화목 활동을 권유하여 가족의 응집력과 부모-자녀 간의 애정을 돈독히 하는 방법을 가르쳐 주고 있다.

(6) 민주사회에서의 적극적인 부모

① 가족대화

가족대화를 위한 요령은 다음과 같다.

• 주제를 어떻게 소개할 것인지 계획을 세운다.
• 활기찬 토론을 할 질문들을 생각한다.
• 당신이 말하고 싶은 핵심적인 사항을 기록한다.
• 비디오, 오디오나 유인물과 같은 보조자료 인쇄물을 활용한다.

② 적극적 문제해결

적극적 문제해결의 5단계는 다음과 같다.

- 문제를 분명하게 규명한다.
- 생각과 감정을 나눈다.
- 가능한 해결책에 대하여 브레인스토밍한다.
- 해결책을 결정한다.
- 결정된 사항을 행동으로 실천한다.

③ 가족회의

가족회의는 모든 가족이 가정생활에 적극적으로 참여할 기회가 허용되도록 정기적으로 계획된 모임이다.

가족회의를 여는 데는 여러 가지 방식이 있다.

예 가족회의 진행순서
- 개회사 및 칭찬하기
- 회의록 낭독
- 구 안건/신 안건
- 용돈
- 특별음식/가족활동

3) 운영방법

우리나라의 경우, 적극적 부모역할훈련은 한국본부인 홍경자심리상담센터에서 지도자 자격 연수과정을 받은 지도자가 전국 어디에서든 부모 등을 대상으로 하여 실시하고 있다. 이들은 적극적 부모역할훈련 프로그램의 학습체계에 따라 매회에 2시간 30분 정도 6주에 걸쳐서 강의, 토론, 비디오 실습, 함께 나누기 등을 통해 훈련하며 한 집단의 크기는 10~20명이다. 지도자 자격증은 APT와 AP/Teens를 따로 나누어 획득하므로 프로그램 역시 유·아동 부모와 청소년 부모집단으로 구분하여 지도해야 한다. 특히 적극적 부모역할훈련 프로그램은 비디오를 활용한 훈련법이 가장 경제적이고 효과적인 혁신안이라는 결론을 내리고, 6개의 비디오테이프를 활용하여 시청각교육을 진행할 수 있다.

우리나라에 최근 소개된 'Active Parenting Now' DVD(부모코칭 프로그램; 적극적인 부모역할)는 'Active Parenting Today'의 개정판이다.

4. 교류분석 부모교육

교류분석이론(transactional analysis)은 부모-자녀 간의 의사소통과 상호교류 방법을 개선시키기 위한 목적에서 1950년대에 미국의 정신의학자 에릭 번(Eric Berne)이 개발한 이론이다. 1964년 『사람들이 구사하는 게임(Games people play)』이라는 저서를 쓴 후 상호교류이론을 시작하게 된다. 그러나 번의 교류분석이론을 일반 대중에게 보급시킨 사람은 해리스(Harris, 1969), 제임스와 종워드(James & Jongeward, 1971)이다. 그들은 번이 작고한 후 『나도 옳고 당신도 옳다.(I'm O.K, You're O.K)』, 『이기려고 태어났다(Born to win)』라는 책을 집필하여 번의 이론을 일반에게 알려 부모-자녀 관계에 크게 영향을 주었다.

1) 기본가정 및 목적

(1) 기본가정

교류분석이론의 기본적인 가정은 다음과 같다.

- 모든 사람들은 좋게(OK) 태어났으나, 좋지 않게(not OK) 느끼도록 배울 수 있다.
- 사람의 인성은 부모 자아상태, 성인 자아상태, 어린이 자아상태로 구분할 수 있다.
- 사람들이 겪는 발달과정에 따라 건강하거나 때로는 건강하지 못한 인

성이 형성될 수 있다.

- 사람들은 자신의 인성발달을 촉진시키기 위해 능동적으로 참여할 수 있다.
- 어린이들은 스스로 자신의 지각, 신념, 행동에 영향을 주는 결정을 할 수 있다.
- 긍정적인 스트로크(stroke), 즉 신체접촉, 돌보기, 들어주기, 칭찬하기, 사랑하기 등은 강한 인성을 형성하는 데 필수적이다.

(2) 목적

교류분석이론에서 부모교육을 통해 이루고자 하는 구체적인 목적은 다음과 같다.

첫째, 자신의 자아상태를 파악하여 성인 자아가 어린이 자아와 부모 자아의 부정적인 영향력과 혼합되지 않고 자유롭게 기능하여, 자녀가 부모의 부당한 금지나 명령들을 독립적으로 선택할 수 있도록 능력을 기른다.

둘째, 부모로 하여금 세 가지 자아상태들을 상황에 따라 적절하게 사용할 수 있도록 하고, 각 자아상태가 쉽게 이동할 수 있는 융통성을 길러서 다른 사람과 효과적인 관계를 맺을 수 있도록 한다.

셋째, 부모와 자녀가 자신의 과거 경험을 통해 형성된 부정적 생활 자세를 버리고 '자기긍정-타인긍정(I'm OK-You're OK)'의 생활 자세를 선택하여 결정할 수 있도록 한다.

결국 부모교육의 목적은 개인이 자신의 자아상태를 자율적으로 선택할 수 있도록 능력을 함양하는 것이다.

2) 이론의 기초

(1) 자극의 욕구(stimulus hunger)

에릭 번은 모든 인간은 자극을 받고자 하는 욕구를 갖고 있어 끊임없이 자극을 갈망한다고 하였다(Berne, 1964). 할로우(Harlow)의 연구에서 새끼 원숭이조차 성공적으로 적응하기 위한 일정한 수준의 접촉-위안(contact-comfort)에 대한 사회적 충동이 존재함을 말해 주고 있다. 마찬가지로 스피츠(Spitz)의 연구에서는 돌봄을 받지 못하여 자극의 허기가 전혀 채워지지 않은 경우에 마라스무스(marasmus)라 불리는 병에 걸릴 수도 있음을 말하고 있다(이영석 외, 1999 재인용). 이 질병은 2차 세계대전 중 부모를 잃고 병원이나 시설에 수용된 아기들이 신체적 접촉을 받지 못하여 심하게 말라 결국은 모두 죽음에 이르렀던 병에서 붙여진 말이다. 따라서 자극, 특히 신체적 접촉은 모든 인간의 생존에 있어서 중요한 구성요소인 것이다.

(2) 스트로크

상호교류분석에서 자극의 욕구가 의미하는 핵심개념은 바로 스트로크(stroke)이다. 아동은 기분 좋게 느끼는 긍정적 언어이든 혹은 기분 나쁘게 느끼는 부정적 언어이든 간에 자극받으며 인정받고 싶어 한다. 이러한 자극의 욕구를 만족시켜 주는 행동을 스트로크라고 한다. 스트로크는 '쓰다듬는다'는 뜻으로 교류분석에서는 '인간인식의 단위'라고 정의한다. 언어, 표정, 감정, 몸짓 등 언어적으로나 비언어적으로 행해지는 일체의 교류단위를 의미한다. 그 범위는 긍정적인 것에서부터 부정적인 것에 이르기까지 매우 광범위하고 포괄적이다.

긍정적인 스트로크(positive stroke)란 등을 가볍게 두드려 주거나 인정해 주는 말을 하여 한 개인을 기분 좋게 하거나, 그 자신에 대하여 좋다(OK)고 느끼도록 도와주는 것을 말한다. 부정적인 스트로크(negative stroke)는 언어적 모욕이나 정강이를 걷어차는 등 한 개인을 고통스럽게 하거나 기분 나쁘게(not OK) 느끼도록 내버려두는 것을 말한다.

한 개인이 생존하기 위해서는 스트로크가 기분을 좋게 하거나 혹은 기분을 나쁘게 하는 것에 관계없이 필요하다. 따라서 스트로크 욕구에 대한 허기를 채우지 못한 어린이는 아무런 관심을 받지 못한 것보다 차라리 부정적인 스트로크라도 받으려고 할 것이다.

(3) 삶에 대한 기본적 입장

스트로크의 형태나 강도는 상황에 따라 다르게 일어나며, 부모마다 사용하는 방법도 다양하다. 어려서부터 스트로크를 긍정적으로 받은 어린이들은 자신을 가치 있는 사람으로 느낄 가능성이 높고, 부정적인 스트로크를 많이 경험한 어린이들은 열등감이나 부적응감을 느낄 수도 있다. 이런 과정을 통하여 한 개인은 자신과 타인에 대해 어떻게 느끼는가에 대한 기본적인 삶의 입장이 달라질 수 있는 것이다. 세상을 바라보는 자아의 삶에 대한 기본적인 입장은 다음과 같이 크게 4가지로 구분해 볼 수 있다.

① 자기긍정-타인긍정(I'm OK-You're OK)

대체적으로 한 개인이 자신에 대하여 만족하고 다른 사람과의 관계를 편안하게 느끼는 건전한 입장이다. 이런 사람은 모든 느낌을 인식하고 표현할 수 있기 때문에 늘 승리하는 위치에 있으며, 계속 활동하고 성장하려는 동기를 갖는다.

② 자기부정-타인긍정(I'm not OK-You're OK)

이런 사람은 타인과 비교하여 자신이 열등하다고 느끼는 입장에 있다. 이러한 사람은 다른 사람이 자신을 유능하고 가치 있다고 인정해 줄 때에만 자아존중감이 생기기 때문에 늘 다른 사람의 손 안에 있게 된다.

③ 자기긍정-타인부정(I'm OK-You're not OK)

이런 입장에 있는 사람은 타인을 부적절하고 가치 없는 사람으로 보려고 한다. 설령 자신도 두려움을 느끼고 불안정하여도 다른 사람은 믿지 못하고 본질적으로 다른 사람 위에 군림하려 한다. 쉽게 분노를 느끼고,

타인을 경멸하고 무시하는 태도를 보이며, 늘 은혜를 베푸는 입장에 있고 싶어 한다.

④ 자기부정-타인부정(I'm not OK-You're not OK)

이런 사람은 모든 인간관계에 대해 부정적이기 때문에 아무도 믿지 못한다. 심지어는 자신도 믿지 못하기 때문에 자신은 성공하지 못하고 늘 실패할 것으로 여기며, 인생은 황량하고 가치 없는 것으로 보는 입장에 있다.

3) 이론의 구조

각 개인의 인성은 자아상태(ego states)라 불리는 몇 개의 부분으로 구성되어 있다. 자아상태는 현실을 파악하고, 정보를 처리하며, 세상에 대하여 한 사람이 일관성 있게 느끼는 느낌과 가치에 반응하는 행동의 총체를 말한다(Babcock & Keepers, 1976).

상호교류분석에서는 한 개인의 인성구조를 세 가지의 자아상태, 즉 어린이 자아상태(child ego state), 성인 자아상태(adult ego state), 부모 자아상태(parent ego state)로 구분하여 설명하고 있다. 자아상태는 몸의 움직임, 불규칙한 목소리의 형태, 언어로 나타나는 말의 내용들을 기초로 구별한다.

세 가지 자아상태는 그림 4-8과 같은 세 개의 원으로 도식화할 수 있다. 세 개의 원은 각각 분리되고 독립된 자아상태를 나타내며, 다른 내용과 행동에 의해 파악될 수 있음을 의미한다. 어린이 자아상태는 출생 시부터 존재하고, 성인 자아상태와 부모 자아상태는 다른 사람들을 생각하면서 자기 스스로를 돌보아야 하는 사회적 세계에 대한 적응인 것이다.

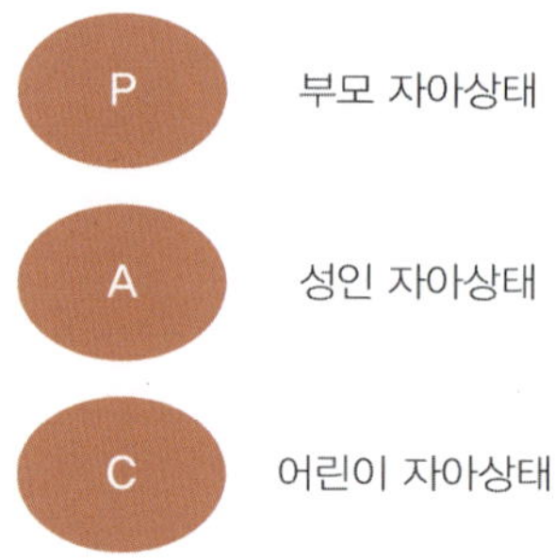

그림 4-8 세 가지의 자아상태

(1) 부모 자아상태(P)

부모 자아상태는 개인의 삶에 영향을 주어 왔던 의미 있는 타인들의 행동이 마음속에 심리적으로 기록된 부분이다. 부모 자아상태에서는 인간이 해야 하는 것과 해서는 안 되는 것에 대해 배워 온 법칙, 예절, 전통, 가치 그리고 중요한 것이 무엇인지를 배우게 되는 것들을 포함한다. 그러므로 부모 자아상태는 한 인간이 자신의 사회와 문화에서 잘 살아나가기 위해 알아야 하는 것들에 관한 것이다. 이와 같이 부모 자아상태는 비판적이고 통제적이며 조력적이고 양육적일 수 있다. 즉, 아동의 부모 자아상태는 부모들의 가치와 방법을 반영한 것이다.

(2) 성인 자아상태(A)

인성의 성인 자아상태는 자료를 수집하고 처리하는 등의 논리적인 과정을 통하여 결론에 이르게 한다. 성인 자아상태는 외부 현실에 대한 정확한 관찰과 예측의 기능을 갖고 있다.

교류분석에서의 성인 자아상태는 생활연령에 의해 구분되는 성인에게만 존재하는 것이 아니라 아주 어린아이라도 성인 자아상태는 소유하고 있다. 물론 어린이의 생활연령이 증가함에 따라 성인 자아상태의 질적 수준은 달라진다. 성인 자아상태의 가장 성숙한 기능수준은 12세경에 시작되며, 추상적이고 가설-연역적인 사고를 다룰 수 있는 16세경에 더욱 원숙해진다. 각각의 개인은 기능적 성인 자아상태를 소유하지만 정교함의 수준에 있어서는 다양하다.

(3) 어린이 자아상태(C)

에릭 번(Eric Berne)은 "어린이 자아상태는 여러 면에서 인성의 가장 가치 있는 부분이고 개개인의 삶에 기여한다. 실제 가정생활에서 어린이가 가족들에게 커다란 매력과 기쁨을 주는 것과 마찬가지로, 어린이의 내면에는 직관적 통찰, 창의성, 자발적인 욕구와 즐거움이 존재한다."고 하였다.

인성의 어린이 자아상태는 한 개인의 생물학적인 욕구와 기본적 감정들이 저장되어 있는 심리적 창고이다. 이러한 어린이 자아상태는 큰 고통이나 기쁨의 상황에서 또는 비교적 덜 금지된 행동들에서 기쁨, 분노, 공포, 슬픔 등의 어린아이 같은 표현이 무의식적으로 나오게 되며, 이런 과정에서 나타나는 유치하거나 어린아이 같은 행동은 그에 상응하는 어린이 세계의 지각, 사고, 감정들이 동반된다.

4) 교류의 형태

상호교류란 두 사람 사이에서 일어나는 스트로크의 교환이다. 각 교류는 한쪽에서의 자극과 다른 쪽에서의 반응으로 결합된다. 한 사람이 다른 사람과 교류할 때에는 다양한 자아상태를 사용하게 된다. 이러한 상호교류의 형태는 보완적 상호교류, 교차적 상호교류, 이면적 상호교류로 구분하여 설명할 수 있다(이영석 외, 1999).

(1) 보완적 상호교류

교류에서 단지 두 가지의 자아상태만 포함된다면 서로 보완적인 관계가 있기 때문에 두 사람 간의 대화는 계속될 수 있다. 이와 같이 두 사람의 사회적인 자극에 대한 요구가 서로 바라는 방향으로 채워지는 교류의 형태를 보완적 상호교류(complementary transaction)라 한다. 이 보완적인 상호교류에 참여하고 있는 사람은 다양한 자아상태로부터 스트로크를 교환할 수 있다. 두 자아 간에 요즘 아이들의 무례함에 관한 것(부모 대 부모 자아상태의 교류), 문제해결을 위한 것(성인 대 성인 자아상태의 교류), 함께 놀며 재미있어 하는 것(어린이 대 어린이 자아상태의 교류), 또는 양육하거나 나무라는 것(부모 대 어린이 자아상태의 교류) 등은 보완적인 상호교류가 일어나는 것이다. 보완적 상호교류 관계의 예는 그림 4-9와 같이 나타낼 수 있다.

보완적 상호교류의 기본적인 전제는 부모, 성인, 어린이 자아상태의 교류에서 개인의 자극과 반응이 평행이거나 상호보완적이어야 의사소통이 부드럽게 진행될 수 있다는 것이다.

성인 자아상태 간의 상호교류의 예는 아빠가 아들에게 "몇 시에 수업이 시작되니?" 하고 성인 자아상태에서 성인 자아상태의 자극을 요구한 경우, 아들이 "8시 30분에 시작해요."라고 반응한 것은 성인 대 성인의 수평적인 상호보완적 교류라 할 수 있다.

부모와 어린이 자아상태 간의 상호교류의 예는 딸이 "엄마, 날 사랑하세요?"라고 어린이 자아상태에서 부모 자아상태의 자극을 원하는 경우, 엄마가 "그럼, 사랑하고말고."라고 반응한 것은 부모 자아 대 어린이 자아의 수평적 관계를 이루는 상호보완적 교류인 것이다.

어린이 자아상태 간의 상호교류의 예는 남편이 "여보, 아이들이 구슬치기하는 걸 보니 옛날 생각이 나는구려!"라는 어린이 자아상태에서 어린이 자아상태의 자극을 원하는 경우, 아내가 "구슬치기 놀이는 참 재미있었지요."라는 반응은 어린이 대 어린이 자아의 수평적 상호보완적 교류라 할 수 있다.

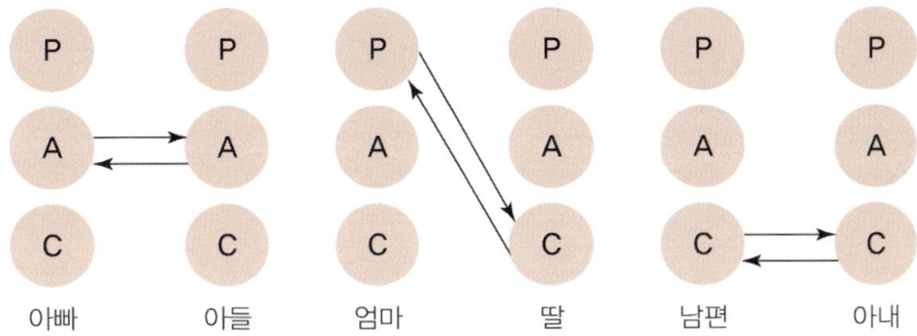

그림 4-9 보완적 상호교류

(2) 교차적 상호교류

어떤 메시지에 반응하는 자아상태가 다른 사람이 의도하는 자아상태와 일치하지 않아 의사소통이 중단되거나 분열되는 경우를 교차적 상호교류(crossed transaction)라 한다. 인간관계에서 문제가 생기는 경우에는 대체로 보완적 교류가 이루어지지 못하고 자아상태가 교차된 교류가 생기기 때문이다. 그림 4-10은 교차적 상호교류의 예를 나타낸 도식이다. 아빠와 아들의 대화에서 "혹시 아빠 지갑을 못 보았니?"라고 묻는 아빠에게 "못 봤는데요. 찾아볼게요."라고 대답했다면 정보를 원하는 사람에게 객관적인 정보를 제공함으로써 성인 대 성인 자아상태의 교류가 이루어질 수 있지만, 아들이 "저는 아빠 지갑을 만지지 않았는데요." 하고 책임을 회피하고 처벌을 면하려는 부모 자아상태에 호소하는 경우에는 교차적 상호교류가 일어난다. 또한 반대로 아내와 남편의 대화에서 "여보, 내 핸드폰 어디 있는지 못 봤어요?"라고 묻는 아내의 말에 "식탁 위에서 본 것 같은데요."라고 대답하면 필요한 정보를 제공하여 문제해결에 이르렀기 때문에 성인 대 성인 자아상태로 교류된 것이다. 그러나 "물건은 한 곳에 좀 놓으세요! 당신은 매일 물건을 여기저기에 놓고 필요할 때마다 찾는 나쁜 습관이 있어요."라고 대답했다면 성인 자아상태의 교류를 원하는 사람에게 부모 자아상태에서 꾸지람을 하는 것이 되어 교차적 상호교류가 일어난다.

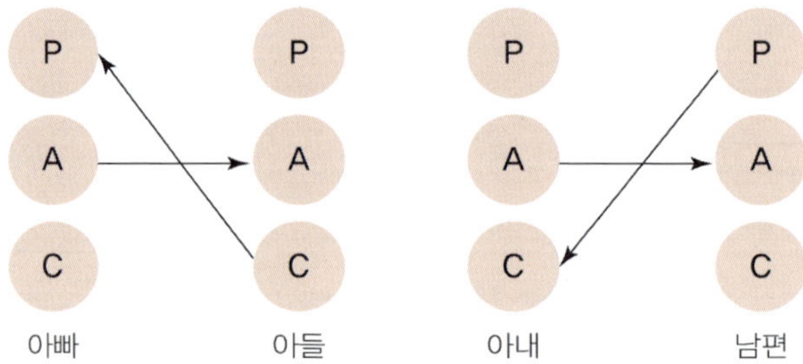

그림 4-10 교차적 상호교류

(3) 이면적 상호교류

이면적 상호교류(ulterior transaction)는 외적으로 나타나는 자아상태와 이면에서 실제적으로 작용하는 자아상태가 다른 경우를 말한다. 즉, 겉으로 드러난 메시지에는 숨어 있는 심리적인 내용이 담겨 있기 때문에 상대방이 감추어진 의미를 인식하고 반응하는 것이다. 이러한 이면적 상호교류는 겉으로 드러난 사회적 수준과 이면에 깔려 있는 심리적 수준이 이중적으로 나타나거나 각이진 상호교류 형태로 나타난다. 겉으로 드러나는 메시지는 주로 언어적 메시지로 소통되는 것에 비하여, 감추어진 심리적 의미는 주로 단어 함축, 목소리 억양, 몸짓 등에 의해 소통된다. 그림 4-11 은 이면적 상호교류를 나타내는 예이다.

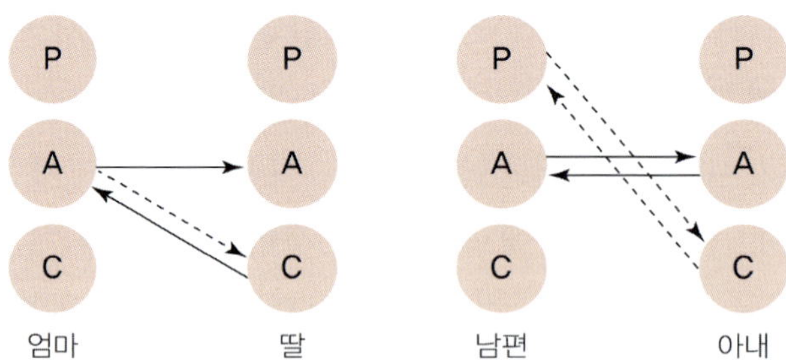

그림 4-11 이면적 상호교류

각이진 상호교류(angular ulterior transaction)는 두 사람 간의 대화에 세 종류의 자아상태가 관여하는 교류형태로, 일반적인 정보를 제공하면서 상대방의 자아상태가 자극되기를 바랄 때 사용된다. 예를 들어, 자녀가 일을 도와주길 바라는 엄마가 "넌 아직 어려서 엄마 일을 도울 수 없겠구나."라고 자녀에게 말했을 때, 표면적 수준에서는 객관적인 정보를 제공하고 있지만, 심리적 수준에서는 어린이 자아상태를 자극하고 있다. 이러한 경우 어린이가 "난 엄마를 잘 도와줄 수 있어요."라고 반응하였다면, 엄마는 자녀의 어린이 자아상태를 자극하여 소기의 목적을 달성한 것이다. 이때의 상호교류 형태를 각이진 상호교류라고 한다.

이중적 상호교류(duplex ulterior transaction)는 두 사람 간에 네 가지 종류의 자아상태가 작용하고 있는 것이다. 남편과 아내의 대화에서 "당신, 세탁기 열어 봤어요?"라는 남편의 말은 표면적으로는 객관적인 정보를 아내에게 주어 성인 자아상태를 자극하고 있지만, 이면에 깔려 있는 심리적인 메시지는 "어제 넣었던 세탁물이 아직 그대로 있다는 것은 할 일을 제대로 하지 않는다."고 책망하는 어린이 자아상태를 자극하는 뜻이 숨어 있다. 이런 경우 "아뇨, 아직 열어 보지 않았어요."라고 대답한 아내의 표면적인 말은 성인 자아상태의 자극에 반응하는 것이다. 그러나 이면에 깔려 있는 자아상태는 "당신은 왜 나만 갖고 그래요? 바쁠 때는 당신이 챙겨 주면 안 되나요?"라고 부모 자아상태에 호소하는 이중적 상호교류를 하고 있는 것이다.

5) 운영방법

교류분석이론의 부모교육 프로그램은 훈련을 받은 지도자가 부모들을 집단화하고 이를 대상으로 알맞은 프로그램을 작성하여 시도하게 된다. 교육 프로그램을 시작하기 전에 워크숍과 예비모임을 하게 되는데, 이러한 워크숍이나 예비모임을 통해 부모교육 운영에 대한 사전지도를 받게 된다.

교류분석이론 부모교육 프로그램은 표준화된 교육과정이 있는 것이 아니라 교류분석이론을 바탕으로 부모 자신의 위치와 문제를 평가하는 것과 자녀의 건전한 성장을 도울 수 있는 양육방법을 제공하는 내용을 담고 있다. 번(Berne)의 교류분석이론에 따라 체계적인 절차를 적용하며, 각 부모-자녀 간의 인성구조에 대한 분석과 인간관계의 교류분석, 심리적인 자아상태에서의 게임, 자녀-부모의 생활자세의 분석을 하게 된다.

부모를 위한 교재는 해리스(Harris)의 저서 『나도 옳고 너도 옳다(I'm O.K-You're O.K)』와 번의 『사람들이 구사하는 게임(Games People Play)』 등을 활용한다. 또한 제임스(James, 1974)의 『엄마와 아빠를 위한 교류분석(Transactional Analysis for Moms and Dads)』, 그리고 제임스와 종워드(James & Jongeward, 1971)의 『이기려고 태어났다(Born to Win)』와 밥코크와 키퍼스(Babcock & Keepers, 1976)의 『아동의 긍정성 기르기(Raising Kids O.K)』 등을 활용한다.

5. 감정코칭 프로그램

우리 문화에서 아직은 가족 간에 감정을 교류하기 어려운 것이 가장 큰 문제이다. "자녀를 정서지능도 높고 학교 성적도 우수한 아이로 키우는 방법은 의외로 간단합니다."라고 말하는 가족치료 전문가이며 세계적인 명성을 얻고 있는 미국 워싱턴대 석좌교수 존 가트맨(John Gottman) 박사는 2010년 4월 8일 서울에서 가진 기자회견에서 자녀교육에 관심 있는 부모들에게 솔깃할 만한 주제를 던졌다. 그는 자녀교육에 감정코칭을 도입하면 유용하다고 했다(최혜순, 2011).

가트맨 박사는 '감정코치(emotion coach)'라는 신교육개념을 개발해 냈으며, 이를 토대로 부모와 아이들에게 '감정코치'법을 교육하고 체험한 변화를 소개해 큰 반향을 일으켰다.

우리나라에서는 최성애 박사가 처음으로 감정코칭을 방송에서 소개했으며, 『내 아이를 위한 감정코칭』(존 가트맨·최성애·조벽, 2011)이라는 책을 출간해 좋은 반응을 얻고 있다.

1) 교육내용

(1) 초감정(meta emotion) 알기

내 감정의 근원인 초감정이란 '감정 뒤에 있는 감정', '감정을 넘어선 감정', 감정에 대한 생각, 태도, 관점, 가치관 등이다(존 가트맨·최성애·조벽, 2011).

예를 들어, 어떤 사람은 큰 소리가 유난히 싫고 거슬리는 감정 속으로 들어가 근원을 살펴보니 어릴 적 큰소리를 쳐서 집안을 공포의 분위기로 몰아갔던 아버지에 대한 공포, 미움, 불안, 무기력감 등의 초감정이 깔려 있었다. 그러므로 자신의 초감정을 인식하는 일이 중요하다.

(2) 감정일지 쓰기

감정을 숨기는 부모 밑에서 자란 아이는 그렇지 않은 아이보다 감정을 다스리는 능력이 훨씬 떨어진다. 그러므로 부모는 자신의 감정을 숨기지 말고 있는 그대로 느끼고 시인하는 것이 중요하다.

"엄마는 지금 화가 났어."
"아빠는 네가 비겁한 사람이 될까 봐 걱정이 돼."

감정일지란 말 그대로 하루 동안 어떤 감정을 느꼈는지를 기록하는 것이다. 감정일지는 자신의 감정을 인식하는 것뿐 아니라, 자기감정을 좀 더 객관적으로 바라보고 조절할 수 있는 힘을 키우도록 도와준다. 감정일지를 쓰기란 쉽지 않지만 간단하게라도 어떤 감정을 어떤 상황에서 느꼈는지, 감정의 강도는 어느 정도였는지를 적어 두면 감정과 좀 더 빨리 친해질 수 있다. 일주일 정도만 기록해도 평소 자신의 감정을 이해하는 데 큰 도움이 된다(존 가트맨·최성애·조벽, 2011).

표 4-11 감정일지 작성 양식

요일	감정	상황 (감정을 유발한 상황이나 장면)	주관적 감정의 강도 (1~10으로 기록) *가장 낮을 때가 1, 가장 강하게 느낄 때를 10으로 한다.
월			
화			
수			
목			
금			
토			

(3) 자녀교육 유형

대부분의 부모들과 양육자들은 주로 선호하는 양육 경향이 있다. 존 가트맨 박사가 여러 부모(30년간 약 3,000쌍의 부부)를 조사해 본 결과, 부모들의 자녀교육에는 네 가지 유형이 있다고 한다. 네 가지 양육유형에 따라 자녀와 의사소통하는 방법과 내용은 다음에서 보는 것처럼 아주 다르다.

① 축소전환형 부모: 별것 아니야

축소전환형 부모의 특징

ⓐ 아이의 감정을 대수롭지 않게 여기거나 무시한다. 때론 비웃거나 경시한다.
ⓑ 감정은 좋은 감정과 나쁜 감정이 있고, 나쁜 감정은 살아가는 데 아무런 도움이 되지 않는다고 생각한다.
ⓒ 아이가 부정적 감정을 보이면 불편해서 아이의 관심을 빨리 다른 곳으로 돌린다.
ⓓ 아이의 감정은 비합리적이어서 중요하지 않다고 생각한다.
ⓔ 아이의 감정은 그냥 놔둬도 시간이 지나면 저절로 사라진다고 생각한다.
ⓕ 감정적으로 통제가 불가능한 것을 두려워한다.

② 억압형 부모: 그럼 못써

억압형 부모의 특징

ⓐ 아이의 감정을 무시하고 심지어는 잘못된 것이라고 비판한다.
ⓑ 아이의 감정보다는 행동을 보고 야단을 치거나 매를 든다.
ⓒ 부정적 감정은 나쁜 성격, 나약한 성격에서 나온다고 생각한다.
ⓓ 아이는 요구 사항이 있을 때 부정적 감정을 이용한다고 생각한다.
ⓔ 부정적 감정은 억제해야 한다고 믿는다.
ⓕ 아이의 부정적 감정은 매를 들어서라도 없애 주고, 올바른 행동을 가르쳐야 한다고 생각한다.

③ 방임형 부모: 뭐든 괜찮아

방임형 부모의 특징

ⓐ 아이의 모든 감정을 다 받아준다.
ⓑ 좋은 감정, 나쁜 감정을 구분하지 않는다.
ⓒ 감정은 물론 행동에 대해서 제한을 두지 않는다.
ⓓ 감정을 분출하면 모든 것이 해결된다고 믿는다.
ⓔ 아이의 부정적 감정을 공감하고 위로하는 것 외에 아이에게 해 줄 것이 없다고 생각한다.
ⓕ 아이가 감정을 처리하고 문제를 해결하는 데는 관심을 두지 않는다.

④ 감정코치형 부모: 함께 찾아보자

감정코치형 부모의 특징

ⓐ 아이의 감정은 다 받아주되 행동에는 제한을 둔다.
ⓑ 감정에는 좋고 나쁜 것이 있다고 나누지 않고, 삶의 자연스러운 일부로 다 받아들인다.
ⓒ 아이의 감정을 표현할 때 인내심을 갖고 기다려 준다.
ⓓ 아이의 감정을 존중한다.
ⓔ 아이의 작은 감정 변화도 놓치지 않는다.
ⓕ 아이와의 정서적 교감을 중요하게 여긴다.
ⓖ 아이의 독립성을 존중하며 스스로 해결방법을 찾도록 한다.

(4) 감정코칭 5단계

가트맨 박사의 감정코칭은 부모교육에서 하나의 방법이나 전략으로 많이 활용되고 있다. 감정코칭 성공의 열쇠는 자녀들이 부모에게서 존중받는다는 느낌을 갖는 것에서 시작한다. 감정을 코치하는 것은 아이들의 행동을 지도하면서 그들의 감정을 소중히 여기는 양육방법이다.

① 1단계: 아이의 감정 인식하기

온몸으로 표현하는 감정을 알아차리기란 쉽지 않다. 감정은 행동 안에 숨어 있기 때문에 부모도 모르는 사이에 감정보다는 행동에 대해 이야기하게 된다. 그러나 부모는 행동 속에 숨은 감정을 포착하는 것, 바로 이것이 감정코칭의 1단계이다.

② 2단계: 감정적 순간을 좋은 기회로 삼기

아이의 감정에 세심한 주의를 기울이고, 그것을 그냥 무시하거나 피하지 않고 감정적인 순간들을 아이에게 더 가깝게 다가가는 기회로 삼는다.

감정코칭은 감정을 보이는 순간에 하는 것이 좋고, 특히 강한 감정을 보일 때가 감정코칭을 하기 좋은 때다. 아이들이 노골적으로 감정을 드러낸다는 것은 그만큼 누군가의 도움을 간절하게 원한다는 의미가 된다.

③ 3단계: 공감하고 경청하기

부모는 아이의 말에 귀 기울여 듣고, 긍정적·부정적 감정을 모두 공감해 주며, 아이가 느끼는 것을 함께 나누도록 해야 한다. 여기서 중요한 것은 '들어주고 받아들여 준다'는 것이다.

아이의 감정을 정확하게 이해하고 공감할 수 있는 좋은 방법 '거울식 반영법(mirroring)'으로 아이가 감정을 이야기하면 그대로 한 번 말해 주는 방식이다. 그리고 나서 부모도 공감한다는 것을 알려 준다.

④ 4단계: 감정을 표현하도록 돕기

아이가 자기감정이 어떤 것인지 잘 모를 때는 부모가 대신 감정에 이름을 붙여 줘도 좋다. 하지만 가능한 한 아이가 스스로 자기감정을 표현할 단어를 찾도록 돕는 것이 더 좋다. 특히 부모가 자신의 감정에 이름을 붙이고 이야기함으로써 좋은 본보기가 될 수 있다.

⑤ 5단계: 스스로 해결책 찾기

아이의 감정은 다 받아 주어야 하지만 행동까지 모두 받아 주어서는 안 된다. 그러므로 아이를 혼낼 때는 감정이 아니라 행동에 대해 꾸짖고 올바른 행동을 할 수 있도록 구체적인 방안을 알려 주어야 한다. 예를 들면 첫째, 너는 어떻게 하고 싶니? 둘째, 그 문제를 해결하는 데 도움이 되는 생각은 어떤 것이 있을까? 다른 방법을 더 생각해 낼 수 있니? 셋째, 어떤 아이디어가 가장 효과가 있을 것 같니? 하면서 아이가 해결책을 고르도록 하는 식으로 아동을 지도해야 한다.

이상과 같은 감정코칭 양육의 결과는 우리가 생각하는 것보다 훨씬 더 효과적이라고 한다. 감정코칭 프로그램은 미국에서 10년 동안 연구한 결과 감정코치형 부모가 키운 어린이는 집중력이 놓고, 또래 관계가 좋으며 자아존중감이 큰 어른으로 성장한다고 결론 내렸다. 아무리 감정코칭형 부모가 이상형이라고 하더라도 실생활에서 100% 이러한 부모로 살기란 불가능하다. 대화의 40%만 감정코치형이어도 좋은 결과를 얻을 수 있다고 한다(최혜순, 2011).

토의: 생각해보기

1 PET, STEP, AP 부모교육 프로그램의 공통점과 차이점을 중심으로 내용에 대하여 이야기를 나누어 보자.

2 감정코칭의 5단계를 적용한 구체적 사례에 대하여 의견을 나누어 보자.

3 육아종합지원센터의 대면 및 비대면 부모교육의 내용을 조사하고, 그 내용에 대하여 토론해 보자.

Chapter 05

부모교육 프로그램 실시를 위한 절차와 방법

부모교육 프로그램을 효과적으로 전달하기 위해서는 부모교육 프로그램 계획하기, 대상의 선정과 모집하기, 프로그램 실행하기, 프로그램 평가하기의 단계적인 절차를 거쳐야 한다.

1. 부모교육 프로그램 계획하기

부모교육 프로그램의 계획단계는 크게 부모교육을 실시하는 기관에서 하는 기초계획과 부모의 요구 조사를 거쳐 확정하는 단계로 구성된다.

1) 부모교육 실시 기관의 계획

부모교육을 실시하는 기관에서는 다음의 측면을 고려하여 기초계획을 수립한다(표 5-1 참조).

표 5-1 부모교육의 기초계획

항목	구체적인 내용
프로그램 실시 대상	• 전체 부모를 대상으로 할 것인지, 참여를 원하는 일부 부모를 대상으로 할 것인지, 지원이 필요하다고 생각되는 부모를 기관에서 선발하여 대상으로 할 것인지에 대한 기초 계획을 수립해야 함.
대상 부모의 모집	• 대상에 따라 어떤 방법으로 모집하고 안내할지에 대한 기초 계획을 수립해야 함.
프로그램의 형식	• 프로그램을 어떤 길이로 얼마나 자주, 한 번에 얼마나 길게 할 것인지에 대한 기초 계획을 수립해야 함.
프로그램 실시 장소	• 프로그램을 어디에서 실시할지에 대한 기초 계획을 수립해야 함.
프로그램 내용	• 어떤 내용으로 프로그램을 실시할 것인지에 대한 기초 계획을 수립해야 함.
프로그램 전달자	• 누가 프로그램을 진행할지에 대한 기초 계획을 수립해야 함.
프로그램의 교수-학습 방법	• 어떤 교수-학습 방법을 사용하여 프로그램을 진행할지에 대한 기초 계획을 수립해야 함.

2) 부모의 요구 조사

첫째, 부모교육을 실시하는 기관에서 기초적으로 수립한 계획안에 대한 부모의 요구는 어떤지 알아본다.

둘째, 부모의 요구를 조사하기 위해 사용할 수 있는 설문지의 예는 표 5-2와 같다.

표 5-2 프로그램 계획 시 부모의 요구를 알아보기 위한 설문지

자녀의 인지, 언어, 사회, 정서 발달을 돕는
영역별 활동 프로그램에 대한 설문지

○○○ 부모님께

안녕하십니까?

본 유치원에서는 영역별 활동 프로그램 실시에 앞서 영유아의 발달을 돕고자 개발한 활동 프로그램을 실시하고자 합니다. 프로그램은 부모님이 자녀와 집에서 쉽고 재미있게 할 수 있는 인지, 언어, 사회, 정서 발달을 위한 활동으로 구성되어 있으며, 부모님과 자녀가 긍정적인 관계를 맺도록 돕는 데 큰 기여를 할 것입니다.

부모님께서 주신 귀한 의견은 자녀의 다양한 발달에 도움이 되는 서비스를 제공하는 데 반영될 것입니다. 설문지에는 옳고 그른 답이 없으며, 부모님의 생각이나 의견에 표시해 주시면 됩니다. 설문지 작성에 소요되는 시간은 5분 정도이며, 번거로우시더라도 빠짐없이 답변해 주시길 부탁드립니다.

귀중한 시간을 할애하여 주신 부모님께 감사드리며, 완성된 설문지는 ○○월 ○○일까지 보내주시기 바랍니다. 감사합니다.

○○유치원 원장 ○○○

*자녀의 발달에서 중요하다고 생각되는 내용에 표시해 주세요.

1. 인지활동 내용 : 세 개만 골라 필요한 순서대로 1, 2, 3을 적어 주세요.
   ① ( ) 수 개념 알기
   ② ( ) 모양과 공간 관계 알기
   ③ ( ) 길이, 무게, 시간, 양을 측정하기
   ④ ( ) 분류하기, 비교하기
   ⑤ ( ) 과학적 개념 알기
   ⑥ ( ) 과학적 태도와 기술 익히기
   ⑦ ( ) 기타(직접 적어 주세요 :)

2. 언어활동 내용 : 세 개만 골라 필요한 순서대로 1, 2, 3을 적어 주세요.
   ① ( ) 다른 사람과 의사소통기술 익히기
   ② ( ) 읽기와 쓰기
   ③ ( ) 책 좋아하기와 책 읽기
   ④ ( ) 좋은 언어습관(정확한 발음, 문법에 맞는 말 등) 기르기
   ⑤ ( ) 기타(직접 적어 주세요 :)

3. 사회활동 내용 : 세 개만 골라 필요한 순서대로 1, 2, 3을 적어 주세요.
   ① ( ) 타인과 어울려 놀이할 수 있는 기술
   ② ( ) 갈등을 해결하는 기술
   ③ ( ) 타인을 돕고, 존중하는 능력
   ④ ( ) 타인과 협동하고, 함께 의사결정 할 수 있는 능력
   ⑤ ( ) 기타(직접 적어 주세요 :)

4. 정서활동 내용 : 세 개만 골라 필요한 순서대로 1, 2, 3을 적어 주세요.
   ① ( ) 스스로 자랑스럽다고 생각하기
   ② ( ) 자신의 할 일을 알아서 하기
   ③ ( ) 자신의 감정을 적절히 표현하기
   ④ ( ) 자신의 감정을 스스로 조절하기
   ⑤ ( ) 다른 사람의 감정을 이해하기
   ⑥ ( ) 예술활동(음악, 미술, 신체표현 등)을 경험해 보기
   ⑦ ( ) 기타(직접 적어 주세요 :)

5. 자녀와 교육 활동하는 시간은 어느 정도인 것이 좋다고 생각하십니까?
   ① 10분에서 20분
   ② 20분에서 30분
   ③ 30분에서 한 시간
   ④ 한 시간 이상
   ⑤ 며칠을 두고 지속적으로 하기(예 식물 싹 틔우기)

6. 자녀와 하는 교육 활동 수는 몇 개가 적당하다고 생각하십니까?
   ① 매일 1개
   ② 1주일에 1개
   ③ 1주일에 2~3개
   ④ 한 달에 2~3개

7. 활동방법에 대한 강의는 어떤 강사가 진행하는 것이 좋다고 생각하십니까?
   ① 유아교육기관 원장
   ② 교사
   ③ 사회복지사
   ④ 자녀를 잘 키운 경험이 있는 부모
   ⑤ 외부강사(교수, 해당 분야 전문가)
   ⑥ 기타(직접 적어 주세요 :)

8. 활동 방법에 대한 강의는 몇 회가 적당하다고 생각하십니까?
   ① 처음 1회
   ② 월 1회
   ③ 월 2회
   ④ 주 1회
   ⑤ 기타(직접 적어 주세요 :)

출처: 교육부·제주특별자치도교육청. 2008.

3) 최종계획의 수립

부모교육 실시 기관의 기초계획과 부모 요구 조사의 결과를 종합하여 앞에서 언급한 각 사항에 대한 최종 계획을 수립한다.

2. 부모교육 프로그램의 대상 선정과 모집하기

1) 참여 부모의 선정과 모집

참여 부모의 선정은 다음의 세 가지로 구분할 수 있다.

(1) 학부모 전체

- 저소득층 밀집지역으로 모든 부모의 참여가 필요한 경우
- 기관의 모든 부모를 대상으로 프로그램을 운영할 여지가 있는 경우

(2) 참여 희망 부모

- 프로그램을 운영하는 데 인적·물적 자원이 부족한 경우
- 모든 부모를 대상으로 하기 전에 시범적으로 효과를 알고 싶은 경우

(3) 지원이 필요한 부모

- 발달지연의 위험이 예견되는 영유아의 부모인 경우
- 자녀와 상호작용을 거의 하지 않는 부모의 경우

부모교육 프로그램의 참여 부모에 따라 프로그램 안내, 실행, 평가 방법이 달라진다.

표 5-3 학부모 특성에 따른 프로그램 실행 및 평가

특성	대상의 모집과 안내	프로그램 실행	프로그램 평가
학부모 전체	• 특정 주제에 대한 안내 편지를 발송하여 프로그램 안내	• 기관에서 정한 주제 또는 부모가 원하는 주제를 선정하고 순서를 정해 실행	• 평가서식을 이용하여 부모들의 의견 및 평가결과 수합 • 몇몇 부모와 인터뷰, 상담 등을 통해 소감 들음
참여 희망 부모	• 특정 주제에 대한 안내 편지를 발송하고 참여 신청 받음	• 특정 주제에 대해 알기 원하는 부모만을 대상으로 실행	• 평가서식을 이용하여 부모들의 의견 및 평가결과 수합 • 몇몇 부모와 인터뷰, 상담 등을 통해 소감 들음
지원이 필요한 부모	• 면대면(전화를 통한 상담, 면담) 접촉을 통해 프로그램 참여 권유	• 지원이 필요한 부모 유형별로 집단을 나누고, 각 집단별로 적절한 주제를 정해 실행	• 평가서식을 이용하여 부모들의 의견 및 평가결과 수합 • 몇몇 부모와 인터뷰, 상담 등을 통해 소감 들음

출처: 교육부·제주특별자치도교육청. 2008.

2) 학부모 전체가 대상일 경우

첫째, 가장 많은 부모가 알고 싶어 하는 주제 목록을 선정하고 부모 전

체를 대상으로 안내편지를 발송한다.

둘째, 부모교육 주제의 목표, 내용, 구성 등에 대해 간단히 설명하고 실시되는 일시, 소요시간, 장소를 안내한다.

마지막으로 홈페이지나 카페가 활성화된 기관에서는 이를 통한 안내도 가능하다.

3) 참여 희망 부모만을 대상으로 할 경우

첫째, 부모들에게 주제에 대해 간단히 설명하고 일시와 장소를 안내한다.

둘째, 초청편지에 참여를 희망하는지의 여부를 알릴 수 있는 서식을 마련한다.

셋째, 마지막으로 홈페이지나 카페가 활성화된 기관에서는 이를 통한 안내도 가능하다.

4) 지원이 필요한 부모를 대상으로 할 경우

부모교육 프로그램 제공이 반드시 필요한 영유아의 부모, 즉 특정 주제 측면에서 지원이 필요한 학부모를 대상으로 할 때의 유의사항은 다음과 같다.

첫째, 특정 부모만을 대상으로 한다면 조심스럽게 참여를 권유를 하는 것이 중요하다.

둘째, 부모교육 프로그램에 참여하면 어떤 점이 향상될 수 있는지를 구체적으로 정확히 제시한다.

셋째, 학기 초의 개인면담 시간이나 자녀의 등·하원 시간같이 부모를 자연스럽게 만날 수 있을 때 직접 부모에게 참여를 권유하거나 전화로 참여를 권유할 수 있으며, 이때 교육을 실시하는 일시와 장소를 안내한다.

3. 부모교육 프로그램 실행하기

1) 주제 선정 및 진행 순서의 결정

첫째, 설문지를 통해 조사한 부모들이 원하는 주제와 기관의 계획을 기초로 최종적으로 어떤 주제를 선정하여 어떤 순서로 조직할 것인지 결정한다.

둘째, 참여 부모 개개인의 관심이나 요구가 모두 다르므로, 처음 진행하는 주제는 일반적인 것으로 선정하는 것이 좋다.

셋째, 전체 순서를 정할 때는 기관의 전체적인 교육계획과 일관성 있도록 계열화한다. 즉, 주제를 선정할 때에는 대상 부모 자녀의 연령 및 시기, 유아교육기관의 생활주제, 방법 등 다양한 측면에서 조화가 이루어지도록 한다.

넷째, 부모에게 제공하는 다양한 프로그램 간에 일관성이 있도록 계획한다.

즉, 1년 동안 프로그램을 진행하면서 다양한 활동을 하게 되는데, 각 활동을 통해 부모가 전달받거나 제공받는 것 간에 일관성을 유지한다.

다섯째, 부모의 사회, 문화, 경제, 교육적 맥락을 고려하여 프로그램을 계획한다. 즉, 유아교육기관이 위치한 지역의 사회적 상황, 문화적 특성, 경제적 수준에 따라 프로그램 내용이나 수준을 조정한다.

여섯째, 부모의 개인적 특성을 고려하여 프로그램을 계획한다. 즉, 프로그램의 주제나 내용과 밀접한 관련이 있는 부모의 개인적 특성을 중심으로 소집단으로 나누어 프로그램을 운영하도록 계획할 수 있다.

일곱째, 부모들의 적극적인 참여가 가능하도록 진행한다. 즉, 부모는 제공되는 정보를 수동적으로 받아들이기보다는 주도적으로 정보를 찾고 제공받기를 원하기 때문에 프로그램의 운영과정에 부모를 적극적으로 참여시키는 방법을 계획한다.

마지막으로 사회적으로 자녀양육과 관련이 있는 이슈가 발생할 경우에는 관련 주제부터 다루는 것이 좋다.

2) 참여 부모의 초청

첫째, 참여 부모가 누구인가에 관계없이 부모교육의 일시, 주제, 목표, 프로그램 세부 일정 등이 적힌 초청편지를 2~3일 전에 보낸다.

둘째, 최종 참여 여부를 확인하고, 정확한 참여인원을 파악한다.

3) 당일 프로그램 진행 절차와 담당자에 대한 결정

첫째, 한 가지 주제에 대해 부모교육을 실시할 때의 진행순서, 소요시간, 준비물, 담당자에 대한 결정을 한다.

둘째, 기관에서 실시하는 1회 프로그램의 진행에 대한 예는 표 5-4 와 같다.

표 5-4 '건전하고 교육적인 TV 시청' 프로그램 진행의 예

<table>
<tr><td colspan="7">일시: 연월일(요일)
주제: 건전하고 교육적인 TV 시청
목표: 1. TV 시청이 유아에게 미치는 영향에 대해 이해한다.
2. 건전하고 교육적으로 TV를 시청할 수 있는 방법을 안다.</td></tr>
<tr><th colspan="2">일정 계획하기</th><th colspan="2">시간</th><th>준비물</th><th>준비 담당자</th><th>진행 담당자</th></tr>
<tr><th colspan="7">프로그램 시작 전 활동</th></tr>
<tr><td colspan="2">출석부 기록 / 이름표 달기 / 간식</td><td colspan="2" rowspan="3">5:45~6:00</td><td>식혜와 떡</td><td>주방</td><td>참여한 모든 진행자</td></tr>
<tr><td colspan="2">실내 음악</td><td>이번 달에 영유아가 유치원에서 배운 노래 테이프</td><td>교사A</td><td>교사A</td></tr>
<tr><td colspan="2">시작 전 활동
(예: 일찍 온 부모를 위한 게임 / 자녀에게 줄 선물 만들기)</td><td>자녀에게 줄 꽃목걸이 만들기</td><td>교사B</td><td>교사B, 원장</td></tr>
<tr><th colspan="7">프로그램 중</th></tr>
<tr><td rowspan="6">도입</td><td>• 생각해 보는 글: TV 좀 그만 봐라!</td><td>강의</td><td>6:00~6:10</td><td>카세트테이프, 소책자</td><td>교사A</td><td>교사A</td></tr>
<tr><td>• 의미 있는 토론: TV와 비디오라는 신종 보모, 신종 교사</td><td>평가</td><td>6:10~6:30</td><td>소책자, 필기도구</td><td>교사B</td><td>교사A</td></tr>
<tr><td>• 유익한 지식: TV 시청이 지적 발달에 미치는 영향, TV 시청이 정서 발달에 미치는 영향, TV 시청이 신체 발달에 미치는 영향,</td><td>강의</td><td>6:30~6:45</td><td>빔프로젝터, 노트북, 소책자</td><td>교사B</td><td>교사A</td></tr>
<tr><td>• 스스로 평가: 우리 집의 TV 시청 점수는?</td><td>강의 및 워크숍</td><td>6:45~6:55</td><td>소책자</td><td>교사A</td><td>교사A</td></tr>
<tr><td>• 좋은 부모: 자녀의 올바른 TV 시청지도를 위한 여섯 가지 조언</td><td>토론</td><td>6:55~7:05</td><td>소책자</td><td>교사A</td><td>교사A</td></tr>
<tr><td>• 오해와 진실: TV 시청에 대한 오해와 진실</td><td></td><td>7:05~7:15</td><td>소책자</td><td>교사A</td><td>교사A</td></tr>
<tr><td rowspan="2">정리</td><td>• 행복한 가족: 자녀의 불필요한 TV 시청, 놀이로 풀어 봅시다.</td><td>워크숍</td><td>7:15~7:25</td><td>소책자</td><td>교사B</td><td>교사A</td></tr>
<tr><td>Q&A</td><td></td><td>7:25~7:30</td><td>소책자</td><td>교사A</td><td>교사A</td></tr>
<tr><td colspan="2">광고: 다음 모임 안내</td><td></td><td>7:30~7:35</td><td></td><td>원장</td><td>원장</td></tr>
<tr><td colspan="2">저녁식사(자녀와 함께)</td><td></td><td>7:35~8:30</td><td>밥, 시금치, 조갯국, 돼지불고기, 김치</td><td>주방</td><td>모든 진행자 / 부모</td></tr>
<tr><th colspan="7">프로그램 종료 후</th></tr>
<tr><td colspan="2">개별상담</td><td colspan="2">8:30~</td><td>상담을 원하는 부모에게 개별상담 실시</td><td></td><td>부모가 지목한 진행자</td></tr>
</table>

출처: 교육부·제주특별자치도교육청. 2008.

4) 부모교육자 준비

첫째, 누가 프로그램의 진행을 담당할 것인지 결정한다.
둘째, 진행자는 부모교육자 강의 지침서를 읽고 내용을 숙독한다.

(1) 도입

본론으로 들어가기 전에 부모가 주제에 대해 공감대를 형성하여 주제에 대한 관심과 흥미를 가질 수 있도록 준비한다. 소요시간은 10~15분 정도로 너무 길게 진행하지 않도록 한다.

(2) 전개

각 활동마다 제시하는 세부 목표와 내용을 자세히 읽어 보고, 주어진 시간 내에서 전달이 가능하도록 준비한다. 참여 부모의 흥미 및 수준, 자녀의 연령 등을 고려하여 내용을 조정한다.

(3) 정리

가정에서 적용해 볼 수 있는 놀이 활동, 동화책이나 현장 탐방 등의 정보를 알려 줄 때 필요한 자료들을 미리 준비한다.

5) 환경의 구성

첫째, 부모교육에 참석하는 부모의 이름표와 출석부를 준비한다.
둘째, 간식 및 식사를 준비한다.

표 5-5 프로그램 진행 시 기록 및 평가사항

분야	기록 및 평가내용	평가결과 및 개선사항
모집 및 준비	• 부모 모집을 위해 사용한 방법(예: 전화, 편지, 면대면 등)이 효과적이었는가? • 다양한 방법으로 홍보하였는가? • 프로그램의 목적, 내용, 방법이 잘 반영된 홍보였는가? • 부모의 참여율은 어떠하였는가? • 각종 예약상황(예: 교통편, 장소, 음식, 기자재 등)은 어떠하였는가?	
욕구조사	• 다양한 특성을 가진 부모의 욕구를 파악하는 데 적절하였는가? • 응답하기 쉽게 구성되었는가?	
목표	• 부모의 욕구가 반영된 목표였는가? • 부모와 전문가의 욕구가 조화된 목표였는가? • 프로그램의 목표가 달성되었는가? • 어떤 목표가 달성되지 않았는가?	
내용	• 부모의 요구가 반영된 내용이었는가? • 프로그램의 목표를 달성하기에 적합하였는가? • 부모를 지원하고 궁극적으로 자녀의 교육과 양육을 지원하는 내용이었는가? • 부모의 특성이나 수준에 적절한 내용이었는가? • 부모의 참여를 유발하는 것이었는가?	
진행방법	• 부모가 편안해 하였는가? • 부모의 특성과 수준을 고려하여 진행하였는가? • 부모의 흥미를 끌게 진행하였는가? • 부모의 반응과 질문을 적절히 수용하며 진행하였는가? • 부모가 적극적으로 참여하도록 격려하였는가? • 준비한 내용을 효과적으로 전달하였는가? • 적절한 교수매체와 자료를 사용하였는가? • 프로그램의 전반적인 운영이 순조롭게 진행되도록 하였는가? • 준비가 필요한 부모교육자(예: 부모강사, 일반인)의 경우 적절한 훈련과 준비가 이루어졌는가? • 부모교육자가 부적절하였다면, 어떠한 측면에서 부적절하였는가?	
환경구성	• 프로그램이 실시된 시간은 적절하였는가? • 프로그램의 길이는 적절하였는가? • 계획된 활동과 부모의 수를 고려할 때 공간이 충분하였는가? • 온도, 습도, 조명 등의 측면에서 쾌적하였는가? • 간식 및 식사 등이 효율적으로 배치되었는가? • 의자, 책상, 시청각 매체가 효율적으로 배치되었는가?	
예산편성	• 인적 자원에 대한 예산은 적절하였는가? • 자료 제작 및 기자재에 대한 예산은 적절하였는가? • 간식 및 식사 준비를 위한 예산은 적절하였는가? • 기타(예: 장소대여, 교통편 상품 등) 소요경비를 위한 예산은 적절하였는가?	
서비스	• 부가서비스(예: 자녀 돌보기, 식사 제공 등)가 적절하였는가? • 부가서비스의 질이 적절하였는가?	

출처: 교육부·제주특별자치도교육청. 2008.

4. 부모교육 프로그램 평가하기

(1) 평가시기

① 한 주제를 진행하는 과정(과정평가)
② 진행하고 난 후(사후 평가)
③ 지속적인 평가

(2) 평가방법

① 형식적인 평가보다는 부모로부터 받는 피드백을 중심으로 평가한다.
② 설문지, 면접, 자유기술식 평가지, 체크리스트 등 다양한 방법을 사용하여 평가한다.

(3) 평가자와 평가내용

① 다양한 평가자(예: 부모교육자, 참여 부모 등)가 참여
② 부모교육자의 시각에서의 평가
③ 참여 부모의 시각에서의 평가

(4) 평가결과의 활용

① 부모교육 프로그램의 전체적인 평가를 위해 평가결과를 최종적으로 종합한다.
② 종합한 결과를 근거로 개선 방향을 마련한다.

표 5-6 실행 후 목표 달성 평가

<table>
<tr><th>목표</th><th>목표의 구체적 의미</th><th>평가결과</th><th>개선방향</th></tr>
<tr><td rowspan="2">• 유아를 위한 경제 교육에 대한 개념을 습득한다.</td><td>• 경제교육의 개념을 습득한다.</td><td rowspan="2">• 경제교육이 돈을 아끼고 버는 것뿐 아니라 유통, 직업에 관한 교육이라는 것을 알게 된다.</td><td rowspan="4">• 자녀의 용돈 사용에 대한 관심이 많았으므로 이 내용에 대하여 많은 시간을 할애할 수 있을 것이다.</td></tr>
<tr><td>• 경제교육의 내용을 습득한다.</td></tr>
<tr><td rowspan="2">• 경제교육에 대한 개념을 기초로 가정에서 부모가 해야 할 역할을 인식한다.</td><td>• '나'의 경제교육의 유형을 알아본다.</td><td rowspan="2">• 나의 경제교육 유형을 알아보면서 자신을 되돌아보고 부족한 점을 알게 된다.
• 자녀의 용돈 사용의 성향에 따라 적용해야 할 관리 방법을 알게 된다.</td></tr>
<tr><td>• 일상생활에서 할 수 있는 경제교육 방법을 알아본다.</td></tr>
</table>

출처: 김희진. 2006.

(5) 평가의 실제

부모교육과 지원에 대한 학부모의 평가는 행사 진행 시 부모의 행동관찰, 부모의 의견 및 행사 직후 설문지 응답 결과를 중심으로 평가하여, 그 내용을 차기년도 부모교육과 지원에 개선하여 반영한다.

표 5-7 프로그램의 설문지 평가 결과

<table>
<tr><th>프로그램</th><th>만족수준</th><th>평가내용</th></tr>
<tr><td rowspan="3">부모교육 프로그램</td><td rowspan="3">만족</td><td>• 강연
- 몰랐던 지식과 정보를 접하게 되어 좋았음.
- 입학식 날 아이와 함께 형식적인 식순을 진행하기보다는 평소에 관심이 있던 주제에 대한 유익한 강의를 들을 수 있었던 점이 매우 인상 깊었음. 강연 내용도 요즘 시대 학부모들에게 꼭 필요한 내용으로 경각심을 불러일으키는 좋은 기회였음.
- 부모의 교육 시각과 방법을 전문가의 초빙으로 알려 주어 많은 참고가 되었음.</td></tr>
<tr><td>• 학부모 오리엔테이션
- 아이들이 친밀해지는 데 도움이 됨.
- 유치원 생활에 대한 자세한 소개를 받을 수 있어서 좋았음.
- 참여 가능한 시간에 운영해 주어 좋았음.</td></tr>
<tr><td>• 부모상담
- 선생님과의 상담을 통해 모든 문제점이 해결되었음.
- 비형식적 상담에서는 놓치기 쉬운 다양한 영역에 대해 설명이 너무</td></tr>
</table>

프로그램	만족수준	평가내용
		좋았음. - 아이에 대해 선생님과의 친밀하고 객관적인 상담이 이루어진 것 같음. - 아이의 유치원 생활에 대해 잘 알게 되었음. - 우리 아이에 대한 선생님의 세심한 배려와 사랑이 느껴짐. - 늘 궁금한 아이의 유치원 생활, 태도 등을 사진 및 이야기로 들을 수 있고, 아낌없는 조언을 해 주시는 시간이 좋았음. - 아이의 성향, 가정에서의 지도 방향 등을 잘 상담해 주셨음. - 아이에 대한 진정성 있는 접근과 관심을 바탕으로 지도해 주심. - 부모상담 때 초등학교를 대비하여 조금 빨라진 상담으로 무거워진 부모의 마음을 헤아려주시는 시간이었음. - 마음을 나눠 주시는 선생님 덕에 늘 큰 위로를 받는 듯함. - 3번의 상담을 통해 아이의 성장과정을 체계적으로 볼 수 있어 좋았음. - 유치원에서 궁금했던 아이들의 생활에 대해 설명을 들을 수 있어 좋았음.
		• 수업참관 - 형식적으로 아이의 생활과 일상행동들을 학부모에게 전달하지 않고 정말 우리 아이를 심도 있게, 눈여겨 관찰해 주시고 좋은 쪽으로 바꿔 주고자 노력하시는 모습이 만족스러웠음. 듣기 좋은 말만 나열하기보다는 객관적으로 솔직하게 말씀해 주셔서 감사했음. - 유치원에서 연계하여 진행한 부모교육 프로그램이 모두 알차고 양질의 교육을 받을 수 있어 좋음.
		• 학부모 훈련 프로그램(MBTI · STEP 프로그램) - 다른 유치원에서는 쉽게 접할 수 없는 프로그램이고, 자녀가 유아기 때 부모로서 이런 교육을 받을 수 있다는 것이 행운이라 생각함. - 인생 선배이신 원장님을 통해 그동안 마음속에 정리되지 못했던 부분까지 속 시원히 정돈됨을 느꼈음(물론 처음). - 엄마, 부인으로서가 아닌 나 자신을 위한 시간을 가질 수 있어서 참 좋았음. 나 자신을 돌아보고 힐링하면서 자녀에게도 남편에게도 더 좋은 영향을 줄 수 있었음. - 가족과 아이와의 관계 개선이 되어 마음을 편안하게 만들어 주었음. - 전공자가 아닌 이상 이런 부모교육을 받을 수 있는 것이 힘든데 참여할 수 있도록 기회를 주어 좋았음. - 너무 만족하고 자신한테 많은 도움이 된 것 같음. 교육시간이 좀 짧은 게 아쉬움.
		• 생활주제별 학부모교육 프로그램(게시판 공고, 가정통신문) - 상담과 인터넷을 이용한 공지사항 게재를 통하여, 매번 섬세하게 챙겨주지 못할 경우 상당히 도움이 되었음.
		• 수업참관 - 수업참관실이 있는 점이 좋음. - 엄마, 아빠의 시선을 의식하지 않고 아이의 생활을 볼 수 있었음.
		• 유치원운영위원회 - 학부모 의견이 적극 반영되어 좋았음.
		• 인터넷을 이용한 학부모 프로그램

프로그램	만족수준	평가내용
		- 홈페이지를 활용하여 가정통신문 및 공지사항, 학부모 운영위원회 회의록 공지들을 열람하여 유치원의 공지사항을 잘 알 수 있었음. 일하는 엄마로서 용이함. - 정보공유가 잘 되어서 좋음. - 가정통신문을 통해 유치원 생활을 자세히 알 수 있어 좋았음.
	불만족	• 인터넷을 이용한 학부모 프로그램 - 중요한 공지사항이나 준비물은 인터넷을 이용한 공지만으로는 가끔 확인이 어려울 때가 있었음. - 공지사항이 선착순으로 진행되어 모집되는 경우가 종종 있었는데, 상시 컴퓨터를 볼 수 있는 환경이 아닐 경우 불합리하다는 생각이 들었음. - 가정통신문 인쇄물 배부해 주면 좋겠음. - 인터넷을 통해 아이들의 교육과정 공개가 더 많았으면 함(사진자료). • 지면인쇄로 배부하지 않는 교육적 의미를 학부모 O.T 시 홍보할 예정임.

출처: 김향자 외. 2014.

5. 온라인 부모교육과 지원의 실제

1) 부모교육과 지원의 유형 및 내용

표 5-8 부모교육과 지원의 예

유형	내용	비고
유치원 교육 안내	입학설명회	비대면-영상(유튜브) 활용
자녀교육 지원	강연회	비대면-영상(에드위드) 활용
유치원 교육 안내	학부모 오리엔테이션	대면-연구실 활용
자녀교육 지원	자녀개별상담 Ⅰ	대면-개별
유치원운영 이해	유치원운영위원회 Ⅰ	대면
자녀교육 지원	부모훈련 프로그램-STEP	대면-10명 이내 소그룹
유치원운영 이해	유치원운영위원회 Ⅱ	대면
자녀교육 지원	자녀개별상담 Ⅱ	대면-개별
교육과정 이해	수업참관	대면-개별
교육과정 이해	수업공개(수업사례 공개)	비대면-ZOOM 활용
유치원운영 이해	유치원운영위원회 Ⅲ	비대면-ZOOM 활용

출처: 명지전문대학 부속유치원. 2021.

표 5-9 비대면 부모교육과 지원을 위한 가정통신문의 예

부모교육과 지원 - ZOOM을 활용한 비대면 수업사례 공개

코로나19 상황을 고려하여 6월 4주 중으로 예정되었던 '부모교육과 지원 - 수업사례 공개'를 부득이하게 비대면(실시간 쌍방향 원격 ZOOM)으로 진행하고자 합니다. 어린이들과 가족 모두의 건강과 안전을 위해 내린 결정이오니 학부모님의 양해와 적극적인 참여를 부탁드립니다. 자세한 내용은 아래를 확인해 주시기 바라며, ZOOM 활용 방법 및 접속 링크는 추후 안내해 드릴 예정입니다.

---------------------------------- 아 래 ----------------------------------

* 목 적 : 2019 개정 누리과정과 본원의 교육과정 및 교육방향에 대한 이해를 돕고자 함.
* 일 자 : 2021년 6월 24일(목)
* 방 법 : ZOOM을 통한 온라인(비대면) 진행 - 접속 링크 추후 문자 발송
* 일 정

시간	내용
15:30 ~ 16:10	수업 진행 과정 안내, 놀이 결과물 공유

※ 수업사례 공개 당일 어린이들의 등·하원 및 일과시간은 평상시와 동일합니다.

※ 비대면 수업사례 공개는 학부모님만 참여합니다.

※ 참여가 어려운 학부모님께서는 사전에 담임교사에게 연락해 주시기 바랍니다.

※ 저작권 및 개인정보보호를 위하여 화면 캡처·녹화 및 타인과의 공유는 금지합니다.

부모교육과 지원 - 수업사례 공개 : ZOOM 사용방법

※ 비대면 수업사례 공개는 학부모님만 참여합니다.
※ ZOOM 접속 시 반드시 음소거 상태를 유지해 주시기 바랍니다.
※ 저작권 및 개인정보보호를 위하여 화면 캡처 및 타인과의 공유는 금지합니다.

1. PC로 「부모교육과 지원 - 수업사례 공개」 접속 방법

가. 당일 발송된 문자메시지의 링크를 클릭하여 ZOOM사이트(http://www.zoom.us)에 접속합니다.

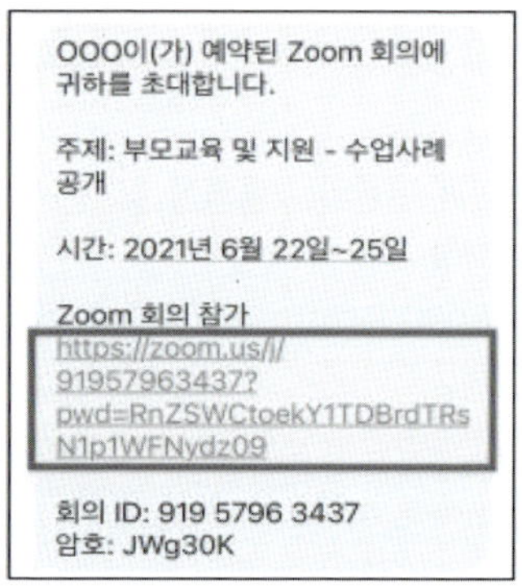

※ ZOOM 가입 및 설치가 되어 있고 회의실 ID로 회의에 입장하시는 경우, 회의실 ID를 입력하시면 됩니다.

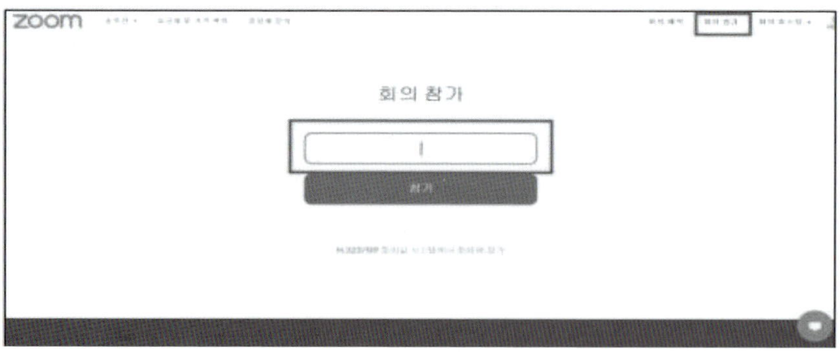

2. 모바일로 「부모교육과 지원 - 수업사례 공개」 접속 방법

가. 모바일에서 APP 다운로드를 실행하여 'ZOOM' 검색 후 설치합니다.

〈아이폰 화면〉

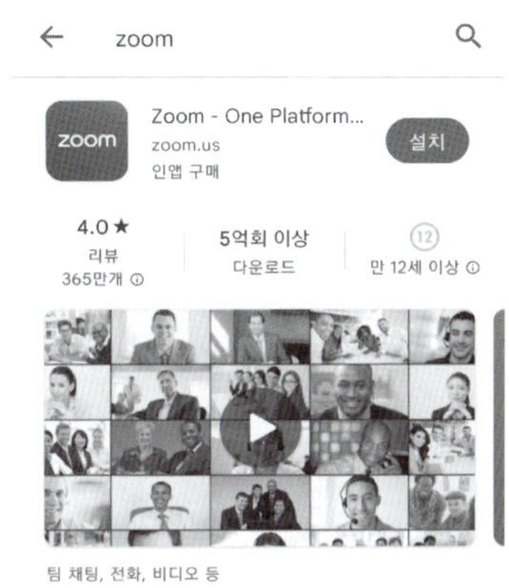

〈안드로이드 화면〉

나. 당일 발송된 문자메시지의 링크를 클릭하여 ZOOM 어플리케이션에 접속합니다.

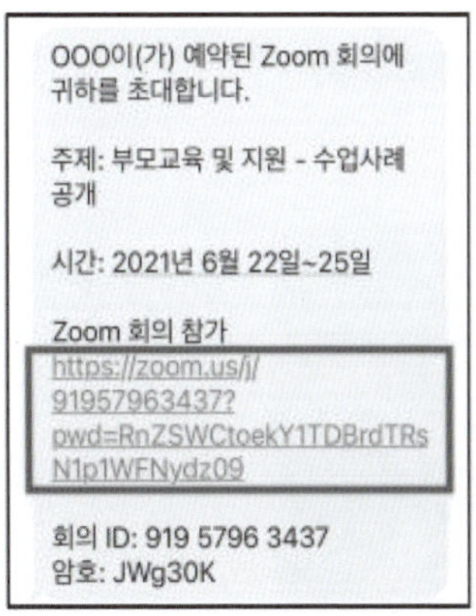
OOO이(가) 예약된 Zoom 회의에 귀하를 초대합니다.

주제: 부모교육 및 지원 - 수업사례 공개

시간: 2021년 6월 22일~25일

Zoom 회의 참가
https://zoom.us/j/91957963437?pwd=RnZSWCtoekY1TDBrdTRsN1p1WFNydz09

회의 ID: 919 5796 3437
암호: JWg30K

※ ZOOM 가입 및 설치가 되어 있고 회의실 ID로 회의에 입장하시는 경우, 회의실 ID를 입력하시면 됩니다.

※ 실행이 잘 되지 않을 경우, 링크 주소를 복사하여 인터넷(혹은 사파리) 어플을 실행하여 주소창에 붙여 넣으시면 됩니다.

출처: 명지전문대학 부속유치원. 2021.

표 5-10 수업사례 주제

반명	일시	수업사례 공개 제목
○○반	2021. 06. 25(금) 15시 30분 ~ 16시 20분	뚝딱뚝딱 함께 만드는 우리들의 마을
○○반	2021. 06. 24(목) 15시 30분 ~ 16시 20분	우리가 들려주는 달팽이 이야기
○○반	2021. 06. 23(수) 15시 30분 ~ 16시 20분	○○반 유치원버스 '놀러가자 버스'
○○반	2021. 06. 22(화) 15시 30분 ~ 16시 50분	키다리 쑥쑥 우리 텃밭 / 미끌미끌 나라 미끄럼틀
○○반	2021. 06. 24(목) 15시 30분 ~ 16시 20분	○○반이 함께 만드는 '뭐든지 할 수 있어 땅'
○○반	2021. 06. 23(수) 15시 ~ 16시	○○반의 놀이 이야기 ○○반의 블록친구 이야기, 기다려줄게, 캠핑놀이

출처: 명지전문대학 부속유치원. 2021.

표 5-11 ZOOM을 통한 수업사례

출처: 명지전문대학 부속유치원. 2021.

행 사 일 지

<table>
<tr><td rowspan="2">결
재</td><td>담당</td><td>원감</td><td>원장</td></tr>
<tr><td></td><td></td><td></td></tr>
</table>

<table>
<tr><td colspan="2">행사명</td><td>[○○반] 부모교육과 지원 - 비대면 수업사례 공개</td><td>작 성 자</td><td>○○○</td></tr>
<tr><td colspan="2">일 시</td><td>2021년 6월 25일 금요일 15:30 ~ 16:10</td><td>참석인원</td><td>17명 / 24명</td></tr>
<tr><td colspan="2">장 소</td><td colspan="3">○○반 교실</td></tr>
<tr><td colspan="2">목 표</td><td colspan="3">· 수업 진행 과정 안내를 통해 유치원 교육과정에 대한 학부모의 이해를 돕는다.
· 놀이를 통한 배움과 놀이의 중요성에 대한 이해를 증진시킨다.</td></tr>
<tr><td rowspan="2">행
사
전
준
비
사
항</td><td>서류</td><td colspan="3">◉ 서류의 준비사항
· 2021년 5월 28일 가정통신문 탑재 - 6월 월간일정에 대략적인 수업공개 시기 안내
· 2021년 6월 4일/11일/18일 가정통신문 탑재
- 수업공개의 목적, 일시, 장소, 일정 등에 대한 자세한 안내
· 2021년 6월 18일 ZOOM 사용방법에 대한 안내 탑재
· 수업사례 공개 전날과 당일에 안내 및 회의실 링크 문자 발송

◉ 기타 준비사항
· 수업 진행 과정을 ppt 파일로 제작
· 부모회 평가서
· ZOOM 연결 및 사용방법 숙지
· 2019 개정 누리과정 이해 동영상, 음향 확인용 음악 준비</td></tr>
<tr><td>장소</td><td colspan="3">· 노트북, 의자 세팅
· 교실 내 인터넷(와이파이) 연결 상태 점검 및 ZOOM을 진행할 위치 선정 (유아들의 작품이 잘 보이는 곳으로 선정)
· 교실 환경게시 정비</td></tr>
<tr><td colspan="2">행사
진행
순서</td><td colspan="3">

시 간	내 용
15:00 ~ 15:30	입장 확인 안내 및 화면, 음향 상태 점검
15:30 ~ 16:00	수업 진행 과정 안내 및 놀이 결과물 공유
16:00 ~	학부모 소감 및 인사 나누기

</td></tr>
</table>

<table>
<tr>
<td>장내
배치도
및
행사
사진</td>
<td>〈ZOOM 세팅 사진〉

〈교실 환경구성〉

〈수업사례 공개 당일〉
 </td>
</tr>
<tr>
<td>평가
및
개선
방안</td>
<td>· 코로나19로 인해 ZOOM을 이용한 비대면으로 수업사례 공개가 진행되었음. ZOOM 사용방법을 미리 숙지하고, 담임교사 간의 역할을 분담하여 영상 링크 첨부, 참여 인원 및 반응 파악 등 수업공개 당시 원활하게 진행되었음.
· 수업의 흐름을 이해할 수 있어서 좋았고, 유아들의 놀이를 더욱 이해할 수</td>
</tr>
</table>

	있는 시간이었다는 평가가 많았음. · 유아들의 흥미를 반영하여 놀이를 확장한 점과 유아들이 의논하여 문제를 해결해 보는 경험을 할 수 있어서 좋았다는 긍정적인 평가가 많았음. · 유치원에서의 흥미가 가정으로도 이어져 집에서도 폐품을 이용해 놀이하거나 분류해 보며 다양하게 활용하는 모습을 보였고, 가정에서도 분리수거 및 재활용에 더욱 관심을 가지겠다는 의견이 긍정적이었음. · 교사도 유아들이 폐품을 이용해 놀이하는 것에서 그치지 않고, 자원을 아끼고 환경을 보호하는 태도를 지닐 수 있도록 환경교육을 계획하여 진행하였으며 앞으로도 지속적으로 시행할 예정임. · 수업사례 공개에 참여하지 못한 학부모님의 불참 사유를 파악하여 개선할 수 있는 부분을 반영해야 함.

출처: 명지전문대학 부속유치원. 2021.

토의: 생각해보기

1 부모의 요구를 조사하기 위한 방법 및 내용에 대해 토론해 보자.

2 부모교육과 지원을 위한 주제를 한 가지 선정하여 그 필요성을 이야기해 보자.

3 부모교육 프로그램을 실시하기 위한 절차와 방법에 대해 의견을 나누어 보자.

4 비대면 부모교육과 지원에 적절한 부모교육의 내용과 방법을 토론해 보자.

PART 02

유아교육기관의 부모교육과 지원의 실제

Chapter 06

학부모와의 소통

연간 이루어지는 학부모와의 소통은 유아의 연령 및 학급유형에 따라 분류되며 다음의 표와 같다.

표 6-1 연간 부모교육과 지원

<table>
<tr><th colspan="2">대상
월, 주</th><th>만 3~4세 일반학급</th><th>만 5세 일반학급
(방과후과정 포함)</th><th>만 3~5세 전일학급</th></tr>
<tr><td rowspan="5">3</td><td>1</td><td></td><td></td><td></td></tr>
<tr><td>2</td><td>• 강연
「주제 : 아이 키우는 바람직한 부모의 양육태도 및 역할」</td><td>• 강연
「주제 : 아이 키우는 바람직한 부모의 양육태도 및 역할」</td><td>• 강연
「주제 : 아이 키우는 바람직한 부모의 양육태도 및 역할」</td></tr>
<tr><td>3</td><td>• 학부모 오리엔테이션
(3월 13일~14일)</td><td>• 학부모 오리엔테이션
(3월 14일)</td><td>• 학부모 오리엔테이션
(3월 13일)</td></tr>
<tr><td>4</td><td>• 학년 초 개별상담
(3월 17일~21일)</td><td>• 학년 초 개별상담
(3월 17일~21일)</td><td>• 학년 초 개별상담
(3월 17일~21일)</td></tr>
<tr><td>5</td><td></td><td></td><td></td></tr>
<tr><td rowspan="5">4</td><td>1</td><td></td><td></td><td></td></tr>
<tr><td>2</td><td></td><td></td><td></td></tr>
<tr><td>3</td><td rowspan="2">• 학부모 훈련 프로그램 I</td><td rowspan="2">• 학부모 훈련 프로그램 I</td><td rowspan="2">• 학부모 훈련 프로그램 I</td></tr>
<tr><td>4</td></tr>
<tr><td>5</td><td>• 유치원운영위원회</td><td>• 유치원운영위원회</td><td>• 유치원운영위원회</td></tr>
<tr><td rowspan="3">5</td><td>1</td><td></td><td></td><td></td></tr>
<tr><td>2</td><td>• 가족의 날 프로그램</td><td>• 가족의 날 프로그램</td><td>• 가족의 날 프로그램</td></tr>
<tr><td>3</td><td></td><td></td><td></td></tr>
</table>

<table>
<tr><th colspan="2">대상
월, 주</th><th>만 3~4세 일반학급</th><th>만 5세 일반학급
(방과후과정 포함)</th><th>만 3~5세 전일학급</th></tr>
<tr><td rowspan="2"></td><td>4</td><td></td><td></td><td></td></tr>
<tr><td>5</td><td>• 수업공개
• 유치원운영위원회</td><td>• 유치원운영위원회</td><td>• 수업공개
• 유치원운영위원회</td></tr>
<tr><td rowspan="5">6</td><td>1</td><td rowspan="3"></td><td rowspan="3">• 수업공개</td><td rowspan="3"></td></tr>
<tr><td>2</td></tr>
<tr><td>3</td></tr>
<tr><td>4</td><td>• ○○○ 한마당 놀이
「○○○ 월드컵」</td><td>• ○○○ 한마당 놀이
「○○○ 월드컵」</td><td>• ○○○ 한마당 놀이
「○○○ 월드컵」</td></tr>
<tr><td>5</td><td>• 유치원운영위원회</td><td>• 유치원운영위원회</td><td>• 유치원운영위원회</td></tr>
<tr><td rowspan="4">7</td><td>1</td><td></td><td></td><td></td></tr>
<tr><td>2</td><td>• 1학기말 개별상담
(7월 9일~11일)</td><td>• 1학기말 개별상담
(7월 9일~11일)</td><td>• 1학기말 개별상담
(7월 8일~11일)</td></tr>
<tr><td>3</td><td rowspan="2"></td><td rowspan="2"></td><td rowspan="2"></td></tr>
<tr><td>4</td></tr>
<tr><td rowspan="5">8</td><td>1</td><td rowspan="5">·</td><td rowspan="5">·</td><td rowspan="5">·</td></tr>
<tr><td>2</td></tr>
<tr><td>3</td></tr>
<tr><td>4</td></tr>
<tr><td>5</td></tr>
<tr><td rowspan="5">9</td><td>1</td><td rowspan="4">• 학부모 훈련 프로그램 II</td><td rowspan="4">• 학부모 훈련 프로그램 II</td><td rowspan="4">• 학부모 훈련 프로그램 II</td></tr>
<tr><td>2</td></tr>
<tr><td>3</td></tr>
<tr><td>4</td></tr>
<tr><td>5</td><td>• 유치원운영위원회</td><td>• 유치원운영위원회</td><td>• 유치원운영위원회</td></tr>
<tr><td rowspan="5">10</td><td>1</td><td></td><td></td><td></td></tr>
<tr><td>2</td><td></td><td></td><td></td></tr>
<tr><td>3</td><td></td><td></td><td></td></tr>
<tr><td>4</td><td></td><td></td><td></td></tr>
<tr><td>5</td><td>• 유치원운영위원회</td><td>• 학년말 개별상담
(10월 29일~31일)
• 유치원운영위원회</td><td>• 유치원운영위원회</td></tr>
</table>

<table>
<tr><th colspan="2">대상
월, 주</th><th>만 3~4세 일반학급</th><th>만 5세 일반학급
(방과후과정 포함)</th><th>만 3~5세 전일학급</th></tr>
<tr><td rowspan="4">11</td><td>1</td><td></td><td></td><td></td></tr>
<tr><td>2</td><td></td><td></td><td></td></tr>
<tr><td>3</td><td>• 학년말 개별상담
(11월 26일~28일)</td><td></td><td>• 학년말 개별상담
(11월 25일~28일)</td></tr>
<tr><td>4</td><td>• 유치원운영위원회</td><td>• 유치원운영위원회</td><td>• 유치원운영위원회</td></tr>
<tr><td rowspan="4">12</td><td>1</td><td rowspan="4">·</td><td rowspan="4">·</td><td rowspan="4">·</td></tr>
<tr><td>2</td></tr>
<tr><td>3</td></tr>
<tr><td>4</td></tr>
<tr><td rowspan="4">1</td><td>1</td><td rowspan="4">·</td><td rowspan="4">·</td><td rowspan="4">·</td></tr>
<tr><td>2</td></tr>
<tr><td>3</td></tr>
<tr><td>4</td></tr>
<tr><td rowspan="4">2</td><td>1</td><td rowspan="4">·</td><td rowspan="4">·</td><td rowspan="4">·</td></tr>
<tr><td>2</td></tr>
<tr><td>3</td></tr>
<tr><td>4</td></tr>
</table>

출처: 명지전문대학 부속유치원. 2021.

1. 가정통신

가정통신은 교사와 부모가 직접적으로 대면하지 않고 일종의 서신을 통하여 의사소통하는 것을 말한다. 메모, 편지, 주간 교육계획안 등이 가정통신문의 한 형태이다. 전문적인 용어의 사용을 피하며 한 번에 너무 많은 정보를 싣거나 너무 자주 사용하게 되면 부모는 가정통신문에 주의를 덜 기울이게 된다. 또한 가정통신문은 새로운 내용과 이것을 전달할 참신한 편집이 요구된다. 재미있는 가정통신문(예를 들면, 한 유아와 가족의 소개, 유아의 작품, 그림, 이야기 등)을 통하여 부모들은 유아교육기관에 대하여 잘 이해하게 되고, 그 이외의 다른 정보를 얻을 수 있는 중요한 자료가 된다.

- 매주 금요일 그 주에 진행되었던 수업내용과 다음 주의 수업계획에 대해 안내하고 가정에서의 연계를 위한 활동방법을 안내한다.
- 매월 마지막 주에는 다음 달의 행사와 특별 프로그램의 내용 및 준비사항에 대해 안내한다.

표 6-2 가정통신문의 예

할아버지, 할머니 오시는 날

5월 8일 어버이날을 맞이하여 유치원에서 조부모님과 귀여운 손자, 손녀와의 즐거운 시간을 마련했습니다. 이를 통해서 가족 간의 연대의식을 갖고, 할아버지, 할머니를 사랑하고 공경할 수 있게 하기 위함입니다. 지방에 사는 조부모님들도 참여하실 수 있도록 협조해 주시기 바랍니다. 할아버지, 할머니 중에서 유아들에게 노래지도나 동화 들려주기를 원하시는 분은 담임교사에게 알려주시기 바라며, 참석 여부에 대한 것을 유치원으로 알려주시기 바랍니다.

* 일　시 : 2022. 5. 8.　　　　　　　　오전 9:00~12:00
* 장　소 : 각 학급교실
* 프로그램 : 유아들과 함께 다음과 같은 다양한 활동을 하시게 됩니다.

<table>
<tr><th>활동명</th><th colspan="2">활동내용 계획</th></tr>
<tr><td>등원</td><td colspan="2">인사 나누기, 할아버지, 할머니께 꽃 달아드리기</td></tr>
<tr><td>실내
자유선택활동</td><td>• 할아버지, 할머니 얼굴 꾸미기
• 할아버지, 할머니 목걸이 만들기
• 감사카드 쓰기</td><td>• __반 : 게임(할아버지, 할머니께 뽀뽀하고 오기)
• __반 : 신체표현(안마하기), 게임(짝짓기)
• __반 : 동극(커다란 무), 역할극</td></tr>
<tr><td>노래 부르기
동화 들려주기</td><td colspan="2">• 할아버지, 할머니들이 알고 계시는 노래 부르기(아리랑, 고향의 봄 등)
• 할아버지, 할머니께서 유아들에게 동화 들려주기 등</td></tr>
<tr><td>즐거운 간식
(뷔페)</td><td colspan="2">• 할아버지, 할머니 맛있게 드세요 : 식혜, 빈대떡, 떡 등</td></tr>
<tr><td>원장님과의 대화</td><td colspan="2">• 가정에서의 조부모님의 역할
• 할아버지, 할머니 한 말씀 해주세요.</td></tr>
<tr><td>귀가</td><td colspan="2">• 할아버지, 할머니께 감사 인사드리기 후 귀가</td></tr>
</table>

○○○ 유 치 원 장

------------------------------ 절 취 선 ------------------------------

* 반 이름 : (　　　　　　　　)　　　유아 이름 : (　　　　　　　　)

	참석	불참석
친할아버지		
친할머니		
외할아버지		
외할머니		

출처: 김향자 외. 2014.

2. 인터넷을 이용한 부모교육

부모와 유아교육기관 간에 여러 가지 문제 상황, 행사, 질문 등을 인터넷 홈페이지에 개설한 카페나 게시판을 이용하여 정보를 교환할 수 있다. 유아교육기관을 방문하기 어려운 학부모들에게 유용하며 특히 현대 부모들은 정보통신 기술에 익숙하므로 편리하게 효과적으로 활용할 수 있다.

인터넷을 통한 부모교육은 컴퓨터를 통해 시간이나 장소를 구애받지 않고 교사와 학부모 간의 대화가 가능한 부모참여 프로그램이다. 교사는 인터넷을 통해 학부모님이 자체로 운영하는 정보공유의 장소를 제공할 수 있으며, 게시판을 통해 유아교육기관에서 이루어지는 교육활동이나 행사내용에 대해 학부모님의 의견을 들을 수도 있다.

연중 수시로 운영되며, 유아교육기관의 교육과정 운영에 관련된 내용을 시간이나 장소에 구애받지 않고 교사는 신속하게 학부모들에게 전달한다. 부모들은 자녀에 대한 상담 및 유아교육기관의 운영과 관련된 의견을 기관에 알려서 기관과 부모 쌍방 간 소통이 원활하게 이루어지도록 하여 유아교육의 효율성을 높일 수 있게 하는 데 목적을 두고 있다.

온라인 연결망을 활용하여 다음과 같은 내용을 학부모들에게 전달한다.

첫째, 가정통신문으로 진행된 수업내용과 다음 주의 수업계획 및 행사와 가정에서의 준비사항에 대해 안내한다.

둘째, 우리반이야기를 통해 반에서 이루어진 수업내용을 사진과 함께 안내하고 비형식적인 상담도 진행한다.

셋째, 게시판을 통해 유아교육기관의 행사일정과 내용, 학부모 준비사항 등에 대해 안내한다.

넷째, 유아교육기관의 운영위원회 회의록을 공지한다.

다섯째, 자녀양육에 관한 지식 및 기술에 관한 정보를 주는 자료실을 운영한다. 그리하여 부모들이 자녀와 놀이를 할 때 놀잇감 선택 및 부모역할, 주말이나 공휴일에 자녀와 갈 만한 장소를 선택하는 데 도움을 주도록 한다. 또한 유아교육진흥원, 육아종합지원센터, 건강가정지원센터 등 부모에게 도움이 되는 사이트를 소개한다.

1) 부모상담

부모가 유아에 대해 궁금한 점 등 상담하고 싶은 내용을 이메일을 통해 전달하면, 교사가 내용을 확인한 후 부모의 질문에 대해 상담한다.

- 유아의 가정생활에서 나타나는 문제점
- 유아교육기관 생활에 대한 질문사항
- 유아의 문제행동
- 유아교육기관에 결석하게 된 사유 등

2) 교육활동 소개

유아들의 교육활동 내용을 유아 개인당 사진과 글로 하나씩 올려 주어 학부모들이 유아들의 발달단계나 수업의 참여 정도에 대해 알 수 있게 돕는다. 유아들의 교육활동이나 결과물들 중 학부모들에게 소개할 사진을 선정하여 스캔을 받는다. 교사는 사진에 대한 활동 설명, 교육적 의의, 유아의 발달단계 설명 등을 전문적인 해석으로 기록하여 소개한다. 교사는 각 유아들의 활동이 고르게 소개될 수 있도록 배려하며, 유아 평가자료를 모아 포트폴리오로 활용한다.

3) 카페

카페 공간을 이용하여 같은 또래의 자녀를 키우는 부모들끼리 자녀들에게 일어나는 문제 상황에 대해 의견을 나누고, 유아교육에 대한 정보에 대해 서로 공유하도록 한다.

4) 게시판

유아교육기관에서 이루어지고 있는 전체 행사나 주 교육활동 내용을 게시판에 실어 유아교육기관 운영에 대한 부모님들의 의견을 듣는다. 부모님들의 의견은 차후 운영계획에 반영하도록 한다.

매주 금요일에 유아 편에 보내는 가정통신문 내용을 실어 부모가 자유롭게 열람할 수 있게 한다. 부모님이 가정통신문을 읽고 궁금한 내용이나 가정통신문의 내용에 대한 건의사항을 올리면 의견을 수렴하여 프로그램에 반영하도록 참고한다.

5) 온라인 부모교육

유아교육기관의 온라인 부모교육(혹은 비대면 부모교육)은 웹을 통해 부모에게 교육활동을 안내하는 일방향 원격수업과 실시간으로 운영하는 쌍방향 원격수업이 있다. 일방향 원격수업은 기관에서 교육활동을 준비하여 활동자료를 미리 배부한 후 관련영상 url(uniform resource locator) 링크를 부모에게 전송하는 방식이다. 부모는 기관으로부터 전송받은 교육 영상을 자녀와 함께 시청하면서 교육활동을 지원받는다. 일방향 원격수업은 반복하여 시청할 수 있고, 유아의 수업에 참여하고 지도하면서 자녀의 교육활동에 대한 이해를 높일 수 있다. 반면에 부모가 자녀의 수업을 지도해야 하므로 부담감이 크고, 부모역량에 따라 수업의 질 차이가 클 수 있다(지옥정 외, 2021).

쌍방향 원격수업은 유아교육기관에서 사용하는 실시간 화상회의 프로그램을 부모와 공유하고 약속한 시간에 동시에 접속하여 진행하는 수업방식이다. 유아교육기관에서는 접근이 용이하고 이용하기에 편리한 화상회의 프로그램, 예를 들면 줌(ZOOM)을 활용하여 쌍방향 원격수업을 운영한다. 쌍방향 원격수업은 대면수업처럼 의사소통이 가능하여 수업에 대한 반응과 피드백이 가능하다. 단점은 어린 영유아의 경우 주의집중에 어려움이 있을 수 있고, 쌍방향 원격수업을 위한 기기의 구축과 원활한 인터넷 환경이 필요하다(지옥정 외, 2021).

3. 부모상담

상담이란 교사와 학부모가 서로 만나 유아에 대한 정보를 얻거나 제공함으로써 유아지도의 방향을 정하고, 유아교육기관과 가정에서 최선의 방법으로 일관성 있게 교육하는 계기를 마련하는 시간이다.

부모의 입장에서 부모상담은 다음과 같은 효과가 있다.
첫째, 자녀에 대한 기대, 특별한 사항들을 알릴 수 있다.
둘째, 자녀의 유아교육기관에서의 생활을 이해할 수 있다.
셋째, 가정에서의 자녀지도 방향을 결정할 수 있다.

교사의 입장에서 부모상담은 다음과 같은 효과가 있다.
첫째, 유아에 대한 이해를 빨리 할 수 있다.
둘째, 유아의 지도방향을 부모와 함께 결정할 수 있다.

부모와의 상담은 형식적인 상담과 비형식적인 상담이 있으며, 형식적인 상담은 집단상담과 개별상담의 두 가지 형태로 이루어진다. 집단상담은 교사와 여러 유아의 부모가 함께 유아지도에 대하여 의견을 나누는 것이며, 개별상담은 교사와 한 유아의 부모가 일대일의 관계에서 상담하는 형태이다. 비형식적인 상담은 부모나 교사가 현재의 상태에서 문제를 인식하고 상담이 필요하다고 생각할 때, 언제라도 요청하여 함께 문제를 해결해 나가는 방법이다.

상담은 정기적으로 학기 초, 학기 말, 학년 말 등 일년에 2~3회 정도 실시하며, 부모의 요구나 교사의 필요성에 의해 수시로 이루어져야 한다. 예를 들어, 등·하교 시, 전화나 이메일(e-mail) 등으로 유아의 생활이나 건강상태 등에 대하여 수시로 상담을 하는 것이 중요하다.

상담은 유아들의 유아교육기관 생활 및 발달단계에 대한 관찰이나 결과물 분석을 내용으로 전문가적 차원에서 실시하며, 유아에게 영향을 미칠 수 있는 가족들의 문제와 갈등까지도 다루어야 한다.

표 6-3 부모와의 면담 시 고려사항

- 부모와 아동에 관한 감정을 분석해 본다. 이때 "나는 부모에 대하여 실제로 어떤 느낌을 가지고 있는가?" 혹은 "아동의 행동 때문에 나는 이 부모를 너무 비난하지 않는가?" 하는 질문을 자신에게 해 본다.
- 신뢰하고, 인정하고, 지원해 주는 분위기를 조성하고, 따뜻하고 민감하게 수용하며, 프라이버시가 보호된다는 것을 확인하여 부모-교사 간에 라포(Rapport)를 형성한다.
- 부모의 독특한 배경, 생활양식, 경험, 그리고 가치체계와 같은 개별적인 특성을 인정한다.
- 좋은 말부터 시작한다. 아동의 문제에 대해서 이야기하기 전에 아동의 좋은 점을 먼저 이야기한다.
- 부모도 위안이 필요하다는 것을 인식한다.
- 부모가 이야기하도록 격려한다. 부모가 하는 말의 뜻과 감정을 경험한다.
- 면담에서 할 내용을 메모해 두고, 아동의 작품 몇 개를 부모에게 보여 주기 위해 준비하는 등 면담의 준비를 철저하게 한다.
- 교사 자신과 부모의 신체, 언어, 표정, 손의 움직임, 입 모양, 목소리 등을 관찰한다. 이들 모두가 감정을 전한다.
- 솔직하고 성실하되 배려 깊고 요령 있게 한다. 상호 협력의 태도가 필요하고, 파괴적 비판은 피한다.
- 직접적인 충고는 피한다. 여러 해결책을 모색하고 부모가 의사결정을 하도록 한다.
- 교사가 모든 문제에 대한 모든 자료를 가질 수 없다는 한계를 인정한다.
- 생각에 변화가 일어날 여유를 준다. 성인들은 위기에 직면해서야 행동상의 변화가 나타난다.
- 누가 기다리고 있는가에 상관없이 서두른다는 인상을 주어서는 안 된다. 부모는 그 순간에 자기와 그들의 관심사가 제일 중요하다는 느낌을 가질 필요가 있다.
- 적당한 시간 후에 면담을 종료시킨다. 약 30분 정도가 적당하다.
- 부모가 귀가 후 중요한 사항에 대해 간단히 기록해 둔다.
- 언급된 사항, 결정된 사항, 필요하다면 다음 면담 일시 등 도움이 될 사항을 기록하고 끝낸다.
- 낙관적인 태도를 유지한다. 부모가 관심 없어 보여도 낙심하지 않는다.

출처: 이재연·김경희. 1989.

교사는 부모와 비공식적으로 상담할 기회를 가질 수 있다. 아동을 유아교육기관에 데려다 주거나 데리고 올 때, 학교 외의 장소에서 우연히 마주칠 때 등이다. 이러한 비공식적인 상담은 심각한 얘기를 오래 계속할 수 없기 때문에 진실된 감정이 드러나기 어렵지만, 공식적인 면담을 결정하고 계획하는 기회로 활용할 수 있다.

상담은 부모-교사 모두에게 편리한 장소와 시간으로 계획하여야 한다. 어느 곳에서 상담을 하기로 했든 방해받지 않고 의사소통할 수 있는 장소이어야 한다. 프라이버시는 보장되어야 한다. 차나 다과는 보다 우호적이고 편안한 분위기를 만들어 준다.

이상적으로는 1년에 여러 차례 정기적으로 부모상담을 갖는 것이 좋으며, 어떤 일이 생겼을 때에만 상담을 갖는 것은 바람직하지 않다. 상담은 서로 잘 알기 위해 특히 학기 초에 갖는 것이 좋다.

정기적이며 형식적인 상담을 위해서 교사는 상담자료로서 유아에 관한 제반 기록과 검사자료, 그리고 유아의 유아교육기관 생활에 대한 내용을 상담 전에 미리 정리하여 기록해 둠으로써 부모와 보다 효율적으로 상호작용하여 유아의 발달을 도울 수 있다.

1) 개별상담

일반적으로 학기 초와 말에 상담기간을 정하고 면담일정을 짜서 가정통신문으로 알린다. 대개의 경우 어머니가 참석하게 되므로, 취업모의 경우 교사는 사전에 어머니와 상의하여 시간을 정한다. 이 시간에 교사는 아동에 대한 가정 정보와 지식에 대해 어머니와 상호 의견을 교환함으로써 전반적인 아동행동과 사고에 대한 이해를 넓히며 아동지도에 대한 공동지침을 마련한다.

개별상담은 다음과 같은 장점이 있다.

첫째, 교사는 부모의 각기 다른 생활 배경이나 학력에 알맞게 유아교육에 관한 의견을 교환할 수 있다.

둘째, 개인 유아의 특수한 행동이나 구체적인 문제에 대한 해결책을 모색할 수 있다.

개인상담 시 교사가 유의해야 할 점은 다음과 같다.

첫째, 부모와 상담한 정보들을 함부로 다른 사람에게 말하거나 상담 기록부를 보여 주지 않도록 한다.

둘째, 상담 시 듣는 시간과 말하는 시간을 균형 있게 배분해야 한다.

셋째, 다른 유아나 부모들의 이야기를 예로 들면서 상호비교를 하지 말아야 하며, 교육문제나 훈육문제에 대하여 교사의 의견만 옳다고 주장하거나 부모의 말을 가로막아 자기의 의견만 내세우지 않아야 한다.

표 6-4 상담일지의 예

<table>
<tr><td colspan="4">상 담 일 시 : 20 . . . 요일</td><td colspan="2">원아 이름 :</td><td>원장결재</td></tr>
<tr><td colspan="4">상 담 자 : ○○반 교사 :</td><td colspan="2">피상담자 :</td><td></td></tr>
<tr><td colspan="2">상담자료</td><td colspan="5">부모-교사 협의체제 기록, 창의성 검사, 학습준비도 검사, 자아 개념 검사, 유아발달 체크리스트, 관찰기록, 일화기록, 유아작품, 성취도 검사 등</td></tr>
<tr><td rowspan="6">상담 내용</td><td>유아의 가정 생활</td><td colspan="5"></td></tr>
<tr><td rowspan="5">유아의 유치원 생활</td><td>기본생활습관</td><td colspan="4"></td></tr>
<tr><td>놀이형태</td><td colspan="4"></td></tr>
<tr><td>대인관계</td><td colspan="4"></td></tr>
<tr><td>대그룹활동</td><td colspan="4"></td></tr>
<tr><td>발달특징</td><td colspan="4"></td></tr>
<tr><td>교사의 조언</td><td colspan="3"></td><td>건의 사항</td><td colspan="2"></td></tr>
</table>

표 6-5 개별상담의 예

방법	• 인사를 나눈다. • 개별상담의 취지를 안내한다. • 유아의 변화 및 현재 발달단계에 대해 이야기를 나눈다. • 앞으로 지도해야 할 부분을 의논한다. • 서로 부탁하고 싶은 것을 이야기를 나누고 마무리한다.
사전 준비	• 개별상담에 대한 자세한 내용을 가정통신문을 통해 알린다. - 상담의 의의와 내용 상담시간 결정(학부모와 협의하여 일정 조정) 유의점(시간 엄수, 유아 동반 금지 등) • 개별적인 상담시간을 결정하고 상담에 필요한 자료를 준비한다. - 관찰자료, 수업의 결과물 등 • 상담장소와 정해진 시간을 기다릴 수 있는 자리를 준비하고 기다리는 동안 볼 수 있도록 유아의 생활사진, 활동자료, 부모용 도서 등을 준비해 놓는다.
내용	• 유아의 긍정적인 측면을 먼저 알리고 초점이 기울어져야 할 부분에 대해 이야기를 나눈다. • 한 학기 동안 유아가 생활한 모습, 발달된 내용에 대한 자료들을 가지고 부모와 교사가 유아의 현재 나타나는 발달 정도에 대해 알아보며 앞으로의 지도방향에 대해 의논하고, 부모와 교사가 함께 유아에 대한 목표를 설정하고 효과적인 지도방법을 모색한다.

출처: 김향자 외, 2014.

유아교육기관에서의 자녀상담은 유아와 관련이 있는 사안을 교사가 부모와 마주앉아 의논하는 것을 의미한다. 자녀상담은 형식적 상담과 비형식적인 상담으로 분류된다. 형식적 상담은 학년 초, 학기 중, 학기 말로 연간 2~3회 정기적으로 실시된다. 비형식적인 상담은 등·하원 시 부모에게 유아를 인계할 때 이야기를 나누거나, 전화상담, 홈페이지 및 e-mail을 통해 실시한다. 특별상담은 사회성, 유아교육기관 적응, 놀이영역, 발달장애, 정서장애를 가진 유아에 대한 개별상담을 수시로 실시한다.

학년 초 개별상담을 통해 부모와 교사가 함께 유아들의 1년 동안의 교육적 지도방향을 결정한다. 상담 전에 가정통신문을 통해 부모에게 알리고 편리한 시간으로 정해서 유아발달에 관련된 상담을 개별적으로 한다. 학년 초 상담을 위한 준비자료에는 교사가 실시한 유아의 교과영역별 체크리스트 및 일화기록, 운동능력검사, 부모의 자녀행동 관찰 척도 등이 있다. 이러한 자료를 토대로 유아를 파악하여 상담내용을 준비하여 진행한다. 학년 초 상담은 유아의 정보수집을 위한 부모경청이 중심이 되고, 연령 및 재원(신입생과 재원생) 여부에 따라 차별화하여 상담내용이 달라진다. 학년 초 개별상담을 통해 부모와 교사가 함께 유아들의 1년 동안의 교육적 지도방향을 결정한다.

표 6-6 학기 초 개별 상담 기록의 예

학기 초 개별상담						
유아이름(성별)	신○○ (여)	생년월일	○○.○○.○○	형제순위		
상담항목	학부모 의견					
	자료 내용					상담 시 의견
입학 전 경험	• ○○ 어린이집(만 3~만 4세) • ☆☆ 어린이집(만 4~만 5세)					
가족사항	• 부 : 회사원 • 모 : 주부 • 형제관계					
하루생활	• 좋아하는 놀이 : 역할놀이, 퍼즐, 그림그리기 • 놀이형태 : 주로 혼자 놀거나 친구와 함께 • 놀이장소 : 집이나 동네에 나가서 놀이함 • 엄마와 함께하는 놀이 : 책읽기, 퍼즐 • 낮에 어린이와 함께 있는 사람 : 모					
						(* 이하 생략)

출처: 명지전문대학 부속유치원. 2021.

표 6-7 교과영역별 체크리스트의 예

<table>
<tr><th colspan="7">신체운동·건강 영역</th></tr>
<tr><th colspan="7">Ⅰ. 대근육 ▫이름 : (남/여) ▫생년월일 : 년 월 일</th></tr>
<tr><th>항 목</th><th colspan="2">관 찰 내 용</th><th>초</th><th>중</th><th>말</th><th>지도사항</th></tr>
<tr><td rowspan="10">걷기</td><td rowspan="5">북소리 맞춰 걷기</td><td>① 전혀 할 수 없다.</td><td></td><td></td><td></td><td rowspan="15"></td></tr>
<tr><td>② 북소리와 전혀 상관없이 걷는다.</td><td></td><td></td><td></td></tr>
<tr><td>③ 교사가 제시한 방법대로 하거나, 친구를 따라 걷는다.</td><td></td><td></td><td></td></tr>
<tr><td>④ 북소리에 맞춰 적절한 리듬으로 걷는다.</td><td></td><td></td><td></td></tr>
<tr><td>⑤ 북소리에 맞춰 적절한 리듬으로 걸으며, 그 밖의 다양한 리듬에 맞춰 걸을 수도 있다.</td><td></td><td></td><td></td></tr>
<tr><td rowspan="5">줄 따라 걷기</td><td>① 전혀 할 수 없다.</td><td></td><td></td><td></td></tr>
<tr><td>② 교사가 잡아주면 할 수 있다.</td><td></td><td></td><td></td></tr>
<tr><td>③ 혼자서 하나, 중심을 잡지 못하고 흔들리거나 줄을 벗어날 때도 있다.</td><td></td><td></td><td></td></tr>
<tr><td>④ 줄 따라 흔들리지 않고 걸으나, 줄을 보고 걷는다.</td><td></td><td></td><td></td></tr>
<tr><td>⑤ 정면을 보고 중심 잡고 걷는다.</td><td></td><td></td><td></td></tr>
<tr><td rowspan="5">달리기</td><td rowspan="5">직선 달리기</td><td>① 달리기를 잘 할 수 없다.</td><td></td><td></td><td></td></tr>
<tr><td>② 달리기를 하나, 몸의 균형을 잘 유지하지 못한다.</td><td></td><td></td><td></td></tr>
<tr><td>③ 몸의 균형을 유지하며 달리나, 천천히 달린다.</td><td></td><td></td><td></td></tr>
<tr><td>④ 몸의 균형을 유지하며 적절한 속도로 달린다.</td><td></td><td></td><td></td></tr>
<tr><td>⑤ 속도와 방향을 조절하여 적절한 속도로 달릴 수 있다.</td><td></td><td></td><td></td></tr>
</table>

출처: 명지전문대학 부속유치원. 2021.

표 6–8 놀이영역 관찰의 예

놀이영역관찰

********** ○○반 **********

8 월 24 일 월 요일

NO.	이 름	성별	컴퓨터 "물고기 색칠하기"
1		여	역할놀이에서 / 쇼핑카트에 이것저것 담아 쌓기놀이로 간 후 꼬이픽스블록으로 구성물 만들기. → 조형놀이. 정리시간에 바로 정리하지는 않았지만, 자신이 가지고 놀이한
2		여	조형놀이에서 새로온 친구에게 줄 꽃 만들기 역할소품 다 정리함.
3		남	쌓기놀이에서 꼬이픽스블록으로 소방차 만들기. 조작놀이에 와 지원이가 하는 포도 게임에 관심갖고 놀이하다 조형놀이에서 폐품가지고 만들기 → 쌓기놀이에서 도현이와
4		남	함께 유니트블록으로 찻길 만듦 (터널만들고, 공사중이에요.) 집단활동시간에 방학 전보다 바르게 앉아 있지 못함.
5		여	수현이와 함께 금붕어에게 먹이주기. 책보기. 조형놀이에서 예진이에게 줄 꽃 만듦.
6		남	쌓기놀이에서 꼬이픽스블록으로 로봇 만듦. [illegible] 덧붙이며 만듦.
7		여	물고기 밥 주고, 한나와 함께 책 보기. 컴퓨터 영역에 관심 보이다가 조형놀이에서 꽃 만들기.

출처: 명지전문대학 부속유치원. 2021.

표 6–9 유아 체력 측정표

유아 체력 측정표

20 학년도 이름:

※ 검사 일시
- 1차 : 20 년 3 월 일
- 2차 : 20 년 7 월 일
- 3차 : 20 년 12 월 일

체력 요인	측정 종목	성별	나이	1차	2차	3차	기준표				관련 운동 놀이
							4등급	3등급	2등급	1등급	
유연성 – 몸을 부드럽게 움직일 수 있는 능력	앉아서 윗몸 굽히기 (cm)	여	4				4.2	4.2~7.0	7.0~10.0	10.0	제자리 멀리뛰기/ 높이뛰기/ 공 던지기
			5				5.4	5.4~9.0	9.0~13.0	13.0	
		남	4				3.0	3.0~5.0	5.0~8.0	8.0	
			5				4.0	4.0~8.0	8.0~12.0	12.0	
순발력 – 단시간에 폭발적으로 힘을 내는 능력	제자리 멀리뛰기 (cm)	여	4				69.0 미만	69.0~78.0 미만	78.0~87.0 미만	87.0 미만	게걸음 걷기/ 발씨름/ 터널 지나기
			5				80.0	80.0~91.0	91.0~102.2	102.2	
		남	4				75.0	75.0~86.0	86.0~98.0	98.0	
			5				91.0	91.0~105.0	105.30~118.0	118.0	

출처: 명지전문대학 부속유치원. 2021.

표 6-10 자녀 행동 관찰 척도

자녀 행동 관찰 척도(만 3세) (만 3~만 5세 연령별 누리과정 참조)

반 : 이름 :

「자녀 행동 관찰 척도」는 3월 학기 초 어린이의 발달 단계 자료로서 교사가 관찰한 어린이의 행동과 부모님의 견해를 종합하여 어린이들의 교육 방향을 설정하기 위한 기초 자료로 사용됩니다. 부모님께서는 발달영역의 각 항목을 체크하셔서 3월 8일(금)까지 보내주시기 바랍니다. 의견란에는 그 항목에 대해 교사가 꼭 알아야 하는 내용을 기록하여 주시기 바랍니다.

◉ 자녀 행동 관찰 항목 (체크방법의 예)

영역	문 항	단 계			부 모 의 견
		할 수 없다 1	보통이다 2	할 수 있다 3	
	5. 음식을 골고루 먹는다(편식).		V		• 편식이 심하다(야채, 우유 등을 먹지 않음)

영역	문 항	단 계			부 모 의 견 (자세히 기록해 주시기 바랍니다)
		할 수 없다 1	보통이다 2	할 수 있다 3	
신체운동·건강	1. 신체 각 부분의 명칭을 안다.				
	2. 신체활동(체육, 운동 등)을 즐긴다.				
	3. 손을 씻어야 함을 안다.				
	4. 자신이 가지고 놀이한 장난감을 정리할 수 있다.				
	5. 음식을 골고루 먹는다(편식).				

(* 이하 생략)

출처: 명지전문대학 부속유치원. 2021.

1학기 말 개별상담은 한 학기 동안 유아의 변화된 모습을 통해 앞으로의 지도방향에 대해 의논하고 목표를 설정한다. 신입생은 모두 실시하고, 재원생 학부모의 경우 신청자에 한하여 상담한다.

학년 말 개별상담은 1년간 유아교육기관의 생활을 정리하며 목표 달성 여부와 새로운 변화 등에 대해 유아의 포트폴리오 등을 준비하여 이야기를 나눈다. 만 5세의 경우에는 11월 초 초등학교와 연계해서 초등학교 준비를 위한 내용으로 한다. 즉, 부모에게 공립/사립 초등학교의 선택을 위한 상담과 유아의 초등학교 준비를 위한 유아교육기관의 교육(교실환경 변화, 정해진 시간에 화장실 가기, 수업시간 40분, 급간식, 준비물 및 등교시간 준수 등)에 관하여 안내한다.

2) 집단상담

집단상담은 일반적으로 학기 초와 학기 말에 갖는 것이 적절하며, 집단상담의 수는 10명 정도로 하는 것이 바람직하다.

집단상담을 통하여 부모들은 자녀의 일반적인 문제에 대하여 경험담을 함께 나누면서 스스로 해결방법을 찾을 수 있으며, 자신에 대한 평가와 넓은 지식을 가질 수 있다.

집단상담의 장점은 여러 부모들이 가정에서 자녀를 키우면서 경험했던 문제를 이야기함으로써 자기 아이만의 문제라고 생각했던 것을 다른 유아에게서도 발견할 수 있다는 것을 알고 위안을 받을 수 있는 점이다. 또한 유아의 성장 발달과정과 자녀 교육과정에서 경험한 성공사례나 실패사례를 들음으로써 유아교육방법에 대해 이해하게 되고 유아에게도 좋은 영향을 줄 수 있다.

표 6-11 집단상담의 예

구분	내용
방법	• 교사와 모인 집단의 부모들이 서로 인사를 나눈다. • 집단상담의 취지 및 방법, 주제를 안내한다. • 주제에 따른 내용을 진행한다. • 예정된 시간 안에 모든 부모들이 골고루 자신과 유아에 대한 이야기를 할 수 있도록 배려한다. • 교사는 1년 동안 부모들이 협조해 주기를 부탁하는 이야기와 가정에서의 지도방법에 대해 이야기한다.
사전 준비	• 상담에 필요한 유아 개별자료를 준비한다(관찰내용, 서류통계, 분석자료 등). • 상담시간표를 정하고 가정통신문을 통해 집단별 상담시간을 알린다. • 상담 시 집단은 어린이들의 특성 및 중점 지도내용을 고려하여 나눈다. • 기관에 진학하여 처음 진행하는 상담이므로 편안한 분위기가 될 수 있도록 간단한 다과를 준비한다.
내용	• 신입생 학부모 - 시기적으로 교사와 유아가 함께 지낸 시간이 짧으므로 부모들로부터 앞으로의 교육에 필요한 유아에 대한 정보를 듣고 교육 프로그램에 대해 궁금한 점과 부탁할 점에 대해 이야기를 나눈다. • 재원생 학부모 - 이미 유치원을 경험하였으므로 학급에서 나타난 유아의 특징과 작년도 학년 말 상담에 따른 내용, 유아교육기관과 가정에서 함께 지도해 나갈 교육방법에 대해 이야기를 나눈다.

출처: 김향자 외. 2014.

3) 특별상담

특별상담은 사회성, 유아교육기관 적응, 놀이영역, 발달장애, 정서장애를 가진 유아를 대상으로 정기적인 상담 이외에도 수시로 진행하는 것이다. 유아들 중에 특별한 행동이나 문제를 지닌 유아를 관찰하여 교사, 원장 및 원감과 유아의 관찰된 내용 및 행동의 원인과 대안을 협의한 후 학부모와 함께 상담한다. 학부모 상담을 통해 유아의 행동 원인 및 지도방법을 협의한 후 추후 일정을 의논한다.

토의: 생각해보기

1 부모상담 시 유의해야 할 사항에 대하여 토론해 보자.

2 부모상담 시 준비해야 할 영유아 관련 자료에 대하여 의견을 나누어 보자.

3 비대면 부모교육 시 유의해야 할 사항과 준비해야 할 사항에 대하여 의견을 나누어 보자.

Chapter 07

유아교육기관과 가정의 연계

1. 부모 참여수업

부모 참여수업은 부모와 유아가 정규 프로그램(자유선택활동 시간 등)이나 야외활동에 함께 참여하여 유아와의 상호작용 기회를 확대하고 놀이하는 경험을 통해 부모-자녀 관계를 원만하게 하는 데 도움을 주기 위한 것이다. 개별 참여와 집단 참여, 가족구성원 모두의 참여와 어머니, 아버지, 조부모 대상의 참여수업이 있다.

1) 가족참여

공휴일을 선택하여 부모와 유아가 자유놀이를 하거나, 부모에게 유익한 내용의 강연을 들려줌으로써 가족구성원 모두가 교육적인 경험을 하거나 가족 간의 상호작용을 도모한다.

5월 가족의 날, 10월 민속의 날, 운동회, 올림픽 또는 월드컵 등의 교육과정과 연계된 유아교육기관의 행사가 부모참여수업의 프로그램 내용들이다.

표 7-1 부모참여수업의 예

5월 가족의 날 프로그램 안내

본원에서는 5월 가족의 날을 맞이하여 「가족의 날」 프로그램을 계획하였습니다. 「가족의 날」 프로그램은 유치원의 모든 시설을 개방하여 가족이 함께 즐거운 시간을 갖고자 마련된 프로그램이며, 유치원을 처음 방문하시는 분들께는 유치원 시설을 참관하실 수 있는 기회를 드리기 위함입니다. 가족이 함께 유치원 프로그램에 참여하셔서 좀 더 의미 있는 시간을 보내시기 바랍니다.

◉ 목 적

- 5월 5일 어린이날을 맞이하여 가족이 함께 즐거운 시간을 갖습니다.
- 신입 부모님께서는 유치원 시설을 참관하고, 어린이들의 유치원 생활 모습을 이해하실 수 있습니다.
- 어린이들은 특별한 날을 계획하고 준비하는 과정을 통해 행사에 능동적이고 주도적인 경험을 합니다.

◉ 일정 안내

- 가족의 날 참석을 희망하신 가족은 프로그램 계획서(가족과 함께 어떤 놀이를 할까요?)를 5월 4일(토)에 가지고 오시기 바랍니다.

시 간	반 명	비 고
10:00 ~ 12:00	○○·**	※ 오전, 오후 프로그램이 동일하오니 형제가 재학하는 가족은 오전, 오후 중 한 프로그램에만 참여하시면 됩니다(사전에 담임교사에게 알려주시기 바랍니다).
13:00 ~ 15:00	##·^^	

◉ 준비물 안내

- 소속 반의 색깔을 참고하시어, 가족구성원 모두 가족 이름표를 만들어서 꼭 달고 오시기 바랍니다.
  -○○반: 빨간색, ^^반: 보라색, **반: 분홍색, ##반: 하늘색

◉ 주차 안내

- 행사 당일 승용차를 이용하실 경우 지정된 주차장에 주차해 주시기 바랍니다.

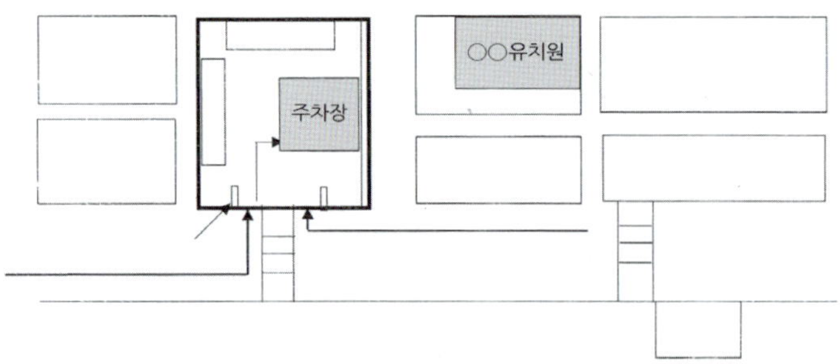

※ 당일 행사에 참여하시는 분들은 지정된 주차장을 무료로 이용하실 수 있습니다.

○○유치원

출처: 명지전문대학 부속유치원. 2021.

2) 아버지 참여

아버지와 유아가 정규 프로그램에 함께 참여하는 것으로 자유놀이와 실외놀이를 함께 한다. 자녀교육에 대한 관심을 높이게 해 주며, 자녀와 공유하는 경험을 통해 상호관계를 향상시킨다. 아버지 참여수업은 대체로 토요일 오후에 실시되며 약 2시간~2시간 30분이 소요된다.

3) 어머니 참여

어머니가 유아의 자유놀이 시간에 놀이실에서 유아와 함께 참여하는 활동으로 때로는 야외에서 실시된다. 유아와의 상호작용 기회를 확대하고 함께 놀이하는 경험을 통해 어머니-자녀 관계를 원만하게 하는 데 도움을 주기 위한 것이다.

표 7-2 부모참여 시 유의사항

1. 유아들과 함께 모든 활동에 직접 참여한다.
2. 유아들의 활동에 너무 많이 개입하기보다는 유아가 주체가 되어 활동할 수 있도록 이끌어 준다.
3. 부모도 일일 학생(또는 교사)이라는 자세로 교사의 지시에 따라 민첩하게 행동한다.
4. 모든 기록은 빠짐없이 정리하여 토의한 후 제출한다.

출처: 김향자 외. 2014.

4) 기타

생활주제의 진행에 따라 학부모의 직업과 관련된 특별 프로그램을 계획하거나 진행되고 있는 수업의 내용에 참여가 가능한 학부모들을 수업에 참여시킬 수 있다.

교육활동지원 프로그램은 전문적인 능력을 가진 학부모가 연관이 있는 내용의 수업에 참여하여 전문성을 발휘할 수 있다. 연중 수시로 진행한다.

학부모 및 조부모가 의사, 요리사, 음악가, 미술가 등으로 유치원의 수업에 참여하여 자신의 재능을 교육활동을 위해 활용하게 한다. 입학 초 3월에 재능기부를 하고자 신청한 학부모를 대상으로 담임교사가 교육과정과 관련된 내용을 전개할 때 적절한 학부모를 선택하여 사전안내를 통해 수업에 참여하게 한다.

교사는 부모에게 사전안내 시 수업의 목적 및 방법, 유의사항 등에 대해 구체적으로 알려 준다. 수업참여가 끝난 후에는 담임교사와 함께 참여 시에 느낀 점이나 어려웠던 점 등을 토론한다.

표 7-3 학부모의 직업과 관련된 특별 프로그램의 예

생활 주제	학부모의 직업	활동내용	준비물
지역사회	액세서리 가게 경영	• 여러 종류의 구슬을 가져와 조형 영역에서 구슬로 장신구 만들기	여러 종류의 색구슬, 끈
	의사	• 병원놀이가 진행되면서 유아들이 궁금해하는 내용에 대해 인터뷰함	병원에서 쓰는 도구들
	미용사	• 유아들에게 미용재료와 머리하는 방법을 알려줌	미용재료 및 도구
운동	무용 선생님	• 유아들에게 포크댄스를 가르쳐 주기	음악 테이프
우주	과학 선생님	• 우주에 대한 사진, 천체 망원경을 준비하여 우주에 대한 이야기를 들려줌	우주 사진, 천체 망원경

출처: 김향자 외. 2014.

5) 보조교사

부모가 놀이실에 참여하여 간단한 동화나 놀이지도 등의 보조교사 역할을 하는 것이다. 특히 우리나라와 같은 유아교육 환경에서는 부족한 교사의 역할을 보충할 수 있으며, 부모의 측면에서는 자신의 능력과 역할을 새롭게 확인할 기회가 되고 유아교육 현장에 대한 이해와 지도의 실제를 배워 가정에서 적용할 수 있다는 이점도 있다.

부모들은 간식준비와 간식시간의 소집단지도, 놀이시간의 놀이지도, 소집단 활동의 보조교사의 역할, 현장학습이나 소풍, 운동회 등 특별행사 보조를 하거나, 귀가지도, 예방접종, 신체검사 등의 활동을 보조하며, 유아교육기관의 실내외 환경구성에 참여할 수 있다. 교사로서의 자질과 태도를 갖춘 부모를 대상으로 하여 사전 오리엔테이션을 시킨 후 보조교사로 활용한다. 최근에는 맞벌이 부부가 증가하여 부모를 보조교사의 역할로 참여시키는 경우가 드물다.

2. 수업참관

수업참관은 유아교육기관과 가정이 바람직한 협력관계를 만들 수 있는 가장 기본적인 단계이며 또한 효율적인 방법이다. 수업참관은 가능한 한 많은 부모들이 참여할 수 있도록 계획되어야 한다.

수업참관은 첫째, 유아의 발달 정도를 객관적으로 파악할 수 있고, 둘째, 가정과 유아교육기관에서 유아가 보이는 행동 간의 차이를 알 수 있으며 셋째, 유아교육기관의 교육과 지도방법에 대한 이해를 높이고 가정에서도 일관성 있게 지도하는 데 도움이 된다.

수업참관을 계획하면서 참관일과 참관방식을 결정한 후, 참관의 목적, 내용, 유의사항 등을 미리 인쇄물로 준비하여 부모들에게 나누어 주고 설명한 후 참관하게 하는 것이 좋다. 참관 후에는 교사와 상담의 기회를 가지도록 한다.

표 7-4 수업참관 시의 유의사항

1. 교실에서 유아들의 활동에 방해가 되지 않도록 조용히 참관한다. 2. 메모사항은 유아가 보이지 않게 기록한다. 3. 참관하는 사람끼리 잡담하거나 큰소리로 웃지 않는다. 4. 유아들의 활동에 일체 개입하지 않는다. 5. 토의하고 싶은 것, 건의사항은 메모한 후 참관이 끝난 후에 협의한다.

출처: 김향자 외. 2014.

부모의 수업참관은 자녀를 직접 관찰할 수 있도록 부모에게 수업상황을 보여 주면서 유아의 발달정도 및 태도 등에 대한 객관적 자료를 얻게 하며, 유아교육기관의 교육방향을 알리는 것이다. 수업참관은 부모를 초대하지 않을 때라도 연중 가능하도록 하여, 부모의 편의에 따라 수시로 개방하는 것이 기관 신뢰를 높이는 데 도움이 된다.

수업참관 전에 부모들에게 참관실 이용에 대한 안내를 하여 수업에 방해를 주지 않으면서, 부모들이 유아교육기관의 교육방법 및 하루일과 등의 참관을 통해 자녀의 특성과 발달수준을 이해하게 한다. 유아교육기관은 학기 초 적응기간인 3월의 경우 부모에게 자유롭게 개방하기도 한다.

표 7-5 수업참관실 이용안내

본원에서는 어린이들의 생활을 참관할 수 있도록 아래와 같은 목적으로 수업참관실을 운영합니다.

▣ 운영 목적

1. 유치원 생활에 대한 이해와 어린이들의 지도를 돕기 위해 부모님께서 참관을 요청할 경우
2. 어린이의 지도를 위해 담임교사가 부모님께 참관을 요청할 경우
3. 유치원 프로그램 연구를 위한 참관
4. 유아교육과 학생들의 현장 관찰
5. 유치원 견학을 희망하는 유아교육 전문가 및 타 대학 유아교육과 학생들의 시설 및 수업 참관

▣ 유의사항

〈참관실의 경우〉

- 참관실에 불을 켜지 마십시오.
  - 불을 켤 경우 교실에서 참관실이 들여다보이므로 어린이들이 놀이에 집중할 수 없습니다.
- 참관실에서 이야기하지 마십시오.
  - 참관실에서 이야기할 경우 소음이 교실에 전달되므로 수업에 방해가 됩니다.
- 참관실을 깨끗이 사용해 주십시오.
  - 음료나 음식물 반입을 삼가 해 주시기 바랍니다.

〈모니터실의 경우〉

- 지정된 스위치 외의 다른 스위치는 작동하지 마십시오.
- 모니터실을 깨끗이 사용해 주십시오.
  - 음료나 음식물 반입을 삼가 해 주시기 바랍니다.

※ 참관은 어린이들의 바람직한 지도를 위해 실시되는 것입니다. 따라서 참관 시 보았던 어린이들의 활동 모습에 대해 다른 학부모님께 전달하시지 않기를 부탁드리며, 해당 반 참관실(모니터실)만 참관해 주시기 바랍니다.

학부모님들께서는 다시 한 번 참관의 목적과 유의사항을 유념하시어 참관이 목적에 부합될 수 있도록 협조해 주시기 바랍니다.

○○유치원

출처: 명지전문대학 부속유치원. 2021.

표 7–6 수업참관 기록지의 예

<table>
<tr><td>참관일시</td><td colspan="2">년 월 일 시 분 ~ 시 분</td><td>어린이명(반)</td><td>(반)</td></tr>
<tr><td>참관이유</td><td colspan="4"></td></tr>
<tr><td colspan="5">관 찰 내 용</td></tr>
<tr><td rowspan="10">자유선택 활동시간</td><td>놀이영역 (V)</td><td>놀이친구</td><td>이야기 나누는 대상</td><td>놀이지속시간</td></tr>
<tr><td>쌓기놀이 ( )</td><td></td><td></td><td></td></tr>
<tr><td>역할놀이 ( )</td><td></td><td></td><td></td></tr>
<tr><td>수·조작놀이 ( )</td><td></td><td></td><td></td></tr>
<tr><td>미술놀이 ( )</td><td></td><td></td><td></td></tr>
<tr><td>과학놀이 ( )</td><td></td><td></td><td></td></tr>
<tr><td>언어놀이 ( )</td><td></td><td></td><td></td></tr>
<tr><td>음률놀이 ( )</td><td></td><td></td><td></td></tr>
<tr><td>컴퓨터놀이 ( )</td><td></td><td></td><td></td></tr>
<tr><td>기타 ( )</td><td></td><td></td><td></td></tr>
<tr><td>정리시간</td><td>정리를 합니까?</td><td colspan="3"></td></tr>
<tr><td rowspan="3">집단활동 시간</td><td>즐겁게 참여합니까?</td><td colspan="3"></td></tr>
<tr><td>집중하여 듣습니까?</td><td colspan="3"></td></tr>
<tr><td>자신의 의견을 발표합니까?</td><td colspan="3"></td></tr>
<tr><td>참관 후 소감</td><td colspan="4"></td></tr>
<tr><td>참관 후 상담 여부</td><td>개별 상담이 필요하십니까?</td><td colspan="3">예 ( ) 아니요 ( )</td></tr>
</table>

■ 참관 기록지는 참관실에 비치된 봉투에 넣어 사무실에 전달해 주시기 바랍니다.

출처: 명지전문대학 부속유치원. 2021.

3. 강연회

강연회는 부모들에게 자녀양육에 필요한 지식이나 정보를 알려 주기 위하여 주제를 정해서 그 분야의 전문가를 초빙하여 듣게 하는 것이다. 이는 많은 부모들에게 동시에 전달할 수 있는 장점이 있으므로 많이 활용하는 방법이다. 대체로 강연회는 3월과 9월에 실시한다.

강연회의 내용은 주로 유아교육기관의 이해, 유아의 발달에 대한 지식과 지도방법, 성교육, 그밖에 부모들의 관심사를 다룬다. 강연 내용과 강사 선정이 끝나면 강사 섭외를 하여 적어도 2주 전에 약속을 해 두어야 한다. 다음에는 각 가정에 강연회 초청편지를 적어도 1주일 전에 발송한다. 초청편지에는 강연의 제목, 일자, 시간, 장소 그리고 강사 소개를 간략하게 포함한다. 강사에게는 하루 전에 전화로 약속을 확인해 두고, 부모들은 강연 시작 10분 전쯤에 도착하도록 하는 것이 행사의 진행상 안전하다.

강연회의 주제는 학부모의 의견과 시대의 흐름에 부합하는 내용으로 선정한다. 예를 들면 최근에는 자녀의 미디어(텔레비전, 인터넷, 스마트폰 등) 사용지도의 강연회가 이루어졌다. 또한 유아의 조부모 양육이 점차 증가하여 강연회에 조부모들도 참여시키고 있다. 입학 초기는 강연회를 열 수 있는 적기이므로 1학기 강연회는 3월 입학일에 실시하고, 2학기는 9월 중에 실시하는 것이 적절하다. 강연회를 실시한 후 평가를 통해 부모의 반응은 어떠한지 분석하여 차기 부모교육에 반영한다.

표 7-7 부모교육의 주제

부모교육의 주제
1. 유아교육은 왜 중요할까요?
2. 새로운 환경에 잘 적응하게 하려면?
3. 친구에게 환영받는 아이로 키우려면?
4. 예절바른 아이로 키우려면?
5. 놀이는 유아에게 어떤 영향을 미칠까요?
6. 바른 식습관을 길러 주려면?
7. 유아의 창의성, 어떻게 길러줘야 하나요?
8. 유아의 언어발달을 도와주려면? - 듣기와 말하기를 중심으로
9. 유아의 언어발달을 도와주려면? - 읽기와 쓰기를 중심으로
10. 유아기에 적합한 책은 어떤 것일까요?
11. 유아기 자녀와의 대화, 어떻게 해야 할까요?
12. 바람직한 아버지 역할, 어떻게 보여 줄까요?
13. 유아들도 스트레스를 받아요.
14. 유아기 성교육, 어떻게 해야 할까요?
15. 유아기 컴퓨터교육, 어떻게 할까요?

출처: 아이코리아 편집부. 2006.

4. 워크숍

부모들의 워크숍은 부모들이 주어진 어떤 일에 실제로 참여하여 배우고 실습해 보는 집중적인 교육 프로그램이다. 유아교육기관에서는 폐품을 활용하여 교구나 유아용 놀이기구를 만드는 유아교육 자료제작 워크숍이 흔히 개최된다.

워크숍은 유아의 놀이 활동 등에 직접 참여하여 익힌 학습경험을 가정에서 활용할 수 있도록 하는 부모교육 형태이다. 따라서 부모가 적극적으로 참여하여 교육의 실제를 익힐 수 있고, 소집단으로 부모들에게 친교할 기회가 되는 장점이 있다.

워크숍은 다음의 3가지 유형으로 분류될 수 있다(이원영 외, 2012).

첫째, 기관에 교재 교구가 필요할 경우 부모들이 교재 교구를 제작하고 상호작용 방법을 교사로부터 배울 수 있는 장점이 있다.

둘째, 부모-자녀 간의 양육문제를 역할극을 통해 부모들이 역할을 직접 맡아 하면서 해결해 나가도록 하는 것이다. 한부모 가정, 재혼 가정, 조부모 가정, 다문화 가정 등 특별한 각 가정의 요구와 흥미에 따라 소집단으로 구성하여 자녀양육의 문제를 해결해 나가도록 실시한다.

셋째, 친교를 위한 워크숍으로 학부모들 간의 관계를 더욱 돈독히 해주는 프로그램을 말한다. 예를 들면, 부모와 다른 가족들과 함께 유아가 갯벌 체험이나 등산하기, 기차여행하기 등을 계획할 수 있다.

5. 부모역할훈련

부모역할훈련은 10~20명 이내의 부모가 1주일에 한 번씩 유아교육기관에서 정기적으로 모여 바람직한 부모역할에 대해 토론하고 자녀와의 상호작용 방법을 익혀 나가는 교육 프로그램이다. 이를 통해서 부모는 자녀를 이해하고 바람직한 교육방법을 인식하고 기술을 익힐 수 있다. 즉, 체계적인 교육과정을 가지고 장기간으로 프로그램을 실시하여 부모의 자질 향상을 목적으로 하는 것이다.

부모역할훈련 프로그램으로 부모효율성훈련(Parent Effectiveness Training: PET), 효율적 부모역할을 위한 체계적 훈련(Systematic Training for Effective Parenting: STEP), 적극적 부모역할훈련(Active Parenting: AP), 감정코칭 부모교육 프로그램, 이음부모교육 프로그램 등이 있고 1~2달 내외로 진행한다.

부모들에게 교육내용을 알려 주고 사전에 신청을 받은 후 어머니들, 부부들, 조부모들, 아버지들을 대상으로 다양하게 구성하여 15명 내외 소집단으로 실시한다. 부모가 자신의 성향을 파악하여 자녀양육 시에 필요한 의사소통기술의 증진이나 자녀발달을 향상시킬 수 있는 자질을 함양하기 위한 내용으로 프로그램을 진행한다.

부모훈련 프로그램을 유아교육기관의 원장이 진행하면 부모들과 소통할 기회를 가짐으로써 부모의 동향도 파악하고 기관 운영에 대한 이해와 협조를 구할 수 있다.

6. 장난감 대여 프로그램

이 프로그램은 유아가 다양한 장난감을 가지고 놀 수 있는 기회를 제공해 주고, 부모에게는 자녀에게 적절한 장난감을 선택하는 방법과 사용법을 익히도록 하여 가정에서 학습의 기회를 강화시켜 준다. 현재 우리나라 유아교육기관에서는 도서 대여 프로그램을 주로 실시하고 있다.

7. 입학설명회

입학 전년도 11월 초에 유아교육기관에 입학하고자 하는 학부모를 대상으로 유아교육기관의 프로그램을 소개하는 설명회를 개최한다. 이를 통해 유아교육기관은 기관에 입학할 차기년도 신입생 모집을 준비하고, 부모들은 자녀가 입학할 유아교육기관에 대하여 알아봄으로써 부모가 원하는 프로그램을 운영하는 기관을 선택할 수 있다.

유아교육기관의 입학설명회의 주요내용은 다음과 같다.

- 연혁 및 특징, 특색사업
- 학급편제 및 교직원 현황
- 유아교육기관의 교육프로그램
- 하루일과 및 현장학습
- 실내 환경 및 실외 환경
- 연간 행사 및 부모교육

- 교사교육
- 유아교육기관의 운영안내(수업료, 급식비 및 간식비, 통학버스비)
- 모집요강(모집대상 및 인원, 원서교부 및 접수, 입학전형방법)

입학설명회는 유아교육기관에 자녀를 입학시키고자 하는 부모를 대상으로 유아교육기관의 전반에 대한 내용을 구체적으로 소개하는 안내자료(유인물, PPT 등)를 통해 설명하는 것으로 진행한다.

8. 학부모 오리엔테이션

오리엔테이션이란 새로운 환경에 들어가는 사람들에게 그 기관의 운영방침을 이해시켜 적응을 쉽게 해 주는 방법이다. 학부모 오리엔테이션은 부모교육의 시작점이므로, 대부분의 학부모들이 빠짐없이 참여하게 되고 유아교육의 중요성이나 바람직한 자녀양육법에 대한 강연회를 함께 제공하여 교육의 효과를 높일 수 있다. 유아교육기관은 2월 말이나 3월 입학 초에 학부모 오리엔테이션을 실시하며, 이때 학부모 요구조사를 실시하고 분석하여 이후 부모교육 프로그램에 반영한다.

학부모 오리엔테이션은 학부모들에게 유아교육기관의 운영방침을 소개하고, 유아교육기관에서 유아들의 생활을 안내한다. 식순에 따라 사회자가 안내를 하고 원장이나 원감이 유아교육기관의 교육노력 및 특색 사업을 PPT 자료 등을 활용하여 내용을 소개한다.

학부모 오리엔테이션의 구체적인 내용은 다음과 같다.

- 유아교육기관의 특색사업(인성교육, 지속가능발전교육, 건강· 안전교육 등)
- 유아교육기관의 교육과정 운영, 하루일과
- 반편성 및 식단
- 유아 간 갈등과 문제해결
- 부모들 간의 예절

- 아동학대범죄 신고의무
- 영유아 건강검진
- 투약의뢰서 및 보고서
- 유아교육기관 운영위원회
- 교원능력개발평가
- 부모교육
- 도서실 운영 및 도서대여 프로그램
- 홈페이지 소개 및 가입과 이용
- 수업 참관에 대한 안내 및 유의사항
- 생일파티
- 학기초 개별상담
- 학부모 재능기부신청

학부모 오리엔테이션은 유아교육기관 운영전반에 대한 구체적인 내용을 안내하여 부모들이 유아교육기관에 대하여 이해하고 협력하도록 한다.

표 7-8 학부모 오리엔테이션의 예

학부모 오리엔테이션

▶ 날 짜 : 2020년 3월 13일 ○○○반

비 고	시 간	내 용
16:00 ~ 16:10 (10분)	· 학부모 오리엔테이션의 취지 소개하기 · 교사 소개하기	담임교사
16:10 ~ 16:30 (20분)	· 학부모 인사 및 자기 소개하기	담임교사 / 학부모
16:30 ~ 16:50 (20분)	≪원장 선생님 말씀≫ ▶ 유치원 교육노력 중점 및 특색사업 · 인성교육 – 일상생활 지도를 통한 인성교육 – 유치원 내에서의 멘토링 프로그램 – 초등학교와 연계한 멘토링 프로그램 – 세대간 연계교육 – 공감교육 · 지속가능발전교육(ESD) – 환경·경제·사회문화 · 경제교육 · 건강·안전 교육 · 지역사회 연계 및 기여 ▶ 교육과정 운영에 대한 안내 · 3~5세 연령별 누리과정 1. 주제접근 통합교육과정 2. 연령에 따른 수준별 수/언어교육 3. 기본생활습관교육(인성교육 & 혼합연령의 장점) 4. 하루 일과 소개 ▶ 안내말씀 · 식단 안내 · 유아 간의 갈등과 문제해결에 대한 안내 · 어머님 간의 지켜야 할 예의 · 유치원 운영위원에 대한 안내 · 교원능력평가	원장 선생님
16:50 ~ 17:25 (35분)	▶ 공연 및 견학 안내 · 질적으로 좋은 공연 관람 및 문화생활에서의 에티켓을 배울 수 있는 다양한 형태의 공연 관람 기회를 제공 · 수업의 흐름(교육적 가치)과 유아들의 흥미를 반영한 견학 기회 제공	담임교사

	▶ 광고 · 홈페이지 소개 및 가입/이용 안내(사진게시 안내) · 도서실 운영 및 도서대여 프로그램 안내 · MBTI·STEP 부모교육 안내(총 9주) · 영유아건강검진 안내 · 투약 의뢰서 및 보고서 안내 · 생일파티에 대한 안내 · 학년 초 개별상담에 대한 안내 · 유아 학비 지원에 대한 안내	
17:25 ~ 17:30 (5분)	· 학부모 재능기부에 대한 안내 · 마무리 인사	

출처: 명지전문대학 부속유치원. 2021.

9. 유아교육기관의 운영위원회

유아교육기관에 운영위원회를 설치하는 목적은 운영의 자율성과 투명성을 제고하고 지역사회와의 연계를 강화하여 지역실정과 특성에 맞도록 하기 위한 것이다. 즉, 운영위원회는 민주적 운영과 사회적 책무성 확보를 위해서 필요하다.

학부모, 교원, 지역사회 대표로 구성되는 5~11인의 운영위원회 설치는 국공립은 심의기구, 사립은 자문기구로서의 성격을 가지며 기관 운영자들의 선택 사항이 아니라 필수 사항이다. 유아수가 100명 미만인 경우 위원수는 5명 이상 8명 이하이고, 100명 이상인 경우는 9명 이상 11명 이하이다(박정선 외, 2019).

운영위원회는 회의를 연 4회 이상 개최하고, 회의일수는 연 15일을 초과할 수 없다. 회의 소집공고는 기관의 홈페이지에 게시하고, 회의 개최 7일 전까지 소집공고와 함께 회의 자료를 위원에게 개별 통지한다.

유아교육기관의 운영위원회는 학부모 오리엔테이션을 할 때 공지하여 선출된 학부모 위원과 재직 교원으로 구성한다. 운영위원회는 학부모 위원 60~70%와 교원 위원 30~40%로 구성한다.

운영위원들은 매월 정기적으로 유아교육기관의 운영위원 회의에 참석하여 유아교육기관의 운영에 대한 협의 및 자문의 역할을 담당한다. 운영위원회의 회의결과는 홈페이지에 게시하여 모든 학부모들에게 공개한다.

표 7-9 유치원 운영위원회의 예

유치원운영위원회

본원에서는 유치원운영과 관련된 중요한 의사결정에 학부모, 교원이 함께 참여함으로써 유치원운영의 자율성을 높이고 유치원정책 결정의 민주성, 합리성, 투명성을 확보하여 유치원 교육목표 달성에 기여하기 위한 단위유치원 차원의 교육자치기구인 유치원운영위원회를 구성하여 운영하고 있습니다.

본원에 자녀를 둔 학부모님들은 특별한 결격사유가 없는 한 누구나 유치원운영위원회 학부모위원 후보가 될 수 있으며, 유치원운영위원이 되면 유치원운영과 관련된 중요한 의사결정에 참여함은 물론 교육 전반에 대한 동반자적 역할을 수행할 수 있습니다. 자세한 내용은 다음과 같이 알려드리오니 학부모님들의 많은 참여와 관심 부탁드립니다.

다 음

1. 유치원운영위원회란?
   - 단위유치원 차원의 민주적 교육자치기구
   - 유치원의 모든 구성원이 함께 하는 유치원공동체
   - 개성 있고 다양한 교육을 위한 제도적 장치

2. 유치원운영위원회 구성
   - 위원구분 : 학부모위원, 교원위원
   - 위원정수 : 학부모위원 8인, 교원위원 3인
     (만3,4세 학급 : 연령별 1인 총6인, 만5세 학급 : 반별 1인 총2인)
   - 위원임기 : 1년(연임가능)

3. 유치원운영위원 선출방법
   - 학부모위원 : 학부모 오리엔테이션 시 직접 선출
   - 교원위원 : 교직원회의 시 선출

4. 유치원운영위원 자격
   - 학부모위원 : 당해 유치원에 자녀를 둔 학부모
   - 교원위원 : 당해 유치원에 재직하고 있는 교원

5. 유치원운영위원의 권한과 의무
   - 위원은 무보수 봉사직으로 수당을 지급하지 않음
   - 위원은 운영위원회를 통하여 유치원 운영전반에 대해 참여권과 심의·자문권 등의 권한을 가짐
   - 회의에 성실하게 참석하며, 운영위원회를 거치지 아니하고는 유치원운영에 관여할 수 없음
   - 원생 졸업 전·퇴학 시에는 위원자격이 상실됨

○○유치원

출처: 명지전문대학 부속유치원. 2021.

토의: 생각해보기

1 부모참여 유형에 따른 장단점에 대하여 토론해 보자.

2 도서대여 프로그램의 운영방법 및 유의사항에 대하여 의견을 나누어 보자.

3 학부모 설명회나 학부모 오리엔테이션을 실시할 때의 주요내용 및 준비사항에 대하여 의견을 나누어 보자.

PART 03

부모-자녀 간의 효율적 의사소통을 위한 부모역할훈련

부모역할훈련 프로그램의 내용 및 운영방법

1. 부모교육의 목적

본 부모교육은 부모효율성훈련(PET), 효율적 부모역할을 위한 체계적 훈련(STEP), 적극적 부모역할훈련(AP), 이영호·김혜숙(2015)의 장애아동 부모교육의 실제 등을 참고로 하여 구성하였다.

이 부모교육의 목적은 부모들의 스트레스를 감소시키고, 민주적으로 자녀를 양육하는 데 필요한 의사소통기술을 습득하여 바람직한 부모-자녀 관계를 형성시키는 데 있고, 구체적인 목표는 다음과 같다.

첫째, 부모들의 스트레스를 이해하고 대처방안을 모색하게 한다.

둘째, 부모들에게 경청기술, 나-전달법, 민주적 해결방법 등의 의사소통기술을 습득하게 하여 부모-자녀 간의 문제를 원만하게 해결하게 한다.

따라서 이 부모자질향상프로그램은 부모의 스트레스를 해소하고, 민주적인 부모-자녀 관계 형성의 기초가 되는 의사소통기술을 부모들에게 습득시켜, 바람직한 양육태도 및 효과적인 부모역할을 통해 가족 전체의 행복한 삶을 증진시키는 데 목적이 있다.

2. 부모교육의 내용

1회기: 부모의 스트레스 이해 및 대처방안

2회기: 부모의 양육태도 및 효율적인 부모역할

3회기: 부모-자녀 간의 바람직한 의사소통방법 1(경청기술, 나-전달법)

4회기: 부모-자녀 간의 바람직한 의사소통방법 2(민주적 문제해결방법, 가족회의)

3. 부모교육의 진행방법

1) 집단구성 및 크기

- 부모교육에 관심이 있는 부모들을 대상으로 10~20명 미만의 소집단으로 구성하여 부모교육을 실시한다. 집단의 크기를 소집단으로 구성하는 이유는 참가부모들이 발표할 기회를 더 많이 갖게 하며, 토의가 효과적으로 이루어지도록 하기 위함이다. 또한 집단의 역동성이 발휘되기 위해서 최소 10명 이상의 참가부모들이 확보되어야 한다.
- 부모가 집단에 적극적으로 참여하고 학습의 효과를 증진시키기 위해서는 자녀의 발달단계에 따라 동질집단을 구성하는 것이 바람직하다. 예를 들어, 어린이집 같은 유아교육기관의 경우 영유아로 한정되므로 영유아 부모로 동질집단을 구성할 수 있다.

2) 운영방식

부모교육에 참석한 부모는 교육 종료 시까지 참여할 수 있도록 격려한다. 집단구성원이 바뀌는 것은 바람직하지 않으므로 중간에 다른 부모를 참여시키는 것은 지양한다.

3) 환경구성

- 부모교육 장소는 의자를 원형 및 타원형으로 배치하여 부모들이 토의나 역할놀이를 용이하게 할 수 있도록 한다.
- 실내는 소음이 적고 조용하며 아늑한 분위기에서 부모들이 집중하여 교육을 받을 수 있도록 환경을 조성한다.
- 부모교육 시간에 미리 온 부모들이나 교육 중간 부모들이 휴식시간에 차와 간단한 간식을 먹을 수 있도록 준비한다.

4. 강사 역할

- 강사는 부모교육 자료를 잘 숙지하고 부모교육에 필요한 전반적인 지식

과 기술을 익힌다.

- 강사는 자신감을 갖고 프로그램을 진행해야 하며, 부모 개개인의 요구에 민감하고 융통성 있는 태도를 가져야 한다.
- 강사는 시청각 매체(빔프로젝터), 워크북, 부모용 질문지, 필기도구 등을 준비하여 교육내용에 따라 적절하게 활용한다.
- 강사는 수용적인 분위기를 조성하여 부모들이 편안하게 부모교육에 참여할 수 있게 해야 한다.

5. 모임 횟수 및 소요시간

부모교육은 총 4회로 1주일에 1회 모임을 가지며, 1회 적정 소요시간은 2~3시간 정도를 권장한다. 그러나 지역적 특성, 모임의 형태, 참가인원 및 부모의 특성에 따라 모임의 횟수나 소요시간은 다소 조정할 수 있다.

6. 부모교육에서 활용할 수 있는 교육방법

일반적인 부모교육의 방법을 참고로 제시하면 다음과 같다.

- 토의
- 역할놀이
- 강의
- 사례발표
- 시범
- 동영상 시청(부모코칭프로그램 적극적 부모역할 DVD, 학지사, 유튜브 '쑥쑥박사' 등을 활용)
- 생각과 느낌 표현
- 기타(과제)

7. 첫 번째 모임과 마지막 모임에서의 유의사항

- 첫 모임의 부모교육에서 처음 만난 부모들이 서로 낯설어서 서먹서먹함을 느끼는 것은 당연하므로, 첫 번째 모임에서는 강사 및 부모들이 자

신을 소개하는 시간을 가짐으로써 참가자들 간에 친밀감을 증진시킨다.

- 첫 모임의 부모교육 시간 중에 지켜야 할 집단 규칙에 대해서 설명한다. 집단의 규칙으로는
  - ∨ 지각 및 결석을 하지 않으며,
  - ∨ 집단 내에서 수업시간 중 대화내용은 일체 비밀을 보장해 주고,
  - ∨ 주제에 부합되는 핵심만을 이야기함으로써 부모 모두가 발언할 수 있는 기회를 갖도록 하는 것이다.
  - ∨ 마지막 모임에서는 부모교육을 통해 배우고, 느끼고, 변화한 사항 등을 이야기한 후 최종적으로 수료증을 수여한다.

8. 각 회기별 진행 절차

- 시작
  - ∨ 소요시간 20-30분 정도
  - ∨ 인사, 지난 회기 정리 및 과제발표, 이번 회기 내용소개

-진행
  - ∨ 소요시간 80-120분 정도
  - ∨ 회기별 교육내용 실시

- 마무리
  - ∨ 소요시간 20-30분 정도
  - ∨ 이번 회기의 내용정리, 과제 부과

- 중간에 휴식시간을 갖는다(10~15분 정도).
- 매회 모임의 각 활동시간은 상황에 따라 융통성 있게 조정할 수 있다.

Chapter 08

1회기: 부모의 스트레스 이해 및 대처방안

1. 이론적 배경

인간은 누구나 현대를 살아가면서 여러 가지 어려운 상황에 직면하게 될 수 있다. 흔히 스트레스를 경험하게 되는데, 나날이 새로운 변화를 급격히 맞이하는 정보화사회, 가치관의 혼란, 교육환경 변화 등 이러한 생활 속에서 한 가족을 부양해야 하는 부모는 자신의 건강을 유지하면서 운명공동체인 가족의 문제를 해결해 나가야 하는 어려움을 안고 있다. 이는 스트레스를 극복하는 방법과 대응책이 생활 속에서 주요한 과제가 되고 있다는 의미이기도 하다(이영호·김혜숙, 2015).

따라서 스트레스의 원인을 살펴보고, 스트레스에 대응하여 극복하는 방법을 알아보는 것은 매우 중요하며 필요한 일이다.

1) 스트레스에 대한 이해

스트레스라는 용어의 개념을 정의하는 것은 어려운 일이지만 많은 사람들이 스트레스를 받고 있다는 것을 느끼고, 표현하며 그것을 극복하기 위해 노력하고 있다.

제3부는 '연미희(2020). 특수아 부모교육. 동문사.'의 내용을 재구성한 것임.

(1) 스트레스의 유형

스트레스는 다음과 같이 두 가지 측면에서 이해할 수 있다.

첫째, 외부의 자극으로 인해 몸과 마음에 가해지는 자극을 인식하는 것으로 과중한 일과 책임감으로 마음이 불안해지고 우울해지는 것이다.

둘째, 외부의 자극으로 인해 몸과 마음에서 일어나는 적응 반응으로 혈압이 상승하고, 몸이 아프고 심장병이 생기는 것 등이다.

그러나 모든 스트레스가 부정적인 면만 있는 것은 아니고, 스트레스를 적절히 받아들일 때 긍정적인 것이 될 수도 있다.

① 정적 스트레스

정적 스트레스(eustress)는 인간이 도전을 추구할 때, 흥분하는 운동경기를 관람하거나 생활의 변화로부터 긍정적인 결과를 기대하는데, 이때 나타나는 스트레스는 긍정적으로 인지되며, 이를 순기능 스트레스 또는 긍정적 수준의 스트레스라고 일컫는다.

② 부적 스트레스

부적 스트레스(distress)는 인간이 참을 수 있는 한계 이상의 긴장상황을 말하며, 역기능 스트레스라고도 일컫는다.

인간은 모두 나름대로의 신체적·정서적·사회적 적응자원을 가지고 있으며, 그 적응자원을 능가하는 부정적 스트레스가 있을 때 어려움을 겪게 된다. 이 부정적 스트레스가 바로 특수아 부모교육에서 다루어야 할 문제의 근원이 된다.

2) 스트레스의 원인

모든 스트레스에는 원인과 결과가 있을 것이므로, 개인적 원인, 대인관계의 원인, 환경적 요인의 세 가지 측면에서 살펴볼 수 있다.

유수현(1994)이 제시한 일반적인 스트레스의 원인과 내용은 다음과 같다(이영호·김혜숙, 2015 재인용).

(1) 개인적 원인

- 생물 생태학적 요인 : 생체리듬, 영양, 소음, 환경공해
- 성격적 요인 : 자기지각, 행동양상, 불안

(2) 대인관계적 원인

- 심리사회적 요인 : 적응, 좌절, 과중함, 결핍
- 사회적 요인 : 조직적, 사회적 요소들

(3) 환경적 원인

- 사랑의 상실, 직장변화, 은퇴, 경제적 조건변화
- 질병과 장애, 삶의 양식변화, 가족구성원의 변화 등 생활환경의 급격한 변화

3) 스트레스의 영향

(1) 스트레스의 영향

첫째, 스트레스는 질병의 근원이며 그 부작용으로 정신 및 신체장애와 건강 상실이 초래될 수 있다. 즉, 신체적 증상으로 위궤양, 알레르기, 수족냉증, 질병 등이 생긴다.

둘째, 스트레스는 질병의 확산속도를 촉진시켜 신체적 기능이 저하된다.

셋째, 스트레스는 정신적 기능 상실과 저하가 초래되어 성취의욕이 상실되며 불안 및 정서적 혼란이 발생한다.

넷째, 스트레스는 심리정서적 증상으로 자존심 저하, 분노, 정신적 에너지 고갈이 나타난다.

마지막으로 스트레스는 사회적 증상으로 대인관계 위축 및 사회적 기능이 저하된다.

유수현(1994)이 제시한 과도한 스트레스로 인한 정서 및 인지적 증상은 다음과 같다(이영호·김혜숙, 2015 재인용).

정서적 증상	인지적 증상
• 비교적 대수롭지 않은 상황에서 흥분하고 과잉반응 • 분노 폭발, 성급한 반응, 적대감, 질투 • 흥미 결핍, 위축감, 냉담, 아침에 쉽게 일어나기 힘듦 • 고함지르기 • 타인 책망, 의심 많은 태도 • 자기비난 • 타인과의 사적관계 감소 • 우울, 걱정 • 부정적 태도, 냉소적 태도 • 직업 불만	• 건망증, 집념 • 꽉 막힘 • 환상적 생활의 증가 • 복잡한 직무에 대해 집중력 저하 • 세부적인 일에 태만 • 현재보다는 과거지향적 • 창의력 저하 • 생각하고 반응하는 데 느림 • 그냥 될 대로 되라는 식의 태도 • 정신적으로 게으르고, 저항이 가장 적은 길을 택하는 경향

(2) 스트레스에 대한 반응 유형

스트레스에 대한 반응의 유형은 다음의 세 가지로 볼 수 있다(이영호 외, 2015).

첫째, 방어적 반응으로 스트레스 상황을 덮어두거나 회피하는 것을 말한다.

둘째, 부적응적 행동으로 약물이나 음주 등의 행동으로 스트레스를 잊으려고 하는데, 그 대응방안은 스트레스를 해소하기보다는 더 많이 만들어 내는 결과를 초래한다.

셋째, 성공적인 대처방안은 의도적으로 스트레스를 해소하는 행동이나 일련의 행위이다. 스트레스 상황을 정확하게 보고 대처하거나 이를 극복할 수 있다는 적극적 태도를 취함으로써 자신의 대처능력을 향상시키는 것이다.

(3) 스트레스 평가

스트레스 맵을 통해서 자신의 스트레스에 대해 점검할 수 있는데, 이 스트레스 맵을 3개월마다 측정하여 자신의 변화상태를 파악하여 평가한다. 이 측정도구는 총 21개 항목의 네 가지 영역으로 구성되어 있다.

첫 번째 영역은 일상생활 중에 겪고 있는 환경에 대한 압박과 만족도를 알아보는 것이다.

두 번째 영역은 스트레스에 대처하는 반응을 측정하는 것이다.

세 번째 영역은 스트레스를 다루는 점검 대상자의 태도, 즉 내적 사고와 감정을 측정하는 것이다.

마지막으로 네 번째 영역은 고통의 증상을 측정하는 것이다.

4) 스트레스의 예방 및 관리

(1) 스트레스 예방

첫째, 태도나 마음가짐을 변화시킨다.

- 신경질적이고 노여운 마음을 평안한 마음으로 전환한다.
- 사소한 말에 신경을 쓰고 언쟁을 벌이는 것을 자제하고 조금 느긋하게 받아들인다.
- 항상 피곤함을 느낄 때는 휴식을 취하고 신선한 공기를 마시거나 할 수 있는 새로운 일을 찾아보도록 노력한다.

둘째, 일반적인 방법은 다음과 같다.

- 시간을 계획적으로 관리하고 규칙적으로 운동한다.

- 문제가 더 커지기 전에 가족이나 주변 사람에게 도움을 구한다.
- 현실적인 사고를 통해 어려움을 직접 직면해서 해결한다.
- 문제가 심각할 경우에는 전문가에게 조언이나 도움을 구한다.

(2) 스트레스 관리

스트레스 관리는 스트레스에 대하여 적절하게 대처하며 처리하는 노력을 말한다. 성공적인 대처는 스트레스를 통제하거나 스트레스를 감소시키게 한다. 그러나 대처에 실패하게 되면 스트레스가 계속되거나 증가하는 결과를 가져온다.

스트레스 관리 기법은 다음과 같다.

첫째, 아동의 문제행동에 대한 생각이 항상 어디서든 떠나지 않고 중압감으로 남아 있다면, '명상기법'이나 '호흡기법' 등을 통해 반복되는 생각들을 중단시키고, 다른 생각들로 전환시키는 것은 문제의 증상이나 스트레스를 감소시키는 데 가장 효과적인 기법이 될 수 있다.

둘째, 집안의 분위기가 어둡고 무거운 느낌이 드는 가정이 있다면, 이 가정에서는 정말 자녀가 이 가정에 어느 정도 영향을 미치고 있는지를 서로 이야기해 보거나, 문제에 부딪쳐서 대처해 보는 방법을 모색해 보는 주장훈련도 도움이 된다.

셋째, 가족 간의 규칙적인 운동이나 여가활동 등에 참여하는 일도 도움이 된다.

5) 스트레스 대처자원

주위에 많은 자원을 가지고 있을 경우 스트레스를 해소하는 것이 보다 더 효과적이 될 수 있다. 가족 내에서의 스트레스 해소를 위해 도움이 될 수 있는 대처자원과 복지관 등에서 직접 참여할 수 있는 프로그램들을 살펴보면 다음과 같다.

(1) 스트레스 대처자원

스트레스 요인별 대처자원을 살펴보면 다음과 같다(이영호 외, 2015).

스트레스 요인	대처자원
신체적 스트레스	• 규칙적인 운동, 건강유지, 스포츠나 야외활동 참여 • 수영, 달리기, 던지기를 할 수 있는 능력 • 훈련 등
정서적 스트레스	• 주고받을 수 있는 능력 • 정서적 경험, 정서적 표현 능력, 감정이입 능력 • 유머를 다룰 수 있는 능력, 조화와 인내할 수 있는 능력 등
사회적 스트레스	• 대인관계 능력(애정, 이해, 지지) • 만족을 주는 가족이나 친구와의 관계형성 능력 • 문제발생 시 정서적, 재정적, 물리적 지원을 줄 사람과의 관계형성 능력 • 다른 사람을 사려 깊고 예의바르며, 존중하는 마음으로 대하는 능력, 경청 능력, 타인에게 그들의 한계와 장점을 알게 하는 능력
인지적 스트레스	• 지능, 교육 정도, 특정 훈련, 학문적 성취 • 좋은 직업적 능력 • 특수한 책임을 맡을 수 있는 능력 • 특별한 재능
영적 스트레스	• 종교 활동, 신앙심 • 일상생활에서의 도덕적 및 종교적 가치의 표현 • 원리에 따르는 행동, 영적 가치의 추구, 겸손 • 개인의 존엄과 가치의 인식
기타 스트레스	• 취미활동 등 위의 여러 가지 지원이 조화된 장점 • 음악, 스포츠, 예술을 감상하고 즐길 수 있는 능력 • 편안함을 만드는 능력 • 지도력을 발휘할 수 있는 능력 • 명령하고 수행할 수 있는 능력 • 위험을 처리할 수 있는 능력

(2) 나의 스트레스 대처방법

자신의 스트레스 맵에서 파악된 스트레스 정도와 스트레스 상황에서 어떻게 대처하는지를 다른 부모와 서로 이야기해 보면 훨씬 도움이 될 수 있다.

- 스트레스 맵을 활용하여 자신이 느끼는 스트레스 정도를 확인해 본다.
- 자신의 스트레스 대처방법: 자신이 스트레스를 느낄 때를 기록하고, 이럴 때 어떻게 대처했는지를 확인해 본다.

(3) 스트레스 해소를 위한 활용 프로그램

스트레스 해소를 위한 활용 프로그램은 다음과 같다(이영호·김혜숙, 2015).

구분	목표항목	재활프로그램	목표 및 내용
부모 위주의 접근	부모 스스로 집단활동 등을 통한 스트레스 해소하기	• 부모회 가입 및 활동 • 소속기관의 취미 및 집단활동 참여	• 부모 간의 친목 도모하기(야유회, 체육대회 등) • 부부강좌 및 공동관심사 나누기
	가족활동을 통한 스트레스 해소	• 가족회의를 통한 아동의 이해 • 가족 각자의 취미생활	• 양육사례 발표 등의 성공적인 사례를 듣고 용기를 얻음

2. 부모용 자료

1회기 부모의 스트레스 이해 및 대처방안

1) 강사 및 부모 소개(준비물: 이름표, 필기도구 등) ◉강사와 부모

- 강사 소개: 자신의 이름과 부모교육 강사경력 등에 관해 말한다.
- 부모 소개: 각 부모들이 돌아가면서 가족원, 취미, 참여 동기와 기대 등을 발표하게 한다(각자가 원하는 별명 짓기를 통해 자기소개를 할 수도 있다).

2) 부모역할훈련 프로그램의 목적 및 내용을 부모에게 소개한다. ▸강사

(1) 부모역할훈련 프로그램의 목적

프로그램의 목적
본 프로그램의 목적은 부모-자녀 간의 바람직한 관계형성을 위해 부모의 스트레스 이해 및 대처방안, 자녀와의 효율적 의사소통, 부모의 바람직한 양육태도 및 효율적인 부모역할, 민주적 문제해결방법 등에 관한 내용 및 방법을 부모들에게 습득시켜 가족 전체의 행복한 삶을 증진시키는 데 있다.

(2) 부모역할훈련 프로그램의 내용

프로그램의 내용
1회기: 부모의 스트레스 이해 및 대처방안
2회기: 부모의 양육태도 및 효율적인 부모역할
3회기: 부모-자녀 간의 바람직한 의사소통방법 1(경청기술, 나-전달법)
4회기: 부모-자녀 간의 바람직한 의사소통방법 2(민주적 문제해결방법)

3) 부모역할훈련 참여 시 지켜야 할 집단의 규칙을 설명한다. ▸강사

- 교육시간을 준수한다.
- 개인의 사적 정보를 보호한다(교육시간에 각 부모가 발표한 내용은 비밀로 한다).
- 혼자 장시간 동안 발표시간을 독점하지 않는다.
- 부모가 원하지 않을 때는 발표하지 않아도 된다.
- 다른 부모의 이야기를 경청한다.

4) 1회기 모임의 주제 및 내용에 대하여 소개한다(PPT나 포스터를 활용).

강사

예 첫 번째 회기의 주제는 '부모의 스트레스 이해 및 대처방안'입니다. 이제부터 부모의 스트레스를 점검하고 그와 관련된 대처방안을 알아보기로 하겠습니다.

5) 다음에 제시된 스트레스 맵(이영호 · 김혜숙, 2015) '척도1,2,3,4'의 설문내용에 답한 후, 해석란에 기록하시오. ♥부모

(1) 척도1: 개인적 변화-환경에 대한 압박과 만족도

지난 일을 생각해 볼 때 아래의 스트레스 요인이 되는 변화들이 귀하에게 얼마나 있었는지 해당란에 ∨표를 하시오.

설문내용	3점 아주 많았다	2점 보통 수준	1점 약간 있었다	0점 전혀 없었다
1. 거주지의 변화				
2. 가까운 가족이나 친구의 죽음				
3. 친구나 가족이 위기에 처함(실직, 마약남용)				
4. 가족구성원의 이별 또는 이혼				
5. 새롭게 친밀한 관계 형성				
6. 자신의 이별이나 이혼				
7. 주택의 수리나 개조				
8. 일주일 이상의 자신을 앓아눕게 한 질병이나 상해				
9. 가족활동의 변화				
10. 새로운 가족구성원이 생김(출생, 입양)				
11. 가족의 심각한 질병 또는 장애				
12. 재정적 손실이나 수입의 감소				

설문내용	3점 아주 많았다	2점 보통 수준	1점 약간 있었다	0점 전혀 없었다
13. 중요한 개인의 성취				
14. 과다한 지출이나 새로운 부채				
15. 가족이나 친구로부터의 소외				
16. 법체계에 관련되는 일				
17. 재산의 상실, 도둑, 상해, 사고를 당함				
18. 범죄의 희생				

■ 귀하의 환경에 대한 압박과 만족도 증상의 총점이 어디에 속하는지 해당란에 ∨표를 하시오.

0-4 (　　)	5-10 (　　)	11-18 (　　)	19 이상 (　　)

■ 해석: 0-4점 최적상태, 5-10점 균형상태, 11-18점 긴장상태, 19점 이상 소진상태

출처: 이영호·김혜숙. 2015.

(2) 척도2: 도움을 구하기–스트레스에 대처하는 반응

아래의 설명들이 자신의 행동이나 의지를 얼마나 나타내고 있는지 해당란에 ∨표 하시오.

설문내용	3점 거의 항상 그렇다	2점 자주 그렇다	1점 가끔씩 그렇다	0점 전혀 그렇지 않다
1. 나는 함께 일할 수 있는 사람을 찾는다.				
2. 나는 다른 사람으로부터 내가 필요한 정보를 구한다.				
3. 나는 어려운 상황을 처리해 줄 수 있는 사람을 찾으려고 노력한다.				
4. 나는 내가 신뢰하는 사람과 어려운 상황을 의논한다.				
5. 나는 다른 사람들의 충고와 지지를 구한다.				
6. 나는 의사나 상담 전문가에게 문제점들에 관해 기꺼이 이야기를 한다.				
7. 나는 업무상(가정)에서 발생하는 불편한 감정들을 남들에게 알게 한다.				
8. 나는 일이 너무 많거나 내가 너무 바쁠 때 이 사실을 남들이 알게 한다.				

■ 귀하의 스트레스에 대처하는 반응 증상의 총점이 어디에 속하는지 해당란에 ∨표를 하시오.

0–11 (　　　)	12–16 (　　　)	17–19 (　　　)	20점 이상 (　　　)

■ 해석: 0-11점 소진상태, 12-16점 긴장상태, 17-19점 균형상태, 20점 이상 최적상태

출처: 이영호·김혜숙. 2015.

(3) 척도3: 표현-내적 세계/사고와 감정

아래의 설명들이 자신에 대한 생각이나 감정을 얼마나 잘 나타내고 있는지 해당란에 ∨표를 하시오.

설문내용	3점 매우 그렇다	2점 대체로 그렇다	1점 약간 그렇다	0점 전혀 그렇지 않다
1. 나는 감정을 속으로 간직한다.				
2. 나는 내가 긴장되어 있을 때 남들이 알게 한다.				
3. 나는 다른 사람들과 의견이 다를 때 그들이 알지 못하게 한다.				
4. 나는 내가 당황할 때는 다른 사람들을 피하여 혼자 있는다.				
5. 나는 분노와 욕구 불만을 간직하고 있다.				
6. 내 감정을 털어놓으면 기분이 훨씬 좋다.				
7. 내 감정을 통제하지 못할까 봐 두렵다.				
8. 내가 다른 사람들에게 화가 났거나 실망했을 때는 그들이 알게 한다.				

'2번, 6번, 8번은 역으로 채점한다(3점→0점, 2점→1점, 1점→2점, 3점→0점).'

■ 귀하의 표현 증상의 총점이 어디에 속하는지 해당란에 ∨표를 하시오.

0-6 ( )	7-11 ( )	12-14 ( )	15점 이상 ( )

■ 해석: 0-6점 최적상태, 7-11점 균형상태, 12-14점 긴장상태, 15점 이상 소진상태

출처: 이영호·김혜숙. 2015.

(4) 척도4: 정서적 증상-고통의 증상척도

아래의 증상들이 얼마나 자주 일어났는지 해당란에 ∨표를 하시오.

설문내용	3점 거의 매일 있었다	2점 매주 있었다	1점 한 달에 한두 번 있었다	0점 전혀 없었다
1. 신경과민 또는 불안				
2. 떨림 또는 전율				
3. 근육 경련 또는 틱				
4. 감정고조				
5. 어떤 생각을 지울 수 없음				
6. 걱정				
7. 가만히 있지 못하고 안절부절못함				
8. 성급하여 분노의 감정 폭발				
9. 피곤				
10. 정력/기력이 떨어짐				
11. 냉담: 중요해 보이는 것이 없음				
12. 정서적 고갈상태				
13. 성적 흥미나 쾌감 상실				
14. 우울증				
15. 두려움				
16. 절망				
17. 고함을 잘 지르거나 울기를 잘함				
18. 불면증				
19. 일어나기 힘듦				
20. 9시간 이상 잠을 잠				
21. 집중하기 어려움				
22. 정신이 멍함/텅 빔				
23. 중요한 일을 잊어버림				

■ 귀하의 정서적(고통) 증상의 총점이 어디에 속하는지 해당란에 ∨표를 하시오.

0-7 ( )	8-17( )	18-29( )	30점 이상 ( )

■ 해석: 0-7점 최적상태, 8-17점 균형상태, 18-29점 긴장상태, 30점 이상 소진상태

출처: 이영호·김혜숙. 2015.

6) 스트레스 맵 척도1-4의 결과를 참고로 아래의 스트레스 맵 평정표를 작성한 후, 자신의 스트레스에 대하여 살펴본 후 자신의 스트레스 및 대처방안에 대하여 생각하고 발표한다. ♥부모

스트레스 맵 평정표

성명: 검사일: 년 월 일

영역	환경압박과 만족도	대처반응	내적 세계/ 사고와 감정	고통 증상
내용	개인적 변화	도움을 구하기	표현	정서적 증상
척도	1	2	3	4
점수				
해석: 최적/균형/ 긴장/소진				

출처: 이영호·김혜숙. 2015.

7) 강사는 오늘 다루었던 내용에 대하여 종합적으로 정리한 후, 부모가 오늘 다루었던 내용들 중 질문사항이나 소감에 대하여 발표하게 한다.

◉강사와 부모

8) 과제를 전달한다. ▸강사

오늘 학습한 내용 중 스트레스 해소를 위한 바람직한 방법을 가정에서 한 가지 적용한 후 기록하여 다음 회기에 가져온다.

9) 가족활동: ♥부모

주말에 가족들이 좋아하는 특별음식(평소에 자주 먹지 않지만 가족들이 좋아하는 음식)을 준비하여 함께 먹으면서 즐거운 시간을 갖는다.

Chapter 09

2회기: 부모의 양육태도 및 효율적인 부모역할

1. 이론적 배경

(1) 딩크메이어(Dinkmeyer)와 맥케이(Mckay)의 부모유형

딩크메이어(Dinkmeyer)와 맥케이(Mckay)가 제시한 부모의 유형은 완벽한 부모와 책임 있는 부모의 2가지로 다음과 같다(이경우 역, 1992).

표 9-1 완벽한 부모의 특징

부모의 신념	부모의 행동
• 부모는 자녀를 통제해야 한다.	• 복종을 요구한다. • 벌을 준다. • 이기려고 한다. • 부모가 옳고 자녀는 틀리다고 주장한다.
• 부모는 우월하다.	• 자녀를 동정한다. • 책임을 진다. • 과잉보호를 한다. • 독선적이다. • 자녀에게 창피를 준다.
• 부모는 받을 자격이 있다. • 자녀는 부모에게 빚졌다.	• 공평에 지나치게 민감하다. • 조건을 붙인다.
• 부모는 완전해야 한다.	• 모든 것에 완전을 요구하고 결점을 찾는다. • 다른 사람의 생각에 지나친 관심을 갖는다.
• 자녀가 나보다 더 중요하다.	• 지나치게 자녀에게 몰두한다. • 자녀의 요구를 들어주고 양보한다. • 안된다고 하는 것에 죄의식을 느낀다.

출처: 이경우 역. 1992.

표 9-2 책임 있는 부모의 특징

부모의 신념	부모의 행동
• 자녀 스스로 결정할 수 있다고 믿는다.	• 선택하게 한다. • 격려한다.
• 다른 사람과 동등한 인격이다.	• 자녀를 믿고 존중한다. • 독립성을 격려한다. • 선택과 책임감을 갖게 한다. • 자녀가 공헌하기를 기대한다.
• 상호 존중을 믿는다.	• 평등성을 증진한다. • 상호 존중을 격려한다. • 자녀가 죄의식을 갖지 않게 한다.
• 부모도 인간이므로 불완전한 것이 당연하다.	• 현실적인 기준을 정한다. • 힘을 강조한다. • 격려한다. • 자신의 이미지에 관심이 없다. • 인내심이 있다.
• 자신을 포함한 모든 사람이 중요하다고 믿는다.	• 상호 존중과 공헌하도록 격려한다. • 시중들지 않는다. • 안 된다고 할 때를 안다.

출처: 이경우 역. 1992.

(2) 마이클 팝킨(Michael Popkin)의 부모유형

- 군주형(autocratic style) - 독재자 : 군주적 부모는 독재자처럼 자녀들에게 무엇을, 어떻게, 언제 해야 할지를 명령한다. 자녀들은 의문을 제기하거나 도전하거나 의견에 반대할 여지가 없다.
- 허용형(permissive style) - 심부름꾼 : 허용적 부모란 거칠고 완고한 독재적 방식에 강력하게 반대하는 사람들이다. 이러한 가정에서는 질서와 규율은 없고 무제한의 자유가 보장된다.
- 민주형(democratic style) - 적극적 부모 : 적극적인 부모의 가정에서는 '자유'가 이상적으로 추구되며, 타인의 권리와 개개인의 책임도 똑같이 추구해야 할 이상으로 부모는 협동심을 길러 주고 학습을 자극하는 지도자이다. 개개인이 다 중요한 구성원으로서 인정을 받는다.

부모는 자녀의 기를 꺾어 주는 사람, 곧 어떤 사건의 유발자가 되지 않도록 유념하며, 낙심하고 있는 자녀를 실패회로에서 빠져나오도록 돕고 용기 있는 자녀들에게는 계속해서 성공회로 안에서 더욱 잘 생활할 수 있도록 도움을 주어야 한다.

이러한 성공회로 안에 머물게 하려면 자녀들이 자아존중감을 높이고 용기를 얻을 수 있도록 기를 살려주는 대화로 격려를 아끼지 않아야 한다(표 9-3).

표 9-3 기 살리기

기 살리기
1. 자신감을 심어주기
2. 힘을 북돋우기
3. 아동의 가치를 인정하기
4. 독립심을 자극하기

출처: 홍경자 역. 1995.

(3) 존 가트맨(John Gottman)의 부모유형

부모들의 자녀교육에는 네 가지 유형이 있다고 한다. 네 가지 양육유형에 따라 자녀와 의사소통하는 방법과 내용은 다음에서 보는 것처럼 아주 다르다(존 가트맨 외, 2011).

① 축소전환형 부모: 별것 아니야

축소전환형 부모의 특징

- 아이의 감정을 대수롭지 않게 여기거나 무시한다. 때론 비웃거나 경시한다.
- 감정은 좋은 감정과 나쁜 감정이 있고, 나쁜 감정은 살아가는 데 아무런 도움이 되지 않는다고 생각한다.
- 아이가 부정적 감정을 보이면 불편해서 아이의 관심을 빨리 다른 곳으로 돌린다.
- 아이의 감정은 그냥 놔둬도 시간이 지나면 저절로 사라진다고 생각한다.

출처: 존 가트맨 외. 2011.

② 억압형 부모: 그럼 못써

억압형 부모의 특징
• 아이의 감정을 무시하고 심지어는 잘못된 것이라고 비판한다. • 부정적 감정은 나쁜 성격, 나약한 성격에서 나온다고 생각한다. • 아이는 요구 사항이 있을 때 부정적 감정을 이용한다고 생각한다. • 아이의 부정적 감정은 매를 들어서라도 없애 주고, 올바른 행동을 가르쳐야 한다고 생각한다.

출처: 존 가트맨 외. 2011.

③ 방임형 부모: 뭐든 괜찮아

방임형 부모의 특징
• 아이의 모든 감정을 다 받아준다. • 감정은 물론 행동에 대해서 제한을 두지 않는다. • 감정을 분출하면 모든 것이 해결된다고 믿는다. • 아이의 부정적 감정을 공감하고 위로하는 것 외에 아이에게 해 줄 것이 없다고 생각한다. • 아이가 감정을 처리하고 문제를 해결하는 데는 관심을 두지 않는다.

출처: 존 가트맨 외. 2011.

④ 감정코치형 부모: 함께 찾아보자

감정코치형 부모의 특징
• 아이의 감정은 다 받아주되 행동에는 제한을 둔다. • 감정에는 좋고 나쁜 것이 있다고 나누지 않고, 삶의 자연스러운 일부로 다 받아들인다. • 아이가 감정을 표현할 때 인내심을 갖고 기다려 준다. • 아이의 독립성을 존중하며 스스로 해결방법을 찾도록 한다.

출처: 존 가트맨 외. 2011.

2. 부모용 자료

2회기 부모의 양육태도 및 효율적인 부모역할

1) 체험 나누기 ♥부모

- 지난주 과제에 대해 부모들이 돌아가면서 발표한다.

2) 2회기 모임의 주제 및 내용에 대하여 소개한다. ▸강사

3) 부모의 양육태도 유형(민주형, 허용형, 독재형)이 자녀발달에 미치는 영향에 대하여 설명한다. ▸강사

표 9-4 부모의 권위 있는(민주적) 양육행동 유형과 자녀의 발달 특성

부모의 권위 있는(민주적) 양육행동 유형	자녀의 발달 특성
• 규칙 준수를 단호하게 요구함 • 자녀의 떼쓰는 행동을 수용하지 않음 • 순종적이지 않은 자녀에 대해 단호하게 대처함 • 자녀의 옳지 않은 행동에 대해 불쾌한 감정을 분명히 표현함 • 자녀의 바람직한 행동에 대해 기쁨을 보임 • 규율에 대한 의사소통을 분명히 함 • 자녀의 희망과 의견을 고려함 • 자녀의 요구에 대해 애정적으로 반응함 • 자녀의 연령에 적합한 성숙되고 독립적인 행동을 기대함 • 자녀와 상호작용할 수 있는 공동활동을 계획함	• 열성적이며 다정다감함 • 자기 힘으로 문제를 해결하고자 함 • 자기통제적임 • 또래와 친근한 관계를 유지함 • 즐겁고 유쾌함 • 스트레스에 잘 대응함 • 새로운 상황에 관심과 호기심을 보임 • 어른들에게 협조적이며 온순함 • 목적이 분명하며 성취지향적임

출처: 이순형 외. 2012.

표 9-5 부모의 독재적 양육행동과 자녀의 발달 특성

부모의 양육행동 유형	자녀의 발달 특성
• 규칙을 엄격히 강요함 • 옳지 않은 행동에 대해 처벌함 • 분노와 불쾌감을 보임 • 규율이 분명히 설명되지 않음 • 자녀를 통제되지 않은 반사회적 충동에 의해 지배되는 존재로 봄 • 자녀의 욕구와 의견을 고려하지 않음 • 반대와 강압에 직면했을 때 규칙을 일방적으로 강요함 • 가혹하고 처벌적인 훈육을 행사함 • 온정적이지 않음 • 자녀와 상호작용할 수 있는 공동 활동을 계획하지 않음	• 갈등을 많이 일으키고 화를 잘 냄 • 두려움이 많음 • 기분 변화가 심하고 불행하다고 느낌 • 수동적, 적대적이며 스트레스를 받기 쉬움 • 공격적 행동과 수줍어하는 행동을 번갈아 함 • 목적이 없음

출처: 이순형 외. 2012.

표 9-6 부모의 허용적 양육행동과 자녀의 발달 특성

부모의 양육행동 유형	자녀의 발달 특성
• 규칙이 강요되지 않음 • 규칙이 분명히 의사소통되지 않음 • 자녀의 울음, 떼씀, 강압에 순응함 • 일관되지 않은 훈육태도 보임 • 성숙된 행동에 대한 요구나 기대가 거의 없음 • 잘못된 행동을 간과하거나 허용함 • 그저 그런 정도의 온유함을 보임 • 절제되지 않은 충동과 욕구 표현을 수용함	• 충동적·공격적임 • 어른에게 반항적이고 불순종함 • 낮은 자기 의존도 • 낮은 성취지향 • 자기 통제 결여 • 쉽게 화냈다가 금방 좋아지는 등 기분 변화의 폭이 큼 • 목적이 없거나 목표 수준을 낮게 잡고 행동함 • 지배적임

출처: 이순형 외. 2012.

4) 부모는 자신 혹은 배우자가 어떤 양육태도를 가지고 있는지 스스로 평가해 본다. ♥부모

5) 부모의 양육태도가 자녀에게 미치는 영향에 대하여 부모들이 자신의 경험을 회상한 후 발표한다. ♥부모

6) 부모들이 2명이 한 팀으로 짝을 지어서 부모와 자녀의 역할을 바꿔서 역할놀이를 해 본 후, 그때의 부모 혹은 자녀로서의 생각과 느낌을 교환한다. ◉강사와 부모

7) 강사는 오늘 다루었던 내용에 대하여 종합적으로 정리한 후, 부모가 오늘 다루었던 내용들 중 질문사항이나 소감에 대하여 발표하게 한다. ◉강사와 부모

8) 과제를 전달한다. ▸강사

- 오늘 학습한 내용 중 민주적인 양육태도의 바람직한 방법을 가정에서 한 가지 적용한 후 기록하여 다음 회기에 가져온다.

9) 가족활동: ♥부모

주말에 가족이 함께 도자기, 꽃꽂이, 그림그리기, 핸드페인팅 등 자녀가 좋아하는 체험활동을 한 가지 실천한다. 완성품이나 제작과정을 사진으로 찍어서 추억으로 간직한다.

Chapter 10

3회기: 부모-자녀 간의 바람직한 의사소통방법 1 -경청기술, 나-전달법

1. 이론적 배경

1) 사랑과 격려

(1) 아이에게 사랑을 표현하는 방법

아이들은 자신이 사랑받고 있음을 확인해야만 자신이 사랑받을 가치가 있다고 믿게 된다. 사랑받는다는 느낌은 자녀의 자아존중감을 키워 주는데, 자녀를 사랑하고 있음을 보여 주는 방법은 자녀를 존중하고 격려하는 것이다. '나는 너를 사랑해'는 다음과 같이 여러 방식으로 표현할 수 있다.

- 그냥 말한다: 자녀에게 다음과 같이 말해 준다.
  - "잘 잤니, 미해야? 사랑한다."
  - "현영아, 폭신폭신 몰랑몰랑 우리 몽실이, 널 안으면 너무 좋아."
- 자녀와 함께 시간을 보낸다: 하던 일과 다른 모든 활동을 그만 두고 자녀에게만 모든 주의를 집중한다. 둘이 모두 좋아하는 활동을 하는 것이 좋다. 이때 자녀는 '난 중요한 사람이야'라는 메시지를 받게 되고 부모와 자녀는 함께 있는 것을 즐기게 될 것이다.
- 존중하는 태도로 자녀의 행동을 지도한다: 자녀가 실수나 잘못된 행동을 하더라도 자녀를 존중하는 태도를 유지해야 한다. 만일 자녀에게 소리치며 야단치거나 놀림감을 삼는다면, 그동안 해 온 사랑을 표현하

는 노력들이 일순간에 물거품이 될 수도 있다.

- **접촉을 통해 사랑을 표현한다:** 유아기 자녀에게는 신체접촉이 어떤 말보다도 더 강력하다. 우리는 아기를 목욕시키고 옷을 입히거나 수유하는 과정에서 많은 신체접촉을 한다. 부모가 아기를 껴안고 쓰다듬어 줄 때 아기는 자신이 사랑받고 있음을 확인한다.
  부모는 매일 사랑을 표현할 수 있는 기회가 많다. 자녀가 스스로 옷 입는 것을 도와줄 때, 밤에 잠자리에 재울 때 부드럽게 토닥거려 주는 접촉을 하면서 "너를 사랑해"라고 말해 줄 수 있다.

(2) 아이를 격려하는 방법

격려는 아이가 자아존중감을 갖고 성장할 수 있도록 돕는 기술이다. 또한 격려는 자녀에게 소속감과 더불어 다음과 같은 감정을 느끼게 해 주는 방법이다.

- 다른 사람에게 받아들여지고 있다.
- 강하고 유능하다.
- 사랑받고 있다.

격려받은 아이는 성장·발전하고 새로운 것을 배우며 시도할 용기를 갖게 된다. 또한 스스로에 대한 신뢰를 배우도록 하며 스스로 자신의 장점과 특별한 점을 발견하도록 가르친다.

자녀에게 다음과 같은 태도를 보여 주는 기술을 배우고 연습하면 도움이 될 것이다.

① 자녀를 사랑하고 있는 그대로 받아들인다.

자녀는 서로 다른 속도로 성장한다. 성장·발달, 성격, 관심사 그리고 장점과 약점이 제각각이다. 모든 아이들이 저마다 독특한 존재이듯이, 자녀를 있는 그대로 감사하고 받아들이는 것이 중요하다.

② 자녀를 신뢰한다.

자녀에게 말과 행동으로 신뢰를 보여 준다.

- "어서 해보렴. 너는 네 스스로 공을 잡을 수 있어."
- "너는 네 신발 끈 매는 법을 배우고 있구나."

③ 자녀의 노력과 개선된 점을 인정해 준다.

- "이것 좀 봐! 네가 숟가락을 입까지 가져갔구나."
- "네가 저녁 식사하기 전에 잊지 않고 손을 씻었구나."

④ 자녀에게 감사의 표현을 한다.

- "친구와 사이좋게 장난감을 갖고 놀아서 고마워."
- "동생에게 노래 불러 주는 게 어때? 네가 노래를 불러 주면 쉽게 잠이 들 것 같구나."

(3) 칭찬과 격려의 차이

칭찬은 주로 자녀가 어떤 일을 성공적으로 성취했거나 긍정적일 때 하는 것이다. 반면, 격려는 용기를 불러일으킨다는 의미로 높은 성취나 긍정적인 상황이 아니어도 노력한 점을 높이 사거나 앞으로의 발전을 위해 주는 말이다. 즉, 우리는 자녀의 잘한 일이나 좋은 일에 칭찬을 하지만, 자녀가 노력한 점이 부족하거나 실패했을 때에는 격려해야 한다. 자녀를 격려하는 부모는 자녀의 실수를 인정하고 그것으로부터 스스로 배우도록 도와주는 것이다. 즉, 부모는 자녀가 불완전하더라도 기회를 주어 앞으로 더 발전하게 하는 것이다.

표 10-1 칭찬과 격려의 차이

칭찬	격려
• 칭찬은 보상이다. 외적인 보상으로 자녀를 동기화시킨다. • 어떤 일을 끝낸 후에 한다. • 판단하는 표현을 사용한다. "넌 정말로 착한 아이야!" • 타인과의 비교로 경쟁심이 유발된다.	• 격려는 선물이다. 아무런 조건 없이 주어지는 선물이다. • 어떤 일을 하기 전과 후에 모두 할 수 있다. • 인정하는 표현을 사용한다. "넌 정말 그 일을 열심히 했구나!" • 자신의 노력과 향상을 기준으로 하기 때문에 경쟁할 필요 없다.

출처: 이경우 역. 1992.

(4) 격려를 나타내는 표현들

격려에는 고유한 표현들이 있다. 유아에게 사용할 수 있는 격려표현의 예를 들면 다음과 같다.

- "넌 그것을 좋아하는 것 같구나."
- "넌 그걸 어떻게 생각하니?"
- "넌 할 수 있어."
- "고맙다. 내게 많은 도움이 되었다."
- "____하는데, 네 도움이 필요하구나."
- "넌 정말 그 일을 열심히 했구나!"
- "점점 더 ____를 잘 하는구나."
- "네가 도와줘서 정말 고맙다."
- "넌 확실히 발전하고 있어."

2) 반영적 경청

(1) 전형적인 부모의 역할

아이들은 매일 여러 가지 감정을 갖게 된다. 기쁘고, 즐겁고, 행복하고, 좋은 감정을 느낄 때도 있고, 화가 나고, 슬프고, 두렵고, 속상한 감정도 느낀다. 이때 부모는 자녀에게 어떻게 반응하는가? 특히 자녀가 화가 나거나 속상한 감정을 말할 때 부모는 그 화난 감정을 축소시키거나 부정하려고 애쓴다. 그러나 그것은 오히려 불리한 결과를 초래하게 된다. 왜냐하면 아이들은 부모가 자신을 이해하지 못한다고 느끼기 때문이다. 아이가 기분이 좋지 않거나 속상해 할 때 부모는 아이의 감정을 인정하고 이해해 주는 것이 필요하다.

그런데 놀랍게도 부모는 다음과 같은 여러 가지 역할로 반응한다(황옥자·이지연, 2012).

- 명령자

명령자형 부모는 모든 일을 자기통제 하에 둔다. 그러므로 명령, 요구 및 위협은 명령자가 우위를 차지하기 위한 도구로 사용하는 것이다.

- 도덕주의자

이 유형의 부모는 금지하는 사람이다. “너는 그래서는 못써”, “너는 그것을 해서는 안 돼” 식이다.

- 전지전능자

전지전능자형 부모는 오랜 인생 여정을 거쳐 왔고, 인생문제에 대해 축적된 지식이 있다는 것을 자녀에게 보여 주려고 한다. 그러므로 설교하고 조언하며 자신들이 자녀들보다 얼마나 위대한가를 보여 주려고 한다.

- 심판자

이 유형의 부모는 재판도 없이 자녀가 이미 죄를 지었다고 선고한다. 부모는 항상 옳고 자녀는 항상 그르다는 것을 입증하는 데 관심이 있다.

- 비판자

비판자형 부모는 조종하기, 별명 부르기, 빈정거리기, 자녀의 기를 죽이는 농담 등을 매우 잘한다.

- 심리학자

심리학자와 같은 부모는 훌륭한 의도를 갖고 모든 내용을 자세하게 듣고 싶어 한다. 그러므로 분석하고 진단하며 질문한다.

- 상담자

자녀의 감정을 가볍게 대함으로써 자기의 간섭을 변명하려 한다. 간단한 확언, 어깨를 두드려 주거나, 모든 일이 잘 될 것처럼 행동하는 것 등으로 자녀의 걱정, 근심에 대답을 한다.

다음의 사례에서 진이와 어머니의 대화 내용을 보자.

자녀 : 엄마, 난 진우가 미워.
어머니 : 진우를 미워하면 안 돼. 네 동생이잖아.
자녀 : 그래도 미워!
어머니 : 얘가! 너 좀 혼나 볼래?
자녀 : 싫어, 엄마도 미워.

지난밤 월드컵 축구대회 결승전이 있었다. 영준이는 어머니께 깨워 달라고 부탁하고 잤다.

평소대로라면 다음날 아침에 오고 갔을 대화 내용이다.
영준 : (볼멘소리로) 엄마! 어젯밤에 깨워 달랬는데 왜 안 깨웠어?
어머니 : (어이없어 하며) 깨워도 네가 안 일어났잖아!
영준 : 여러 번 흔들어 깨웠으면 되잖아! (심통스럽게) 어떻게 됐어? 우리나라가 이겼어, 졌어?
아버지 : 엄마도 그냥 잤는데 어떻게 알아. 사내 녀석이 아침부터 신경질 부리지 말고 빨리 학교 갈 준비나 해!
영준 : 알았어. (통탕거리며 방으로 들어간다)
아버지 : 아니, 저 녀석이!

앞의 사례에서 부모와 자녀 간의 대화가 결국 언쟁으로 바뀔 뿐 아니라 부모는 계속해서 아이가 느끼는 것을 믿지 않고 대신 부모인 자기가 느끼는 대로 믿으라고 하는 것을 볼 수 있을 것이다. 이와 같이 부모가 아이의 감정을 부정하거나 축소할 때, 아이는 부모가 자기의 감정에 관심을 갖고 있지 않다고 생각하게 되어 그 순간 아이의 분노, 좌절, 실망이 부모에게로 옮겨진다. 아이가 울부짖으며 "싫어, 엄마도 미워", "알았어"라고 한 것은 자기가 믿었던 엄마가 자신을 이해하지 못하기 때문에 야기된 것이다.

(2) 좋은 경청자가 되는 방법

의사소통은 듣기와 말하기 두 부분으로 이루어진다. 부모가 자녀와 효과적인 의사소통을 하기 위해서는 무엇보다 자녀의 말을 주의 깊게 듣고 존중하는 태도로 말해야 한다.

① 자녀의 감정에 귀 기울이기

느낌을 듣는다는 것은 특수한 기술이다. 이를 우리는 반영적 경청(reflective listening)이라고 부른다.

부모는 반영적 경청을 사용함으로써 자녀의 느낌을 소중히 여기고, 자녀의 말과 신체언어(body language) 이면의 의미를 이해한다는 것을 보여줄 수 있다. 반영적 경청은 부모가 자녀를 이해하고 싶어 한다는 것을 알리는 방법이다.

- 반영적 경청을 사용하는 방법
  - 1단계(듣기) : 부모가 듣고 있다는 것을 몸으로 보여 준다. 하던 일을 모두 중단하고 자녀를 정면으로 쳐다본다. 옆에 앉거나 무릎을 꿇어 자녀의 눈높이와 맞추든지 자녀를 안아 올려 얼굴과 얼굴을 마주한다.
  - 2단계(느낌에 귀 기울이기) : 자녀의 말을 들으면서 스스로에게 질문해 본다. "내 아이는 지금 어떤 느낌일까?" 그 느낌을 적절하게 표현할 수 있는 말을 생각해 본다.

- 3단계(들은 것을 말해 주기) : 부모는 자녀의 느낌을 반영하는 일종의 거울이라고 생각한다. 또한 부모는 자녀가 그렇게 느낀 이유가 무엇이라고 생각하는지를 반영해 준다.

② 유아가 느낌을 표현할 수 있는 말을 찾도록 돕기

아이는 느낌을 표현하는 어휘를 많이 알고 있어야만 자신이 어떻게 느끼고 있는지를 분명하게 말할 수 있다. 부모는 반영적 경청을 사용함으로써 자녀에게 자신의 감정을 올바르게 표현할 수 있도록 가르칠 수 있다.

부모들이 자주 사용하는 감정표현의 어휘로는 크게 5가지를 들 수 있는데, '좋다', '나쁘다', '행복하다', '슬프다', '화나다'이다. 이들 어휘가 언제나 모든 이야기나 감정을 다 표현해 주는 것은 아니다.

그러므로 가능한 한 느낌을 나타내는 다른 표현들을 많이 생각해 본다.

다음은 자녀가 화가 나거나 마음이 상했을 때, 단지 자녀가 느낄 수 있는 감정만을 부모가 이야기하는 경우이다.

"형이 네 장난감을 빼앗아서 화가 났구나."
"엄마가 놀아주지 않아 속상했니?"
"네가 두려워하고 있는 것 같이 들린다."
"무척 힘든 것 같구나."
"매우 당황해서 무엇을 해야 할지 모르는 것 같구나."
"지금 무섭니?"
"넘어져서 몹시 창피했구나."
"친구들 앞에서 꾸중을 들었으니 얼마나 자존심 상했니?"

다음 대화는 반영적 경청을 사용한 경우이다.

아홉 살 된 진수가 매우 화가 나서 집에 돌아온 상황이다.

어머니 : 오늘 소풍을 못 가서 무척 실망했겠구나.
진 수 : 네, 실망스러워요.
어머니 : 넌 소풍 갈 날을 그렇게도 기다렸었는데……
진 수 : 정말 그랬어요.
어머니 : 네가 소풍 갈 준비를 다 해놓았는데... 그만 비가 와 버렸구나.
진 수 : 맞아요. 정말 그래요.

잠깐 침묵이 흐른 뒤, “선생님이 다음 주에 소풍간다고 하셨어요”라고 말했다. 그날은 비교적 평화롭게 보낼 수 있었다.

3) 나-전달법

자녀의 행동 때문에 화가 나거나 실망, 짜증이 날 때 부모들은 어떻게 반응하는가? 구체적으로 부모를 괴롭히는 자녀의 행동을 예로 들어보면 다음과 같다.

- 부모가 전화통화를 하는데 옆에서 큰소리로 떠든다.
- 거실에 장난감들을 어지럽게 늘어놓는다.
- 동화책을 계속 읽어달라고 조른다.
- 학교에서 돌아온 후 책가방을 던져 놓고 밖에 나가 논다.
- 동생하고 놀다가 때려서 울린다.
- 아침에 여러 번 깨워도 일어나지 않는다.
- 시험기간인데 공부하지 않고 TV를 본다.
- 동생편만 든다고 부모에게 대든다.
- 세수하자고 하면 도망친다.
- 화장실을 사용하고 난 후 불을 끄지 않는다.
- 마트에서 뛰어다닌다.
- 추운 날씨인데 얇은 옷만 입고 나가려고 한다.
- 껌을 뱉으라고 했는데 잠자리에서 계속 씹는다.
- 방바닥에 낙서를 한다.

위와 같은 자녀들의 행동으로 인해 부모들이 부정적인 감정을 갖게 될 때 자녀의 도움을 받을 수 있는 의사소통기술인 나-전달법은 다음과 같다.

나-전달법(I-message)은 ‘나’를 주어로 하여 상대방에 대한 자신의 생각과 감정을 솔직하게 표현하는 바람직한 부모감정의 표현방법이다. 이것은 자녀의 문제행동에 대하여 부모가 느끼는 불쾌한 감정을 표현하는 것이다. 완전한 나-전달법은 '자녀의 문제행동', '자녀의 행동으로 인해 부모에게 미치는 구체적인 영향', '부모의 감정'으로 구성된다.

> • "네가 동생을 때리면 엄마는 몹시 속상하다."
> • "네가 장난감을 방바닥에 늘어놓으면 정말 화가 난다. 왜냐하면 엄마가 장난감에 발을 찔릴까 봐 걸어 다닐 수가 없거든."

(1) 나-전달법(I-message)의 3가지 구성요소

> • **자녀의 행동** : 부모의 감정을 언짢게 하는 자녀의 행동을 무비판적으로 진술한다.
> "네가 ……하면"
> 예 네가 거실에서 뛰면
>
> • **부모에게 미치는 구체적인 영향** : 부모의 시간, 에너지, 금전, 노력 등의 소모를 뜻한다.
> "왜냐하면……"
> 예 TV 뉴스 소리가 잘 들리지 않기 때문에
>
> • **부모의 감정** : 부모가 느끼는 부정적인 감정(화나다, 속상하다, 슬프다, 괴롭다 등)을 표현한다.
> "나는 ……라고 느낀다."
> 예 엄마는 화가 난다.

이에 비해 너-전달법(you-message)은 '너'를 주어로 하여 상대방의 행동에 대한 평가나 비평을 하는 대화방법이다. 예를 들면, "너 너무 지나치잖아"와 같은, 즉 "너는 ……하다"의 표현방식이다. 이러한 너-전달법은 상대방에게 일방적으로 강요하거나 공격하는 느낌을 주어 인간관계를 악화시키게 된다.

(2) 효과적인 자기표현 기술

- 부모 자신의 감정을 이야기한다. (나-전달법)
  - "네가 장난감을 방바닥에 늘어놓으면 화가 난다. 엄마가 편하게 걸어 다닐 수가 없거든."
- 문제점을 이야기한다.
  - "장난감이 방안 가득 널려 있구나!"
- 정보를 제공한다.
  - "휴지는 쓰레기통에 버리는 거야."
- 한마디 규칙
  - 껌
- 메모를 남긴다.
  - "그림 그리고 난 후 나를 집으로 돌려보내 주세요." - 크레파스 올림 -

긍정적 나-전달법과 예방적 나-전달법도 자녀에게 적절히 사용하면 유용하다.

긍정적 나-전달법과 예방적 나-전달법의 의미와 구체적 예를 보면 다음과 같다.

- **긍정적 나-전달법** : 부모-자녀가 모두 기분이 좋을 때, 자녀의 행동에 대하여 부모의 좋은 생각이나 느낌을 전달하는 의사소통기술

  예 난 네 노래를 참 좋아한단다.
  네가 청소를 도와주니 빨리 청소가 끝나게 되어 기분이 매우 좋구나.

- **예방적인 나-전달법** : 자녀와의 관계에서 미래에 문제가 발생할 것 같은 상황에 대비해서 부모가 원하는 바를 전달하여 자녀의 도움을 요청하는 의사소통기술

  예 아빠가 내일 저녁은 쉬고 싶으시대. 왜냐하면 요즘 며칠 동안 밤늦게까지 회사일로 쉬지 못하셨거든.

4) 책임감의 발달

(1) 자연적 · 논리적 결과

"책임감"이란 "자기가 취할 행동을 선택하고 나서 선택한 결과를 수용

하는 것"을 말한다. 우리의 자녀가 책임감을 발전시키게 되면 자기가 결정한 행동에 수반되는 결과에 대해서 책임을 지는 것을 배우게 된다. 그러다 보면 점점 더 바른 행동을 선택하게 되고, 현명한 결정을 할 줄 알게 되며 궁극적으로는 더 많은 성공을 이루게 된다.

책임감(R : responsibility) ← 선택(C : choice) + 결과(C : consequence)

아이가 어렸을 때부터 책임감을 배우도록 가르쳐 준다. 아주 간단한 선택권을 아이 때부터 부여하여 자녀가 책임감을 배워 가도록 한다. 가장 간단한 선택권의 예는 이런 것들이다. 밥을 먹을래, 빵을 먹을래? 또는 파랑색 바지를 입을래, 분홍색 치마를 입을래? 혹은 네 방을 지금 치우겠니? 아니면 저녁 식사 후에 치우겠니? 이렇게 자녀에게 선택권을 주게 되면 우리의 아이에게 힘을 실어 주게 된다. 그리고 아이들 자신이 선택한 것에 대한 책임감을 느끼도록 해 준다.

또한 자녀를 훈육하는 방법 중 하나인 상과 벌의 자녀 양육방법은 몇 가지 단점이 있다.

첫째, 자녀의 행동에 대해 자녀보다는 부모가 책임진다.

둘째, 자녀 스스로 결정할 수 있는 기회를 제한한다. 결과적으로 효과적인 행동 규칙을 채택할 줄 모르게 된다.

셋째, 권위적인 모습을 보일 때만 바람직한 행동을 하게 된다.

넷째, 자녀에게 강제로 순응하게 함으로써 반항이 생길 수 있다.

위와 같은 단점을 가진 상벌의 자녀양육법 대신 좀 더 효과적 방법인 자연적·논리적 결과의 방법은 자녀의 잘못된 행동에 대한 결과를 자녀가 직접 경험하도록 하여 부정적인 경험이 자녀를 교정하도록 하는 것이다. 이 방법은 다음과 같은 장점이 있다.

첫째, 이 방법은 부모가 아닌 자녀가 자신의 행동에 대해 책임을 진다.

둘째, 자녀 스스로 어떤 행동이 적절한가를 결정한다.

셋째, 부모의 희망에 따르도록 강요당하는 대신 자연적 사건의 결과로부터 자녀 스스로 배우게 된다. 즉, 배가 고파도 먹지 않는 자녀는 배고픔을 경험하게 한다.

이와 같이 자연적 결과는 자녀가 어떤 행동을 취하였을 때 부모의 개입 없이도 자연적으로 일어나는 결과이다. 자녀에게 자연적 결과를 적용할 수 없거나 그것이 위험한 경우에는 바로 논리적 결과로 대치할 수 있다. 예를 들면, 아침식사를 거르면 자연적 결과는 점심시간이 되기 이전에 배가 고픈 것이다.

논리적 결과란 자녀가 가정의 규칙이나 부모의 지시를 따르지 않을 때에 자녀를 가르치기 위해 그 대가로서 따르는 결과(손해)를 논리적으로 경험하게 하는 방법이다. 예를 들면, 벽에 낙서를 하게 되면 그 대가로 낙서를 말끔히 지우는 데 시간과 노력을 기울여야 한다. 즉, 자녀는 자기의 잘못된 행동에 대해 논리적으로 따라오는 결과가 있다는 것을 알게 된다. 다시 말해서 결과는 자기 행동에 대한 논리적 타당성에 기인된다는 것을 아는 것이다.

(2) 자연적 결과가 교훈을 줄 수 없을 때

때로는 부모 쪽에서 간섭하지 않고서도 어린이가 행동한 결과에 대해서 교훈을 저절로 익히게 되는 상황이 종종 있다. 자녀에게 교훈을 주기 위하여 자연의 섭리에 무조건 맡겨버릴 수 없는 상황도 일어난다(홍경자 역, 1995).

- 자연적 결과를 통하여 교훈을 얻기에는 너무 위험부담이 클 경우를 예로 들면, 복잡한 도로에서 자녀가 뛰어 놀도록 방치하다가는 자녀가 사망할 수도 있다.
- 자연적 결과로 나타나는 행동이 당장 눈에 보이지 않기 때문에 자녀가 인과관계를 이해할 수 없을 때이다. 예를 들면, 양치질을 하지 않으면 오랜 시간이 지난 후에 충치를 앓게 된다.
- 자녀가 취한 행동의 결과가 자녀 자신보다는 다른 사람에게 피해를

줄 때이다. 예를 들면, 자녀가 당신이 서랍 안에 둔 가위를 가지고 쓰다가 잃어버릴 수 있다. 그러므로 위의 경우 부모가 예방 조치를 취해야 한다.

(3) 논리적 결과를 사용하는 요령

① 자녀에게 선택권을 준다.

자녀에게 어떤 행동을 할 수 있는지 선택권을 주어 그 행동의 대가를 경험하게 하는 것이 매우 중요하다. 책임감을 배우는 것은 선택하는 방법을 배우는 것을 의미한다. 자녀가 선택한 행동의 결과를 경험하게 하는 것은 자녀가 선택한 행동의 결과를 체험하게 함으로써 보다 더 현명한 선택을 하도록 가르쳐 준다. 자녀가 그릇된 행동을 할 때에 그 행동도 어린이가 취할 수 있는 여러 가지 행동 중의 하나를 선택한 것이며, 따라서 거기에 합당한 대가를 논리적으로 치러야 한다는 것을 보여 준다. 또한 자녀가 바람직한 행동을 선택하면, 즉 자아실현의 방법인 긍정적인 방법을 선택하면 긍정적인 결과를 맛보게 된다는 것도 동시에 강조한다.

부모는 자녀의 행동 선택을 지도하기 위하여 다음과 같은 방법을 사용하는 것이 매우 유용하다.

- **양자택일(이것이냐, 저것이냐)** : 나는 ~하거나 아니면 ~할 수 있다.
  - "성현아, 학교에서 돌아오면 네 물건들을 정리하렴. 그렇지 않으면 상자에 담아 놓으렴. 네가 어떻게 할 것인지 결정해."
- **조건부(~하면 ~하게 된다)** : 네가 ~하면, 너는 ~하게 된다.
  - "지현아, 숙제를 다 끝내면 TV를 봐도 된다."

② 아동에게 자신의 행동 결과로 치르는 대가를 설정하도록 요청한다.

부모가 의사결정 과정에 자녀를 참여시키면 훨씬 더 많은 협조를 받을 수 있다. 게다가 행동의 선택권이나 해결책에 대하여 자녀로부터 풍부한 아이디어를 제공받을 수 있다. 예를 들면, "수호야, 네가 부엌을 어질러 놓으니 엄마는 머리가 아프구나. 이 문제를 해결하기 위해 어떻게 했으면 좋겠니?"라고 말하는 것이다.

자녀가 좋은 아이디어를 갖고 있지 못할 때에는 부모가 생각한 방법과 그에 따르는 논리적 결과에 대하여 자녀에게 이야기해 줄 수 있다.

③ 결과는 논리적인 타당성이 있어야 한다.

논리적 결과의 방법을 사용하여 성공하려면 자녀에게 가르치게 될 대가가 자녀의 그릇된 행동과 논리적으로 관련을 맺어야 한다. 그러한 결과로써 대가를 치르게 된 것이라는 점을 자녀가 이해하면 부모를 원망하지 않고 따르게 된다.

- **비논리적 결과**
  밥은 제때에 와서 먹어라.
  그렇지 않으면 1주일 동안 TV를 볼 수 없다.
- **논리적 결과**
  밥은 제때에 와서 먹어라.
  그렇지 않으면 음식이 식어 버리고 좋아하는 반찬이 없다.

④ 부모 쪽에서 실제로 실천할 수 있는 선택권만 주도록 한다.

어떤 문제에 대해서 부모가 사용할 수 있는 논리적인 결과의 방법은 꽤 많다. 그러므로 다른 어머니들, 배우자, 자녀들과 함께 연구를 하는 것이 좋다. 부모가 문제를 소유하고 있을 때에 부모 쪽에서 자녀에게 어떤 행동을 선택하게 할까를 결정하게 된다. 부모로서 수용할 수 있는 선택권만 준다.

⑤ 단호하지만 조용한 목소리로 말한다.

자녀에게 행동의 선택권을 제시할 때나 자녀가 취한 행동의 결과로 어떤 대가가 따르도록 말할 때에는 단호하고 조용한 태도로 임하는 것이 중요하다. 단, 화난 어조나 횡설수설한 말투를 사용하지 않도록 한다.

⑥ 일단 자녀에게 선택권을 주고 나서는 반드시 그대로 실천한다.

자녀를 훈육하기 위하여 논리적 결과의 방법을 사용하려면 그대로 실행하여야 한다. 만일 자녀가 그릇된 행동을 계속하면 즉각적으로 그 결과를 경험하도록 시행한다. 자녀는 항상 행동을 선택하기 마련이다. 자녀가 부모에게 말하지 않는 경우라 할지라도 자녀의 행동을 보면 곧바로 자녀가 어떤 쪽의 행동을 택하고 있는지 알 수 있다.

부모는 자녀 쪽에서 어떤 대가를 치르지 않고 자기 나름대로 무책임하게 행동하도록 두 번 이상 방치하지 말아야 한다. 자녀는 자기가 취한 행동의 결과를 경험함으로써 교훈이 습득되는 것이다.

⑦ 자녀가 부모를 시험해 본다는 사실을 유념한다.

자녀의 바람직하지 못한 행동을 좋은 방향으로 전환시키고자 노력할 때에도 부모는 자녀가 여전히 그릇된 행동을 할 것이라고 예상하는 것이 타당하다. 자녀는 부모가 "이렇게 하겠노라"고 엄포한 대로 과연 시행할 것인지를 실제로 시험해 볼 수 있기 때문이다. 다시 말하면 "엄마, 아빠가 정말로 옛날하고는 다를까?"를 알아보고자 살피는 것이다. 예전에는 부모 쪽에서 보여 준 반응방식에서 자녀는 이득을 얻은 적이 많았기 때문에 옛날의 부모-자녀 간의 관계로 되돌아가고 싶어 한다. 그러나 부모 쪽에서 일관성 있게 자녀가 취한 행동의 결과를 경험하도록 실행해 본다면 이제 자녀는 부모를 이리저리 요령껏 시험해 보았자 효과가 없다는 것을 알고, 자신의 행동을 변화시키려 한다. 결국 자녀는 바람직한 행동을 하게 된다.

⑧ 자녀에게 자신의 행동결과를 경험한 후에 다시 한 번 기회를 준다.

자녀 자신이 선택한 행동의 결과로써 깨달음이 있도록 지도하는 것이 부모의 목적이므로 자녀에게 기회를 다시 한 번 주도록 해야 한다. 다만 자기가 처음에 선택한 행동의 대가를 경험한 다음에 그 기회를 다시 주도록 한다. 예컨대, 자녀가 '토요일 오후에 부엌 바닥 청소가 끝난 후 놀러 나가도 좋다'고 합의를 보았는데도 불구하고, 청소를 하지 않고 공놀이를 하러 나가려고 할 때 부모는 자녀에게 청소의 의무를 이행해야 한다는 사실을 환기시켜 주어야 한다.

만약 자녀가 자신이 취한 행동의 결과를 충분히 경험하고 나서도 여전히 그릇된 행동을 계속한다면 그것은 자녀가 부모를 시험하고 있다는 증거이다. 예를 들어, 자녀가 다음 주에 청소를 하지 않고 공놀이를 하러 나가려고 한다면, 이때는 이렇게 말할 수 있다.

"오늘은 청소를 하지 않은 걸 보니 분명히 공놀이를 하지 않을 모양이구나. 다음 주 토요일에는 약속을 지키고 나서 공놀이를 하러 갈 수 있겠지."

논리적 결과의 방법을 사용하는 요령

- 자녀에게 선택권을 준다.
  - 양자택일(이것이냐, 저것이냐)
  - 조건부(~하면 ~해도 된다)
- 자기 행동의 결과를 치르는 대가를 자녀가 설정하도록 한다.
- 결과는 논리적인 타당성이 있어야 한다.
- 부모 쪽에서 실제로 실천할 수 있는 선택권만 주도록 한다.
- 단호하나 조용한 목소리로 말한다.
- 일단 자녀에게 선택권을 주고 나서는 반드시 그대로 실행하도록 한다.
- 자녀가 부모를 시험해 본다는 사실에 유념한다.
- 자기 행동의 결과를 경험하는 기회를 다시 한 번 준다.

출처: 홍경자 역. 1995.

⑨ 자연적·논리적 결과를 사용한 예

[1] 문제 : 청결

전형적인 부모의 반응	설교하고, 반복해서 말하고, 창피를 주고, 명령한다.
자연적 · 논리적 결과	• 이닦기 : 구취는 불쾌할 뿐 아니라, 특히 당분과 녹말이 든 사탕류와 과자들은 치아에 해롭기 때문에 이를 닦든지, 아니면 이를 스스로 잘 닦을 때까지 과자를 먹지 않든지 둘 중에 하나를 선택하게 한다. • 목욕하기 : 자연적 결과를 적용할 수 있다. 깨끗한 옷을 입을 것인지, 더러운 옷을 입을 것인지 자녀들이 결정하게 하는 것이다. 만일 자녀가 더러운 옷을 입기로 했다면, 친구들이 더러운 옷에서 냄새가 난다고 말할 것이다.

보충 설명	청결 습관은 부모가 책임진다고 해서 발달되지 않는다. 스스로 불결함의 자연적 결과를 경험할 때 청결의 가치를 알게 될 것이다.

출처: 홍경자 역. 1995.

② 문제 : 아침일과 옷 입기·아침 먹기·학교 가기

전형적인 부모의 반응	부모가 자녀의 아침일과에 책임을 진다. 여러 차례 불러서 깨우고, 옷을 입히고, 달래고, 잔소리하고, 윽박지르고, 유아교육기관으로 보낸다.
자연적 · 논리적 결과	• 자녀에게 자명종 시계를 주고 맞추는 방법을 알려 준다. 자녀에게 일어나서 옷 입고, 아침 먹고, 유아교육기관에 가는 것에 대해 자녀가 책임질 것을 말한다. • 부모가 아침밥을 차려 놓지만, 먹고 안 먹고를 결정하는 사람은 자녀이다. 만일 자녀가 아침을 거른다면, 다음부터는 아침을 먹을 시간에 일어나야겠다고 결심하도록 배고픔의 자연적 결과를 경험하게 한다. • 만일 자녀가 지각하면 담임선생님께 꾸중을 듣는 결과를 경험하게 한다(미리 유아교육기관에 전화를 하여 부모의 의도를 설명하고 교사의 협조를 구할 수 있다). • 만일 자녀가 게으름을 피워 스쿨버스를 놓친다면 자녀가 걸어가야 한다는 결과를 경험할 것이다(절대 택시에 태워 자녀를 유아교육기관까지 데려다 주지 말아야 한다. 택시에 태워 보내면 이로 인해 자녀는 버스로 가는 것보다 택시를 타고 가는 것이 더 좋다고 생각하게 된다).
보충 설명	부모가 자녀의 아침일과에 대해 책임이 있다고 생각하면, 자녀는 스스로 책임지는 것을 학습하지 못하고 다른 사람에게 의지하게 된다. 자녀가 반드시 아침을 먹어야 하는 것은 아니므로, 오히려 자녀에게 가장 좋은 경험을 하도록 하는 것이 바람직하다.

출처: 홍경자 역. 1995.

2. 부모용 자료

1) 체험 나누기 ♥부모

-지난주 과제에 대해 부모들이 돌아가면서 발표한다.

2) 3회기 모임의 주제 및 내용에 대하여 소개한다. ▸강사

3) 부모들이 힘들고 속상할 때 누구에게 이야기하는지, 그 이유가 무엇인지 부모들에게 질문한다. 강사

4) 부모들이 자녀가 화를 내거나 속상해 한 경우를 발표한다. ♥부모

예 1 친구들이 안 놀아준다며 어깨를 축 늘어뜨리고 들어온다. 예 2 힘들여 만든 종이 가면을 동생이 찢었다며 운다.

- 위와 같은 경우에 부모로서 어떻게 반응하는지 적는다. ♥부모

예 1 '왜 그러니?' 하고 아이에게 질문한다. 예 2 '인생이 그런 걸 ~ 울지 마라'고 위로한다.

5) 자녀가 부정적인 감정을 표현할 때 부모가 나타내는 일반적 반응에 대해 제시한 후, 바람직한 의사소통기술인 경청기술에 대해 설명한다. 강사

효과적인 경청기술

- 주의 깊게 자녀의 이야기를 들어 준다(수동적 경청).
  지금 현재 당신이 하고 있던 일을 중단하고 당신의 눈을 자녀에게 돌려서 질문이나 충고를 하지 말고 침묵하면서 듣는다.
- 자녀의 말을 인정해 준다(인정하기).
  고개를 끄덕이거나 '오, 음, 그래'와 같은 말을 사용하여 자녀의 말을 인정해 준다.
- 자녀가 계속 말을 할 수 있도록 격려한다(말문 열기).
  "그 다음에 어떻게 되었니?", "그 다음이 궁금한데."
- 자녀가 원하는 것을 상상으로 표현해 준다(상상표현).
  "지금 당장 네게 맛있는 아이스크림을 만들어 주고 싶구나!"
- 자녀가 느끼는 감정을 이야기한다(반영적 경청).
  "매우 실망이 컸겠구나."

6) 부모들이 4인 1조가 되어 마음속의 감정을 나타내는 단어를 생각해 본 후, 기쁨이나 즐거움을 나타내는 긍정적인 감정과 분노 · 슬픔 · 두려움을 나타내는 부정적인 감정을 나타내는 단어를 적는다. ♥부모

긍정적인 감정들

기쁘다, 즐겁다, 행복하다, 통쾌하다

부정적인 감정들

화나다, 속상하다, 난처하다, 불안하다

7) 다음과 같은 상황에서 부모들이 2인 1조로 부모역할, 자녀역할을 맡아서 한다. 그 후 역할을 바꾸어서 돌아가면서 한다. ♥부모

- 두 사람이 가까이 마주 앉는다. 한 사람이 자녀의 역할을 하고 다른 사람은 부모의 역할을 한다. 다음의 예에서 하나를 선택해서 자녀가 먼저 이야기한다.

  예 "진희를 때려주고 싶어요."
  "미영이가 이사를 갔어요. 나랑 제일 친했는데……"
  "엄만 동생만 예뻐해요."
  "나는 다시는 그 애랑 놀지 않을 거야."
- 부모역할을 맡은 사람은 자녀의 말을 듣고 자녀가 느끼는 감정과 기분을 말해 주는 것이다.
- 이번에는 서로 역할을 바꾸어서 연습한다.
- 마지막으로 이 연습을 하면서 느낀 감정이나 생각을 서로 이야기한다.

8) 경청기술의 장 · 단점에 대해 토의한 후 발표한다. ◉강사와 부모

9) 부모가 자녀의 행동으로 인해 기분이 좋지 않았던 경험을 회상한 후, 발표한다. ♥부모

- 요즈음 부모가 자녀의 행동 때문에 화가 나거나 속상한 경험을 기록한다.

  예 안방에 장난감을 어지럽게 늘어놓는다.
  아침에 여러 번 깨워도 일어나지 않는다.
  동생하고 놀다가 싸운다.
  화장실을 사용하고 난 후 불을 끄지 않는다.

- 자녀가 위와 같은 행동을 했을 때 부모님은 어떻게 반응하셨나요?
  (위의 예를 선택해서 부모의 반응을 구체적으로 적으시오.)

- 부모님이 사용한 방법은 효과적이었나요? 예 ________ 아니요 ________
  (기타 : 구체적으로 적으시오.)

- 또 그때 부모는 어떤 감정을 느꼈나요?

10) 부모 자신의 최근 또는 현재의 감정을 3가지 정도 표현하는 단어를 선택한 후, 그 이유를 두 사람씩 짝을 지어서 말한다. ♥부모

• 괴로운 • 화난 • 속상한	또는	• 행복하다. • 기쁘다. • 고맙다.

11) 나-전달법(I-message)의 3가지 요소를 연습한다. ◉강사와 부모

- 예 1 "저녁 뉴스를 보고 있는데, 네가 큰소리로 말하면(행동) 아빠는 화가 난다(감정). 왜냐하면 뉴스에서 무슨 소리를 하는지 들을 수가 없거든(영향)."

- 예 2 "안방에 장난감을 여기 저기 놓으면(행동) 엄마는 속상하다(감정). 왜냐하면 엄마는 장난감을 치우는 것이 너무 힘들어(영향)."

㉠ 네가 일요일날 일찍 TV를 크게 틀면(　　　) 화가 난다(　　　). 왜냐하면 잠을 잘 수가 없기 때문이다(　　　).
㉡ 네가 장난감을 가지고 논 후 정리하지 않으면(　　　) 엄마는 짜증이 많이 난다.
(　　　). 방이 지저분해서 엄마가 또 힘들게 치워야 하거든(　　　).
㉢ 네가 침대에서 뛰면(　　　), 침대가 망가져 못쓰게 될까 봐
(　　　) 걱정이 된다(　　　).
㉣ 방충망이 열려 있으면(　　　) 걱정이 된다(　　　). 모기가 들어와서 물릴까 봐(　　　).

상 황

1. 동생을 때린다.
2. 장난감을 어질러 놓고 정리하지 않는다.

↓

너-전달법

1. 동생을 왜 때리니! 잘 돌봐야지.
2. 제발 좀 치워라! 왜 이 모양이냐!

↓

나-전달법

1. 네가 동생을 때리면 엄마는 몹시 속상하다.
2. 장난감을 정리하지 않으면 화가 난다.

12) 다음의 상황에서 너-전달법과 나-전달법을 만들어 본다. ♥부모

- 친구와 전화통화를 하는데 자녀가 옆에서 큰소리로 떠든다.
  - 너-전달법 :
  - 나-전달법 :
- 장난감을 사달라고 조른다.
  - 너-전달법 :
  - 나-전달법 :
- 엄마는 피곤해서 졸린데 자녀는 동화책을 계속 더 읽어달라고 조른다.
  - 너-전달법 :
  - 나-전달법 :

13) 부모는 3인 1조가 되어 한 사람은 부모역할, 다른 한 사람은 자녀역할, 나머지 한 사람은 관찰자(평가자)가 되어 다음과 같은 상황에서 하나를 택하여 역할놀이를 한다. ♥부모

상황 1 자녀가 장난감을 가지고 논 후 정리하지 않는다.
상황 2 자녀가 장난감을 사달라고 조른다.
상황 3 자녀가 침대에서 뛴다.

14) 강사는 오늘 다루었던 내용에 대하여 종합적으로 정리한 후, 부모가 오늘 다루었던 내용들 중 질문사항이나 소감에 대하여 발표하게 한다. ◉강사와 부모

15) 과제를 전달한다. ▸강사

- 오늘 학습한 내용들(반영적 경청, 나-전달법) 중 바람직한 의사소통기술을 가정에서 한 가지 적용한 후 기록하여 다음 모임에 가져온다.

16) 가족활동: ♥부모

- 가족이 함께 볼 수 있는 자녀에게 유익한 '인사이드 아웃(Inside Out)'과 같은 감정을 표현하는 애니메이션 영화 혹은 '코코'와 같이 가족애를 그린 애니메이션 영화를 함께 시청한 후, 그 내용에 대하여 이야기하며 즐겁고 유익한 시간을 가진다.

Chapter 11

4회기: 부모-자녀 간의 바람직한 의사소통방법 2 -민주적 문제해결방법, 가족회의

1. 이론적 배경

1) 민주적인 문제해결방법

(1) 부모–자녀 간의 갈등

모든 부모들은 자녀들의 행동을 변화시켜 보려고 했지만 좌절감만 겪은 경험이 있을 것이다. 실제로 자녀를 양육하다 보면 자녀들이 부모들의 욕구를 거슬리는 방향으로 행동하는 일이 많다. 이러한 갈등상황은 부모-자녀 간의 관계에서 어쩔 수 없는 현상이라고 할 수 있다.

- 30분 내에 학교에 도착하여야 하는데, 아이가 여전히 TV에만 몰두하고 있다.
- 부모가 허락하지 않는데도 딸은 친구들과 주말에 바닷가로 놀러가려고 한다.

위와 같은 부모와 자녀 간의 욕구 갈등은 일상생활에서 피할 수 없다. 부모-자녀 간의 사소한 의견 차이가 때로는 결정적 싸움으로까지 번질 수 있는데, 바로 이 점이 단순한 부모의 문제도 아니고 자녀의 문제도 아닌 관계상의 문제이다.

갈등은 인간을 서로 멀어지게 하거나(불화) 좀 더 가깝고 친숙한(상호이해) 관계로 이끄는 힘이 있다. 갈등의 해결방법이 부모-자녀관계에서는 매우 결정적인 요인이다.

(2) 갈등해결의 3가지 방법

① 권위주의적 방법

갈등의 해결을 위하여 권위주의적 방법에 의존하는 부모는 심각한 '승리'의 대가를 치러야 한다. 즉, 자녀들은 갈등을 해결하고자 하는 동기가 낮고, 부모를 원망하게 되며 부모는 이를 강요하기에 어려움을 겪게 되며 자녀의 자율적 규제를 발달시킬 기회를 말살하는 결과가 초래된다.

어떤 갈등상황에서 부모가 자신의 해결책을 강요할 경우, 자녀들의 동기는 대단히 낮아지게 되어 별다른 심리적 투자 없이 부모의 결정을 그대로 따르려 할 수도 있다. 그 결과 자기 밖의 외적인 동기에만 익숙해져서 부모가 가하는 처벌의 공포에서만 벗어나려고 그저 따르게 되는 것이다. 그러므로 부모와 자녀 간의 관계를 악화시킬 싹을 키운다고 보기 때문에 사랑과 애정으로 대치되어야 한다.

② 허용적 방법

자신들의 방식대로 하도록 허용된 아이들은 반항심, 적개심, 의존성, 공격성, 복종성, 동조성, 포기심 등이 적을 것이며, 부모들의 힘에 대처해서 자기방식을 발전시킬 필요가 없을 것이다. 부모의 허용적인 갈등해결 방법은 아이들로 하여금 자신의 힘으로 부모의 힘에 이길 것을 격려하는 방법이다. 아이들은 부모를 통제하는 데 울화를 처리할 줄 알며, 부모에게 죄책감이 들게 하는 방법이나 자기의 불쾌한 감정을 표현하는 방법도 배우게 된다. 이런 아이들이 가끔 난폭하거나 다루기 힘들고 충동적이기도 하며, 자기들의 욕구가 무엇보다 중요하다는 것도 배웠다. 또한 자기 행동에 내적 통제가 부족하여 자기중심적이거나 이기적일 수도 있다. 이러한 가정의 아이들은 부모에게 하던 버릇대로 다른 아이들에게도 자기의 방식대로만 행동하기 때문이다. 학교에 적응하기도 어렵고, 교사나 다른 권위의 인물이 권위나 힘에 의존하는 방식으로 훈육하면 충격을 받을 수도 있다.

이러한 가정에서 부모역할은 매우 불행하며, 기쁨은 거의 없고 서글픈 생각에서 '사랑할 수 없다', '미워한다'는 말이 부모 입에서 나오게 된다.

③ 민주적 방법

민주적 갈등해결방법은 힘을 동등하게 지닌 사람들 사이의 갈등을 해결하는 데 잘 활용된다. 비폭력적·무패적 방법으로 어느 한쪽이 이기고 어느 한쪽이 지는 것이 아니라 양쪽이 다 이기는 양승해결방법이라고 하겠다. 왜냐하면 해결책은 양쪽의 모두에게 수용되기 때문이다. 양쪽이 서로 일치하는 것이 궁극적인 갈등해결책이다.

민주적인 갈등해결방법은 부모와 자녀 간의 특정 문제에 대해 양쪽이 다 받아들일 수 있는 방법을 찾는 것이다. 이는 매우 단순한 방법이다. 만약 이 방법으로 대부분의 부모가 갈등해결의 방법을 배울 수 있게 된다면 부모들의 효율성은 증진될 수 있다.

민주적인 갈등해결방법이 효과적인 이유는 다음과 같다.

- 문제해결의 동기화 : 사람은 다른 사람의 지시에 따르기보다 스스로 의사결정에 참여할 때 동기유발이 더 잘된다.
- 고차원적 해결방법 모색 : 민주적인 해결방법이 권위주의적 방법이나 허용적 방법에 비해 갈등을 해결하는 데 차원이 높은 해결책이다. 즉, 훨씬 더 창의적이고 효과적이라는 것이다.
- 사고력 신장 : 민주적인 갈등해결방법은 실제로 아이들에게 생각하게끔 격려한다. "지금 해결할 문제가 있다. 우리 모두 머리를 맞대고 함께 생각해 보자. 그래서 좋은 방법을 찾아보자꾸나." 이것은 부모나 아이에게 합리적 사고의 훈련이 된다.
- 적대감의 감소와 사랑의 충만 : 두 사람이 어떤 결정에 합의하였다면 적대감은 일어나지 않을 것이고 두 사람은 그만큼 가까워진다.
- 강요의 감소 : 대체로 아이들은 실행과정에서 강요받는 일이 없고, 손해 보는 것도 없다.
- 힘의 사용 감소 : 부모와 아이는 서로 대립하여 다투는 대신에 함께

일함으로써 부모의 권위에 맞서는 흔한 방법을 사용할 필요가 없게 된다.

- 독립된 인격체로서의 존중 : 이 방법은 아이들이 부모를 믿으며 부모로부터도 똑같이 믿음을 받는다고 느끼기 때문에 좋은 것이다.

④ 민주적 갈등해결방법의 6단계

민주적 갈등해결방법의 6단계는 다음과 같다. 부모들이 이 방법을 따를 때 부모-자녀 관계에서 훨씬 더 성공적인 경험을 가질 것이다.

- **1단계** : 갈등의 확인 및 정의
- **2단계** : 가능한 모든 해결방법의 모색
- **3단계** : 제시된 모든 해결방법에 대한 평가
- **4단계** : 가장 좋은 해결방법의 결정
- **5단계** : 결정된 해결방법의 실행
- **6단계** : 실행한 해결방법의 평가

- 1단계 : 갈등의 확인 및 정의

자녀가 민주적인 갈등해결방법에 참여하도록 하려면 부모는 아이들의 주의를 집중시키고, 아이들이 문제해결을 위해 참여하고 싶은 마음을 가지도록 해야 한다. 부모들은 다음의 사항을 잘 숙지하면 많은 도움을 얻을 수 있을 것이다.

- 자녀들이 바쁘거나 무슨 일에 전념해 있지 않은 편안한 때를 택함으로써 자녀들이 간섭받거나 자신의 할 일이 늦어지는 데 대해 부모에게 저항하거나 원망하지 않게 될 것이다.
- 부모는 해결해야 할 문제를 분명하고 상세하게 자녀에게 말한다.
- 부모의 느낌, 충족되지 않은 욕구, 부모를 괴롭히는 것 등에 대해 자신이 느끼는 그대로 정확하고 분명하게 아이들에게 말한다. 이때 나-전달법을 사용하는 것이 바람직하다.
- 자녀를 얕잡아 보거나 비난하는 말을 피한다.
- 부모는 부모와 자녀가 모두 받아들일 수 있는 해결책을 찾으려고 애쓰고 있다는 점을 아이들에게 분명히 전달하도록 한다. “우리는 서로

도움을 주고받을 수 있어"와 같은 해결방안 제시는 어느 편도 지는 사람이 없이 두 사람 모두의 필요를 충족시켜 줄 것이다.

• 2단계 : 가능한 모든 해결 방법의 모색

이 단계에서 중요한 것은 문제를 해결할 수 있는 방법을 다양하게 모색해 보는 것이다. 부모는 "우리가 할 수 있는 일은 어떤 것이 있을까?", "자, 문제를 해결할 수 있는 방법들을 생각해 볼까?", "어떤 해결방법이 있는지 머리를 맞대고 생각해 보자", "이 문제를 해결할 여러 가지 방법이 있을 것이다"와 같이 제시할 수 있다.

- 먼저 아이들이 가지고 있는 해결방법을 알아본 후, 부모들이 가지고 있는 해결방법을 아이들이 제시한 방법과 같이 생각해 본다.
- 가장 중요한 것은 아이들이 제시한 해결방법을 비평하거나 얕보지 않는 것이다. 아이들이 제시한 모든 해결방법들은 모두 받아들인다.
- 아이들이 내놓은 해결방법 가운데 부모가 받아들이기 어려운 것이 있을지라도 이를 그대로 나타내 보이는 말을 사용하지 않도록 한다.
- 여러 자녀와 관련된 문제를 해결하는 상황에서 한 아이가 한 가지의 해결방법도 제시하지 않는다면, 부모는 그 아이도 해결방법을 제시할 수 있도록 용기를 북돋아 주어야 할 것이다.
- 더 이상의 좋은 해결방법이 나올 수 없겠다고 여겨질 때까지 여러 가지 방법을 찾는 데 최선을 다한다.

• 3단계 : 제시된 모든 해결방법에 대한 평가

이 단계는 여러 가지 해결방법을 평가하는 것이다. 부모는 "좋아, 이 가운데 어느 것이 가장 좋은 해결방법으로 보이니?" 또는 "자, 어떤 해결방법이 우리가 바라던 것인지 찾아볼까?"라고 말할 수 있다.

일반적으로 부모나 자녀 중 어느 한쪽에서 받아들이기 어려운 것을 제거하고 나면 아주 좋다고 여겨지는 한두 가지로 해결방법이 좁혀진다. 이 단계에서 부모들은 "난 그것이 마음에 들지 않아" 또는 "그것은 내가 필요로 하던 것이 아닌데" 또는 "그건 공정하다고 생각하지 않아"와 같이 부모 자신의 느낌을 정직하게 나타내야 한다.

• 4단계 : 가장 좋은 해결방법의 결정

각 단계에 맞추어서 부모와 자녀가 서로 정직하게 의견을 교환하면 보다 좋은 해결방법이 자연스럽게 나온다. 어떤 때는 부모나 자녀 중 어느 한 편에 대단히 만족을 주면서 다른 편에게도 받아들여질 수 있는 매우 창의적인 해결방법이 나오기도 한다.

최종적인 결정을 내리기 위한 몇 가지 방법을 제시하면 다음과 같다.

- "자, 이 해결방법이 마음에 드니?", "우리 모두 이 해결방법에 만족하는가?", "이 방법이 우리의 문제를 해결할 수 있는가?", "이것은 실천이 가능한가?"와 같은 질문과 더불어 아이들의 입장도 생각하면서 제시된 다른 방법들을 계속 음미해 본다.
- 최종적이고 도저히 바꿀 수 없는 결정을 내리지 않는다. 여러분은 "됐어, 이 방법으로 해보고 그것이 성공할지 어떨지는 계속 지켜보자", "이렇게 하면 우리는 문제를 해결할 수 있는지 한 번 시작해 보자" 혹은 "나는 이 방법대로 했으면 싶다. 너희들도 한 번 해 보겠니?"라고 말할 수 있다.
- 해결방법에 여러 개의 요점들이 포함되었다면 아이들이 잊어버리지 않도록 쓰게 하는 방법도 좋다.
- 각자가 그 결정을 내리는 데 참가하고 있다는 점을 분명히 이해하도록 한다. "좋아, 이제 이것으로 우리가 의견의 일치는 모은 것이다."

• 5단계 : 결정된 해결방법의 실행

부모와 자녀가 서로 합의하여 결정된 사항은 구체적으로 기록해 두는 것이 도움이 될 때가 있다. 부모와 자녀는 "누가 무엇을 언제까지 한다", "이것을 실천하려면 무엇이 필요할까?", "우리가 결정한 것을 언제 실천에 옮겨 볼까?"에 대해 부모와 자녀가 모두 서명을 할 필요가 있을 수도 있다.

취침시간의 문제에 있어서는 가족들 중 누가 시계를 보고 있다가 그 시간을 알려 줄 것인지의 문제에 대해 합의를 하는 것이 좋다. 아이들이 자기 방을 깨끗이 정돈하는 문제에 있어서는 어느 정도 깨끗하게 해야 하는가의 문제도 이야기할 수 있다. 최종적으로 결정된 방법에 대해 그 문제와 관련된 모든 사람이 의견의 일치를 보고 난 후에 실천하는 문제를 다루는 것이 가장 좋다.

• 6단계 : 실행한 해결방법의 평가

부모는 결정된 방법에 대해 아이들이 계속 만족스러워 하는지의 여부를 알아보기 위해 아이들에게 다시 확인해 볼 필요가 있을 때도 생긴다. 해결방법을 결정할 때 아이들은 나중에 실천하기 어려운 방법에 쉽게 동의하기도 한다. 부모도 여러 가지 이유로 해서 약속한 것을 실천하기가 어렵다는 점을 발견할 수도 있다.

물론 이 방법으로 갈등을 해결하는 데 6단계 모두가 적용되지 않을 때도 있다. 가끔 어떤 갈등은 한 번의 시도로 해결되기도 한다. 때에 따라서는 제시된 해결방법을 평가하는 3단계에서 최종 해결이 나오기도 한다.

이 방법으로 문제를 해결하는 데 필요한 기초적인 규칙부터 아이들에게 이야기하는 것이 더욱 효과적일 때도 있다. 부모는 한 사람이 이야기할 때 다른 사람이 말을 가로막지 않도록 동의를 구할 필요가 있다. 여러 가족이 관련되지 않으면 해당되는 사람만 따로 이야기할 수 있도록 한다. 부모가 강압적으로 하지 않고 서로 의견의 일치를 보도록 노력한다. 문제를 해결하기 위한 방법을 찾고 있을 때 전화도 받지 않기로 하는 가정도 있다.

2) 민주사회에서의 적극적 부모 : 가족회의

민주적 가족관계는 가족구성원 모두가 의사결정 과정에 참여할 기회를 가질 때 가장 효과적으로 발전한다.

가족회의는 모든 가족구성원이 정규적으로 계획하는 모임으로 가족 내에서 일어나는 문제에 대해 각자가 생각하는 바를 함께 들을 수 있는 기회도 된다. 또한 즐거운 시간을 갖고 좋은 경험을 나누고, 서로 긍정적인 감정을 나누는 데 적합한 시간이다. 그러므로 가족회의는 가족구성원의 의견을 모으며 집안에서 일어난 좋은 일을 전체에 알림으로써 가족 간에 화합을 증진시킬 수 있다.

이를 요약하면, 가족회의는 다음과 같은 기회를 제공한다.

- 듣기
- 서로 긍정적인 감정을 표현하며, 격려하기
- 가족 간에 공평하게 일 분담하기
- 관심, 느낌, 불만 표현하기
- 갈등해소 및 가족 간에 발생하는 문제 다루기
- 가족 레크리에이션 계획하기

(1) 가족회의의 기본원칙

가족회의를 진행할 때의 기본원칙은 다음과 같다.

첫째, 모든 사람은 동등한 목소리를 가진다. 부모들 자신의 권위를 포기하는 것은 쉬운 일은 아니겠지만, 가족회의에서 모든 사람이 동등한 목소리를 가지지 않고서는 일이 제대로 성사되지 않는다. 어린아이를 포함하여 모든 가족은 자신의 이야기가 잘 경청되고 있다고 느끼고, 또한 가족의 결정에 이의를 제기할 수 있다는 것을 인식할 필요가 있다.

둘째, 모든 사람은 주제에 대한 생각이나 느낌을 나눌 수 있다. 가족모임에서 어떠한 안건에 대해서도 가족구성원 모두가 자신의 생각이나 느낌을 이야기할 수 있도록 장려하는 것은 매우 중요하다. 모든 사람에게 합당하고 공정한 결정을 내리기 위해서는 반대하는 사람을 포함한 모든 사람의 의견이나 느낌을 들을 필요가 있다.

셋째, 결정은 합의에 의한다. '합의에 의한다'는 의미는 의견에 불일치가 있는 경우에 '구성원들이 모두 동의할 때까지 토론한다'는 것이다. '합의에 의한다'는 것은 표결에 부친다거나 다수결의 원칙을 의미하지는 않는다. 만약 회의에서 합의에 이르지 못할 때에는 먼저 그 안건이 보류되어 다음 회의에 다시 상정된다. 또 다른 방법은 결정과 실행이 긴급히 요구되는 경우에 가장으로서 부모가 결정하고 실행에 옮길 수 있도록 권한을 행사한다.

넷째, 모든 결정된 사항은 다음 회의 전까지는 유효하다. 가족회의에서 결정된 사항은 최소한 다음 회의에서 다시 토론되기 전까지 그대로 효력을 발생한다. 회의가 끝난 뒤 결정된 사항에 대한 불만이 있는 경우에는 '다음 회의에서 다시 거론하자'라고 말하면 된다.

다섯째, 어떤 사항은 부모에게 결정권이 주어진다. 어린 자녀들이 결정한 사항에 대해 항상 부모가 수행하도록 하는 것이 가족회의의 목적은 아니다. 건강과 복지에 관한 주요 문제는 부모의 책임이고, 그에 대한 결정은 때때로 부모들만의 몫이다. 토론은 항상 허용되고 장려된다. 부모는 이미 결정된 사항을 자녀들에게 알려 주어야 한다. 예를 들어, 부모가 회사에서 전보발령을 받은 경우에 자녀들로부터 그에 대한 승인을 받을 필요가 없다. 그러나 부모는 이사에 대한 자녀들의 생각, 기분 등을 표현하도록 할 수 있고, 가족의 이사 계획에 참여하도록 할 수 있다.

부모들이 가족회의를 갖자는 의견을 자녀에게 제시하고 회의를 시작한다. 가족회의를 시작할 때 부모들이 고려해야 할 사항은 다음과 같다.

첫째, 처음에는 가족회의에 참가하고자 하는 사람들부터 시작한다. 어떤 상황에서는 가족구성원 중의 일부는 가족회의의 안건을 토론할 준비가 되어 있지 않거나, 회의를 갖자는 생각이 좋지 않다고 생각할 수도 있다. 이것이 회의를 갖자는 생각을 포기해야 한다는 의미는 아니다. 대부분의 구성원이 회의를 갖자는 데 동의하면 회의를 가질 수 있다.

둘째, 가족회의의 참석자는 부모, 자녀, 조부모 등과 같이 함께 사는 사람이면 모두 참석해야 한다. 다시 말하면, 가족의 일상생활과 관련된 결정에 이해관계가 있는 사람이면 누구나 참석해야 한다.

셋째, 편부, 편모 가정, 별거나 이혼상태에 있는 가족들은 부모 중 한 사람이 참석하지 않더라도 가족회의를 개최해야 한다. 그런 경우에 어머니나 아버지 쪽에서 따로 사는 배우자와 자녀 간의 문제에 속하는 내용을 이야기하는 것은 피해야 한다. 그 문제들은 아이들과 상대편 배우자가 결정해야 할 문제이기 때문이다.

넷째, 참석할 사람 모두가 동의하는 편리한 시간과 장소를 선택한다. 회의는 모든 참가자들에게 편안한 장소, 모든 사람들이 앉을 수 있는 충분한 공간이 있는 곳에서 열려야 한다.

(2) 가족회의에서 문제를 다루는 방법

다음은 가족회의에서 문제해결을 위한 5단계이다(홍경자 역, 1995).

첫째, 문제점을 규명한다. 불만이 있는 사람이나 안건을 상정한 사람에게 문제점을 설명하라고 요구한다. '그것이 어떤 문제인가?', '무슨 일이 있었지?'라고 질문한다.

둘째, 생각과 느낌을 서로 나눈다. 구성원들은 문제점을 명료화하도록 요구하고, 불평하는 사람의 말을 숙고한다. 이런 과정을 통하여 문제에 대한 합의에 이른다. 예컨대, '우리 모두 집안의 허드렛일을 서로 돕기로 하였다'라고 했을 때, 모든 가족구성원은 그 문제에 대한 생각과 느낌을 함께 나누는 것이 된다.

셋째, 브레인스토밍(brainstorming)을 이용하여 가능한 해결책을 끌어낸다. 브레인스토밍의 과정을 통하여 구성원들은 문제에 대한 해결책을 생각한다. 비록 어리석어 보이고 실현 불가능한 아이디어가 나오더라도 이런 아이디어를 통하여 다른 좋은 대안이 산출되기 때문에 중요하다. 한 사람의 어리석은 생각은 실제적인 해결의 실마리를 제공해 줄 수 있다.

아이디어의 산출을 위해서 어느 누구도 아이디어가 '좋다, 나쁘다'라고 비판적인 말을 하지 않는다. 아이디어는 표출되기만 하면 된다. 가족구성원의 서기는 모든 아이디어가 나올 때까지 기록하기만 하면 된다. 그리고 나서 각 아이디어는 토론에 부쳐진다.

넷째, 토론과정을 거쳐 결정에 도달한다. 이제 가능한 해결책에 대한 자신들의 생각이나 느낌을 말할 차례이다. 대다수에게 받아들여지지 않는 아이디어는 버리고, 실현 가능하다고 생각되는 1~2개의 아이디어에 초점을 맞춘다. 토론은 구성원 모두가 하나의 해결책에 동의할 때까지 계속한다.

다섯째, 결정된 사항은 실행한다. 브레인스토밍과 토론에 의해서 도출된 해결책은 실행에 옮기도록 한다. 가족회의에서 채택된 해결책은 후속 회의에서 재평가되고 수정되기 전까지는 효력을 발생한다.

(3) 전반적인 진행 순서

- **개회사 및 감사의 시간** : 먼저 지난주에 가족구성원이 한 말이나 행동에 대해서 감사하는 사람이 있는지를 질문한다. 이 시간은 가족구성원의 선행에 대해서 감사의 말을 하는 시간이며, 칭찬을 통하여 서로 격려하는 시간이다.
- **회의록 낭독** : 서기에게 지난주에 기록한 회의록을 큰소리로 읽도록 한다. 회의록 낭독의 시간은 지난 회의에 무슨 일이 있었는지를 상기시켜 준다.
- **구 안건/신 안건** : 구성원에게 지난 회의에서 해결되지 못한 사항에 대하여 말하도록 한다. 미해결 과제를 '구 안건'이라고 한다. 각각에게 자신들이 하고 싶은 말을 하게 한다. 그러나 다른 사람이 이미 한 말은 반복하지 않게 되어 있다는 점을 상기시킨다.
- **용돈** : 이 시간은 엄마나 아빠가 용돈을 주는 시간이다.
- **종료** : "회의를 마치겠습니다"라고 말하고 회의를 끝낸다. 만약 회의가 지나치게 길어지면 가족이 지친다. 따라서 정해진 시간을 지키는

것이 좋다. 5~7세의 어린아이들은 10~15분, 성장한 아이들은 30~45분이 이상적이다. 대개 가족들은 회의 후에 즐거운 게임이나 맛있는 간식을 원하므로, 긍정적인 발언으로 회의를 끝내는 것이 좋다.

(4) 지도자 역할

가족회의에서는 회의를 이끌어 가는 두 사람의 역할이 있다.

사회자 :	토론의 원활한 진행을 유지하고 모든 사람의 의견을 경청하도록 한다.
서 기 :	회의 내내 기록하고 회의가 끝난 뒤에 회의록을 쓰고, 다음 회의에서 회의록을 낭독한다.

이 두 가지의 업무를 첫 회의에서는 부모가 떠맡는다. 이후에는 순서에 의해 다른 가족구성원이 사회자와 서기가 되며, 어느 한 사람이 독점하지 않도록 한다.

2. 부모용 자료

1) 체험 나누기 ♥부모

- 지난주 과제에 대해 부모들이 돌아가면서 발표한다.

2) 4회기 모임의 주제 및 내용에 대하여 소개한다. ▸강사

3) 부모들이 일상생활에서 자녀와 서로의 욕구가 달라서 생기는 갈등사례를 기록한 후 발표한다. ♥부모

- 예 1 부모는 일찍 일어나서 아침을 같이 먹고 싶은데, 자녀는 아침을 먹지 않고 잠을 더 자고 싶어 한다.
- 예 2 부모는 주말에 푹 잠이나 자며 쉬고 싶은데, 자녀는 공원에 나가자고 한다.
-
-
-

4) 부모-자녀 간 갈등해결의 3가지 방법을 설명한다. ▸강사

〈갈등해결의 3가지 방법〉

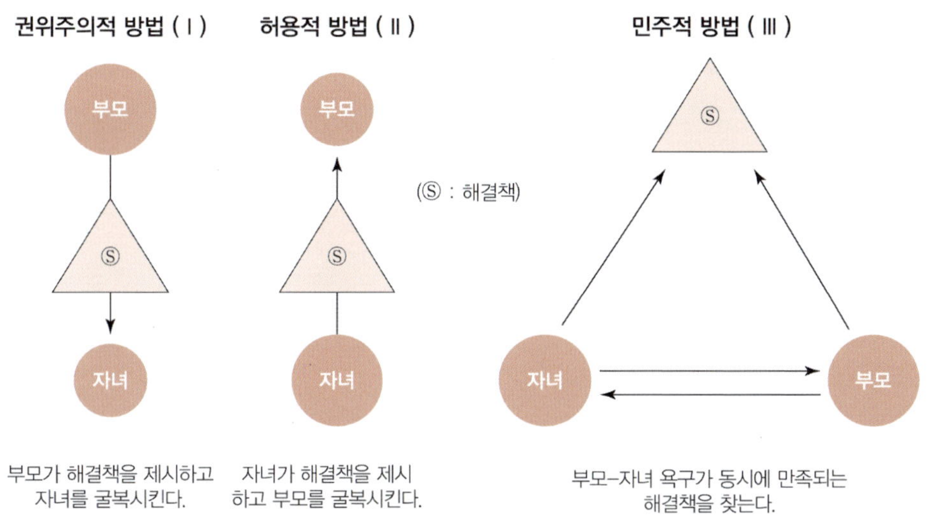

5) 현재 자녀와의 갈등 시 부모 자신은 어떤 유형의 갈등해결방법을 사용하였나요? 그때 부모님이 사용한 방법은 효과적이었나요? 또 그때 어떤 감정을 느꼈나요? ♥부모

- 방 법 : ______________________________

- 효 과 : ____________________
- 감 정 : ____________________

6) 민주적 갈등해결방법의 6단계를 설명한다. ▸강사

민주적 해결방법 6단계

1단계 : 욕구 확인
- 자녀의 욕구 확인 : 부모는 자녀의 욕구가 무엇인지 경청기술을 사용하여 파악한다.
- 부모의 욕구 확인 : 부모는 나-전달법을 사용하여 자신의 욕구와 감정을 표현한다.

2단계 : 해결방법 모색 : 부모, 자녀가 생각나는 대로 평가하지 않고 문제의 해결방안을 내놓는다.

3단계 : 해결방법 평가 : 각 해결방법에 대하여 부모와 자녀가 함께 평가한다.

4단계 : 해결책 결정 : 부모와 자녀가 서로 가장 좋은 대안이라고 생각하는 것을 해결책으로 선정한다.

5단계 : 실행 : 서로 합의한 해결책으로 실제에 적용한다.

6단계 : 평가 : 해결책대로 잘 되어 가는지 검토한 후 그렇지 않은 경우에는 다시 해결방법을 모색·결정·실행한다.

7) 브레인스토밍(brainstorming) 연습하기 ♥부모

자녀와 이만 원으로 하루를 즐겁게 보내는 방법을 생각한 후 적어 본다.

-
-
-
-
-
-
-
-
-

8) 민주적 방법을 연습한다. ◉강사와 부모

4살 된 진영이는 아버지가 퇴근해서 집에 오면 함께 놀고 싶어 한다. 그렇지만 아버지는 피곤해서 좀 쉬고 싶었다. 보통 아버지는 집에 도착하면 저녁을 먹고, 잡지를 보곤 했다. 진영이는 그때마다 아버지의 무릎에 기어오르고 잡지를 구기고 성가시게 하였다.

(1) 부모와 자녀의 욕구 확인

- **부모의 욕구** : 잡지를 보며 쉬고 싶다.
- **자녀의 욕구** : 아버지와 놀고 싶다.

(2) 해결방법 모색 및 평가

해결방법 모색	평가	
	진영	아버지
• 30분 같이 논 후 30분 쉰다.	×	○
• 아버지가 1시간 정도 쉬고 자녀와 논다.	○	×
• 격일로 놀아준다.	○	×
• 잡지를 보는 동안 자녀는 글자 찾기 놀이를 한다.	×	○
• 주 2회 놀고 나머지는 쉰다(주말, 수요일).	○	○
• 아버지가 일찍 퇴근할 때 자녀와 같이 논다.	×	○

(3) 해결책 결정

- 주 2회(주말, 수요일) 놀고 나머지는 쉰다.

(4) 실행 및 실행의 평가

- 다음 주부터 실행한다.
- 한 달간 실행해 보고 실행평가를 한다.

(5) 위의 상황을 가지고 부모는 2인 1조로 한 사람은 부모역할, 나머지 한 사람은 자녀역할을 맡아서 역할놀이를 한다.

9) 민주적 방법의 갈등해결을 연습한다. ◉강사와 부모

(1) 다음에 부모-자녀 간의 갈등상황을 제시하여 보았다. 민주적인 갈등해결방법의 6단계를 적용하여 보도록 한다. 부모는 자녀와 대화할 때 반영적 경청기술을 사용하여 자녀의 욕구를 알아내고, 나-전달법을 사용하여 부모의 욕구를 표현하도록 한다.

> • 가족이 외출을 하려고 한다.
> • 부모는 등산을 하고 싶고, 자녀들은 놀이공원에 가고 싶어 한다.

- 부모와 자녀의 욕구 확인

- 해결방법 모색 및 평가

- 해결책 결정

- 실행 및 실행의 평가

(2) 이번에는 (1)에서 부모역할을 맡았던 부모는 자녀역할로, 자녀역할을 맡았던 부모는 부모역할로 바꾸어서 역할놀이를 한다.

> 부모는 저녁식사에 자녀들이 함께 식사하기를 원하는데, 자녀들은 좋아하는 텔레비전 프로그램 보기를 고집한다.

- 부모와 자녀의 욕구 확인

- 해결방법 모색 및 평가

- 해결책 결정

- 실행 및 실행의 평가

(3) 마지막으로 3인 1조로 한 사람은 부모역할, 다른 한 사람은 자녀역할, 나머지 한 사람은 관찰자(기록 및 평가자)가 되어 역할놀이를 한다.

수철이는 방과 후 친구들과 놀다가 도중에 집에 와야 한다고 투덜댄다. 어머니는 수철이가 늦게 집에 온다고 불만이다.

- 부모와 자녀의 욕구 확인

- 해결방법 모색 및 평가

- 해결책 결정

- 실행 및 실행의 평가

10) 부모는 어린 시절 가족과 즐거웠던 경험을 회상하고 그 사례를 적는다. ♥부모

- 부모가 어린 시절에 가족과 즐겁게 보냈던 시간을 회상해 보고, 가족과 함께 한 활동의 종류를 이야기해 본다(언제, 어떻게, 무엇을, 몇 번이나 했는지……).

- 그때 부모가 느꼈던 감정은 무엇인가?

- 만약 가족회의가 없었다면 그 이유는 무엇인가?

11) 부모가 현재 자녀들과 어떤 가족회의를 가지고 있는지 기록한 후 발표한다. ◉강사와 부모

- 현재 부모가 자녀들과 가족회의를 가진 경험이 있는가?
- 가족회의의 긍정적 측면은 무엇인가?
- 가족회의에서 발생한 문제점은 무엇인가?

12) 가족회의의 중요성 및 그 방법에 대해 설명한다. ▸강사

가족회의의 중요성

- 관심, 느낌, 불만 표현하기
- 가족끼리 공평하게 일 분배하기
- 갈등해소와 가족 간에 발생하는 문제 다루기
- 가족 레크리에이션 계획하기
- 서로 긍정적인 감정을 표현하며 격려하기
- 가족구성원의 이야기 듣기

가족회의를 위한 지침

- 일정한 시간에 만나도록 한다.
- 의장과 서기는 돌아가면서 맡는다.
- 문제, 계획 및 결정사항을 기록한다.
- 가족회의의 시간도 함께 정한다(예 30분).
- 모든 가족구성원은 논제에 대해 제안을 할 기회를 가져야 한다. 그리고 모든 사람이 경청한다.
- 회의가 불평하는 시간이 되지 않도록 주의해야 한다.
- 집안일을 분담할 때에는 부모와 자녀가 함께 필요한 일의 목록을 작성하고 일하는 방법을 정한다.
- 가족회의에서 일단 결의된 사항은 다음 회의까지(대부분 1주간) 효력을 발생하게 된다.
- 회의에서 결정된 것에 대한 불평은 모두 다음 회의까지 연기되어야 한다.
- 가족구성원은 중요하다고 생각되는 현실적인 문제를 제기할 기회를 가져야 한다.
- 가족회의는 집안일의 분담과 문제해결 과정 이상이라는 것을 확신시켜야 한다. 그러므로 가족 내에서 일어난 좋은 일을 알림으로써 구성원을 격려한다.

13) 가족의 문제를 다루는 방법, 가족회의의 진행순서, 회의록 작성에 대해 설명한다. ▸강사

가족회의에서 문제를 다루는 방법

- 문제점을 규명한다.
- 문제에 대한 생각과 느낌을 서로 나눈다.
- 브레인스토밍(brainstorming)을 이용하여 가능한 해결책을 끌어낸다. 모든 가족구성원의 아이디어 산출을 위해 '좋다, 나쁘다'라는 비판적인 말은 하지 않는다.
- 토론과정을 거쳐 결정에 도달한다. 가능한 해결책에 대한 생각과 느낌을 말하고 가족구성원 모두가 하나의 해결책에 동의할 때까지 계속한다.
- 결정된 사항은 실행한다.

일반적인 진행순서

- 개회선언
- 지난 회의 결정사항 확인
- 새로운 안건
- 토의
- 결정
- 기타사항
- 폐회

가족회의 회의록 예 1

4월 8일 (토요일)

- 사회자 : 엄마

- 이번 여름휴가는 2박 3일 지리산 콘도로 가기로 한다(8/21~23).
  - 준비물 분담 : 세면도구, 옷, 음식, 자동차정비, 의약품 등
  - 일정 및 식단 작성 : 3일간의 일정 및 식단을 작성한다.

가족회의 회의록 예 2

<table>
<tr><th>일시</th><td>11월 23일(토)</td><th>장소</th><td colspan="3">거실</td></tr>
<tr><th>참석자</th><td>아빠, 엄마, 딸, 아들</td><th>사회자</th><td>아들</td><th>서기</th><td>아빠</td></tr>
<tr><th>지난주 반성</th><td colspan="5"></td></tr>
<tr><th>새로운 안건</th><td colspan="5">가족의 건강</td></tr>
<tr><th>토의</th><td colspan="5">1. 가족 모두 줄넘기를 해요.
2. 주말에 등산을 해요.
3. 아침 운동을 해요.
4. 담배를 끊으세요.
5. 술을 조금만 드세요.
6. 맛있는 음식 해주세요.
7. 일찍 자고 일찍 일어나세요.</td></tr>
<tr><th>결정사항</th><td colspan="5">1. 1달에 1회 가족등반하기
2. 가족 아침 운동하기(30~40분) : 주 2회 이상
3. 술, 담배 줄이기</td></tr>
<tr><th>좋은 일 광고</th><td>•엄마, 아빠 결혼 10주년을 축하합니다.
•가족회의에 맛있는 간식 준비해 주신 엄마께 힘찬 박수를!</td><th>평가</th><td colspan="3">•즐거운 마음으로 했나요?
•토의할 안건을 사전에 알렸나요?
•이야기를 경청했나요?</td></tr>
</table>

14) 강사는 오늘 다루었던 내용에 대하여 종합적으로 정리한 후, 부모가 질문사항이나 소감에 대하여 발표하게 한다. ◉강사와 부모

15) 수료식을 진행한다. ▸강사

- 4주 동안 부모역할훈련 프로그램에 참석한 부모들에게 수료증을 나누어 준다.

16) 가족활동: ♥부모

- 가족들이 함께 동물원이나 식물원에 가서 동물이나 식물을 관찰하고, 사진을 찍거나 그림을 그리며 즐거운 시간을 가진다.

참고문헌

강문희(1997). **아동문제 및 행동수정**. 경기: 양성원.

곽금주(1995). **아동의 공격성**. 조복희(편). 아동발달의 이해(pp. 206-223). 서울: 교육과학사.

교육부·제주특별자치도교육청(2008). **인지, 언어, 사회, 정서발달을 돕는 영역별 활동 프로그램**. 교육부·제주특별자치도교육청.

김명희(1998). **현대사회와 부모교육**. 서울: 학문사.

김인자 역(1989). 부모역할 배워지는 것인가. 서울: 한국심리상담연구소.

김향자·연미희·박정선·김혜선·김난실(2014). **명지전문대학 부속 명지유치원 교육과정**. 경기: 공동체.

김희진(2006). **유아교육기관에서의 부모교육과 지원**. 서울: 파란마음.

명지전문대학 부속유치원(2021). 부모교육자료.

문미옥·이혜상·민행난·한수정·한선아(2001). **예비부모교육**. 경기: 양서원.

박정선·김현정(2019). **유치원운영관리**. 경기: 공동체.

보건복지부(2010). 2009년도 전국 아동학대 현황보고서.

송진숙·권희경·김순기(2006). **결혼과 가족, 그리고 부모 됨**. 서울: 창지사.

신용주·김혜수(2018). **다음 세대를 위한 부모교육**. 서울: 학지사.

아이코리아 편집부(2006). **주제별 부모교육자료**. 서울: 아이코리아.

연미희(2020). **특수아 부모교육**. 서울: 동문사.

연미희·김지은·김진숙(2022). **예비부모교육**. 서울: 동문사.

연미희·김진숙(2014). **부모교육 이론과 실제**. 서울: 동문사.

____________(2022). **부모교육 이론과 실제**. 서울: 동문사.

____________(2015). **부모교육**. 서울: 동문사.

연미희·한은경(2021). **유아교육개론**. 서울: 동문사.

유수현(1994). 임상사회사업분야에서 스트레스 관리기법의 활용. 숭실대학교 대학원 박사학위논문.

이경우 역(1992). **당신도 유능한 부모가 될 수 있다(STEP)**. 서울: 창지사.

이순형·민하영·권혜진·정윤주·한유진·최윤경·권기남(2012). **부모교육**. 서울: 학지사.

이영석·김숙자·이항재·최민수(1999). **현대부모교육론**. 서울: 형설출판사.

이영호·김혜숙(2015). **장애아동 부모교육의 실제**. 경기: 공동체.

이원영·김정미(2012). **예비부모교육.** 서울: 학지사.

이윤경·문혁준·안선희·김선영·김성희·김지은·나종혜·신인숙·천희영·최은미·황혜신·황혜정(2012). **유아교육개론**. 서울: 창지사.

이재연·김경희(1989). **부모교육**. 서울: 양서원.

____________(1993). **부모교육**. 서울: 양서원.

정미라·이희선·배소연·최미경·조윤정(2006). **자녀양육과 부모역할**. 경기: 양서원.

정영숙·김은경(1996). 보상수혜자에 따른 취학전 아동의 자기통제 효과. **한국심리학회지: 발달, 9**(2), 153-165.

정옥분(1995). 성차와 성역할의 발달. 한국인간발달학회(편), **유아의 심리**(pp. 450~469). 서울: 중앙적성출판사.

정옥분·정순화(2016). **예비부모교육.** 서울: 학지사.

조복희·이윤형(2020). **영유아발달**. 경기: 교육과학사.

조순옥·이경화·배인자·이정숙·김정원·민혜영(2013). **유아사회교육**. 서울: 창지사.

존 가트맨·최성애·조벽(2011). **내 아이를 위한 감정코칭**. 서울: 한국경제신문.

주정일(1982). **아동발달학**. 서울: 교문사.

지옥정·권이정·정재은·최미순(2021). **부모교육**. 서울: 창지사.

최혜순(2011). **부모교육**. 서울: 동문사.

한국행동과학연구소(1983). **부모교육**. 서울: 문교부.

현정환(2006). **아동발달의 이해**. 서울: 창지사.

홍경자 역(1995). **현대의 적극적 부모역할훈련**(APT). 광주: 한국심리교육센터출판부.

홍연애·김지영·성연승·심윤희·김리진(2014). **부모교육**. 서울: 파워북.

황옥자·이지연 역(2012). **영유아의 부모 STEP**. 서울: 창지사.

황희숙·이희영·이경화·이정화·권연희(2018). **아동발달의 이해와 교육**. 서울: 학지사.

조선닷컴(2018.9.18.). 엄마가 마신 초미세먼지... 혈관타고 태반까지 간다. https://www.chosun.com/site/data/html_dir/2018/09/18/2018091800171.html

푸드경제신문(2018.7.13.). 한국 30대 둘 중 한 명 제왕절개 분만한다. http://www.foodneconomy.com/news/articleView.html?idxno=214795

Ainsworth, M. D. S. (1983). Patterns of infant-mother attachment as related to maternal care: Their contribution to continuity. In D. Magnusson & V.L. Allen (eds.), *Human development*. New York: Academy Press.

Babcock, D., & Keepers, T. (1976). *Raising kids OK.* New York: Avon Books.

Bates, J., Pettie, G., & Dodge, K. (1995). Family and child factors in stability and change in children's aggressiveness in elementary school. In J. McCord(ed.), *Coercion and punishment in long-time perspective*(pp. 124-138). Cambridge: Cambridge University Press.

Baumeister, R. (1997). Identity, self-concept, and self-esteem. In R. Hogan, & J. Johnson & S. Briggs(eds.), *Handbook of personalty psychology*(pp. 681-711). San Diego: Academic Press.

Bem, S. L. (1974). The measurement of psychological androgyny. *Journal of Consulting and Clinical Psychology, 42,* 155-162.

__________ (1975). Sex role adaptability: One consequence of psychological androgyny. *Journal of Personality and Social Psychology, 31*, 634-643.

Berg, B. L. (1998). *Qualitative Research Methods for Social Science*(3rd ed.). Boston, MA: Allyn & Bacon.

Berger, K. S. & Thompson, R. A. (1994). *The developing person through the life span*(3rd ed.). New York: Worth Publishers.

Berk, L. E. (1996). *Child development*(3rd ed.). Boston, MA: Allyn & Bacon.

__________ (1996). *Infants, children, and adolescents*(2nd ed.). Needham Heights, MA: Allyn & Bacon.

__________ (1999). *Infants and children: Prenatal through middle childhood*(3rd ed.). Boston, MA: Allyn and Bacon.

Berne, E. (1964). *Games people play.* New York: Grove Press.

Bower, T. G. R. (1982). *Development in infancy.* New York: W. H. Freeman.

Bowlby, J. (1973). *Attachment and loss*(vol. 2), *Separation, anxiety, and anger.* New York: Basic Books.

Brazelton, T. B. (1973). *Neonatal Behavioral Assessment Scale.* Philadelphia: Lippincott.

Bridges, K. M. B. (1930). Genetic theory of emotions. *Journal of Genetic Psychology, 37*, 514-527.

Brody, L. & Hall, J. (1993). Gender and emotion. In M. Lewis, & J. M. Haviland(eds.). *Handbook of emotions*(pp. 447-460). New York: The Guilford Press.

Charlesworth, R. (1992). *Understanding child development*(3rd ed.). Albany, New York: Delman Publishing Inc.

Cohen, L. G. & Spenciner, L. J. (1994). *Assessment of Young Children.* New

York: Longman.

Coie, J. D. & Dodge, K. A. (1998). Aggression and antisocial behavior. In W. Damon & N. Eisenberg(eds.), *Handbook of child psychology(5th ed.), Vol.3*(pp. 779-862). New York: John Wiley & Sons, Inc.

Cole & Cole. (1993). *The development of children*(2nd ed.). New York: Scientific American Books.

Duvall, E. M. (1977). *Marriage and family development*(5th ed). Philadelphia: J. B. Lippincott.

Eisenberg, N. & Murphy, B. (1995). Parenting and children's moral development. In M. H. Bornstein(ed.), *Handbook of parenting, Vol.4*(pp. 227-258). Mahwah, N. J.: Lawrence Erlbaum Associates, Publishers.

Erikson, E. H. (1963). *Childhood and society*. New York: Norton.

____________ (1968). *Identity: Youth and crisis*. New York: Norton.

Fine, M. J. (1980). *Handbook on Parent Education*. New York: Academic Press.

Flavell, J. H., Miller, P. H., & Miller, S. A. (1993). *Cognitive development*(3rd ed.). Englewood Cliffs, N.J.: Prentice Hall.

Furey, E. M. (1986). The effects of alcohol on the fetus. In H. E. Fitzgerald & M. G. Walraven(eds.), *Human Development* 86/87(pp. 48-52). Guilford, CT: The Dushkin Publishing Group, Inc.

Galinsky, E. (1987). *The six stages of parenthood*. New York: Addison-Wesley Publishing Co., Inc.

Goldfield, B. A., & Reznick, J. S. (1990). Early lexical acquisition: Rate, content, and vocabulary spurt. *Journal of Child Language*, *17*, 171-183.

Gordon, T. (1975). *Parent effectiveness training: The tested way to raise responsible children*(rev ed.). New York: Peter Wyden.

Graue, M. E. & Walsh, D. J. (1998). *Studying Children in Context: Theories, Methods, and Ethics*. London: Sage Publications.

Harlow, H. F., & Zimmerman, R. R. (1959). Affectional responses in the infant monkey. *Science*, *130*, 421-432.

Harris, T. (1969). *I'm OK-You're OK*. New York: Harper & Row.

Hasketty, M. E., & Kistner, J. A. (1991). Social interactions and peer perceptions of young physically abused children. *Child Development, 62*, 979-990.

Hattie, J. (1992). *Self-concept*. Hillside, N.J.: Lawrence Erlbaum Associates

Publisher.

Hines, M. (2013). Sex and sex differences, In P. D. Zelazo(ed.), *Handbook of developmental psychology*. New York: Oxford University Press.

Hughes, F. P. & Noppe, L. D. (1985). *Human development across the life span.* New York: West Publishing Co.

James, M. (1974). *Transactional Analysis for moms and dads.* Mass.: Addison-Wesley.

James, M., & Jongeward, D. (1971). *Born to win.* Mass.: Addison-Wesley.

Janssens, J. M. A. M. & Gerris, J. R. M. (1992). Child rearing empathy and prosocial development. In J. M. A. M. Janssens, & J. R. M. Gerris (eds.), *Child rearing: Influence of prosocial and moral development* (pp. 57-76). Amsterdam: Swets & Zeitlinger.

Kohlberg, L. A. (1976). Moral stages and moralization: The cognitive development approach. In T. Likona(ed.), *Moral development and behavior: Theory, research, and social issues*. New York: Holt, Rinehart, & Winston.

Kostelnik, M. J., Stein, L. C., Whiren, A. P., & Soderman, A. K. (1993). *Guiding children's social development*(2nd ed.). Albany, New York: Delman Publishing Inc.

Leaper, C. (2013). Gender development during childhood. In P. D. Zelazo(ed.), *Oxford handbook of developmental psychology*. New York: Oxford University Press.

Leboyer, F. (1975). *Birth without violence*. New York: Knopf.

Maccoby, E. E., & Martin, J. A.(1983). Socialization in the context of the family: Parent-child interaction in the context of the family. In E.M. Hetheerington(ed.), P.H. Mussen(series ed.). *Handbook of Child Psychology*, *4*, 1-101.

MacFarlane, A. (1975). Olfaction in the development of social preferences in the human neonate, In *Parent-infant interaction* (CIBA Foundation Symposium No. 33). Amsterdam: Elsever.

March, H. W. & Hattie, J. (1996). Theoretical perspectives on the structure of self-concept. In B. A. Bracker(ed.), *Handbook of self-concept*(pp. 38-90). New York: John Wiley & Sons, Inc.

Merewood, A. (1998). Sperm under siege: More than we ever guessed, having a healthy baby may depend on dad. In K. L. Freiberg (Ed.), *Annual editions: Human development* (26th ed., pp. 37-41). New York: McGraw-Hill.

Morgan, B. & Gibson, K. R. (1991). National and environment interactions in brain development. In K. R. Gibson & A. C. Peterson (Eds.), *Brain maturation and cognitive developmen*t(pp. 91-106). New York: Aldine de Gruyter.

Newman, B. M. & Newman, P. R. (1995). *Development through life: A psychosocial approach* (6th ed.). Pacific Grove, C.A.: Brooks/Cole Publishing Co.

Owens, K. (1993). *The world of the child.* New York: MacMillan Publishing Co.

Parten, M. (1932). Social play among preschool children. *Journal of Abnormal and Social Psychology, 27*, 243-269.

Piaget. J. (1932). *The moral judgment of the child.* New York: Harcourt Brace Jovanovich.

________ (1960). *Psychology of intelligence*, Paterson, N.J.: Littlefield, Adams.

________ (1962). *Play, dreams and imitation in childhood.* New York: Norton.

Rosenstein, D., Oster, H. (1988). Differential facial responses to four basic tastes in newborns, *Child Development, 59*, 1555-1568.

Rothbart, M. K. & Bates, J. E. (1998). Temperament. In W. Damon & N. Eisenberg(Eds.), *Handbook of child psychology*(5th ed.), *Vol.3(*pp. 105-176). New York: John Wiley & Sons, Inc.

Santrock, J. W. (1995). *Life-span development*(5th ed.). Dubuque, Iowa: Brown & Benchmark Publishers.

____________ (2001). *Child Development*(9th ed). McGraw-Hill, Inc.

Schaffer, H. R. (1990). *Making decisions about children; Psychological questions and answers*. Cambridge, Mass: Basil Blackwell, Inc.

Shaffer, D. R. (1993). *Developmental psychology, Childhood and adolescence*(3rd ed.). Pacific Grove, C.A.: Brooks/Cole Publishing Co.

_____________ (1999). *Developmental psychology: Childhood and adolescence*(5th ed.). Pacific Grove, C.A.: Brooks/Cole Publishing Co.

Sigelman, C. K. & Shaffer, D. R. (1995). *Life-span human development*(2nd ed.). Pacific Grove, C.A. : Brooks/Cole Publishing Co.

Smetana, F. G. (1993). Understanding of social rules. In M. Bennett(ed.), *The development of social cognition: The child as psychologist*(pp. 111-141). New York: The Guilford Press.

Smilansky, S. (1968). *The effects of sociodramatic play on disadvantaged preschool children*. New York: Wiley.

Smith, P. K. & Cowie, H. (1991). *Understanding children's development*(2nd ed.). Cambridge: Blackwell Publishers.

Sonnenschein, S. (1988). The development of referential communication: Speaking to different listeners, *Child Developmen*t, *59*, 694-702.

Sroufe, L. A. (1998). The role of infant-caregiver attachment in development. In J. Belsky & T. Nezworski (Eds.), *Clinical implications of attachment* (pp.18-40). N.J.: Erlbaum.

Stein, R. J. (1996). Physical self-concept. In B. A. Bracker(ed.), *Handbook of self-concept*(pp. 374-394). New York: John Wiley & Sons, Inc.

Thomas, A., & Chess, S. (1977). *Temperament and development*. New York: Brunner/Mazel.

Thomas, R. M. (1992). *Comparing theories of child development*(3rd ed.). Balmont, C.A.: Wadsworth Publishing Co.

Thompson, R. A. (1998). Early sociopersonality development. In W. Damon & N. Eisenberg(eds.). *Handbook of child psychology*(5th ed., Vol.3, pp. 25-104). New York: John Wiley & Sons, Inc.

Valsiner, J. (1997). *Culture and the development of children's action*(2nd ed.). New York: John Wiley & Sons, Inc.

Zimmermann, J. M. & Witnov, S. J. (1990). Socialization. In R. M. Thomas(ed.), *The encyclopedia of human development and education: Theory, research, studies*(pp. 397-403). Oxford: Pergamon Press.

APPENDIX

부록

부록1.

APPEDIX

여성가족부 부모교육 프로그램

출처: http://www.mogef.go.kr

국가 수준의 부모교육 활성화를 목적으로 강사가 교육 시 활용할 수 있는 PPT와 부모 교육 매뉴얼, 동영상을 포함하는 모듈 형식의 강의 자료를 개발하고자 하였다.

먼저 총론을 포함하여 전반적인 부모교육의 개론을 담은 '공통'부터 중고등학생, 대학생 등 '예비부모', 자녀의 발달을 고려하여 '영유아'와 '학령기', 아버지, 가족특성, 상담 등 13권의 부모교육 매뉴얼(총론 + 각론 12권)을 개발하였다.

각 매뉴얼에는 5~6개의 주요 강의 주제가 담겨 있고 이를 강의하기 위한 PPT자료를 구성하였다. 또한 각 권을 대표하는 주제를 녹여 5분 내외의 동영상을 개발하였다.

즉, 부모교육 시 강사가 즉시 활용 가능한 강의용 PPT 총 62편, PPT 내용을 강의할 때 강사가 참고할 강의용 매뉴얼 총 13권과 동영상 13편(총괄 1편+권별 1편)으로 구성하였다.

부모교육 강의용 PPT는 국가 수준의 부모교육 기회를 제공하기 위해 1개의 강의 주제당 15쪽~20쪽, 약 30~40분 정도의 강의를 위한 자료로 강의용 PPT를 개발하였다.

부모교육 강의용 PPT 전체 62편의 주제와 제목은 다음과 같다.

1권 공통

1. 부모됨이란? / 부모됨이란 무엇인가?
2. 부모로서의 자기 이해 / 나와 마주보기
3. 부모의 발달 과업 / 자녀와 함께 성장하는 부모
4. 부모-자녀 관계 / 부모와 자녀 사이
5. 사회적 돌봄 / 함께 하는 육아 공동체

2권 청소년 예비부모

1. 가족 안에서 함께 성장하는 부모와 아이 / 행복한 가족, 행복한 아이
2. 부모됨의 준비와 책임 / 미리 미리 Check 첵! Check 첵!
3. 부부 공동양육 / 함께 키우는 부모
4. 사회적 부모됨 / 지역사회와 함께 키우는 아이

3권 청소년 예비부모

1. 부모됨의 의미 / 예비부모 愛(애) 로그인
2. 성숙한 사랑 / 엄마, 아빠가 말하는 사랑의 방정식
3. 세대 간 소통 / 조부자(조부모-부모-자녀)네 집으로 놀러가자!
4. 자녀발달과 부모역할 / 쑥쑥 자라는 우리 아이! ‘부모’ 옷을 바꿔 입어요!
5. 놀이를 통한 부모-자녀 관계증진 / 놀이로 부모-자녀 행복 시간 쌓기
6. 정서적 지원과 공감 / 아이의 마음을 읽는 부모 되기

4권 성인 예비부모

1. 자기 이해 / 내 안의 보물찾기
2. 친밀하고 평등한 교제 / 우리, 썸 타는 것 맞지?
3. 결혼 제대로 이해하기 / Marry Me, 나와 함께 할래요?
4. 부모됨의 의미와 준비 / 이제 부모역할은 선택하는 거야!
5. 임신과 출산 / 부부가 함께하는 행복한 아기마중

5권 영아 부모

1. 영아의 개별적인 특성에 적합한 양육방식 / 내 아이는 어떤 아이?
2. 영아의 생활습관 / 형성 및 식습관 형성 어떻게 재울까 어떻게 먹일까?
3. 영아와의 의사소통 및 애착형성 / 마음의 소리를 듣고 답해요
4. 영아 양육환경과 육아관련정보 / 선별 안전하게 키우고 바른 정보 이용해요
5. 자녀 출산 후 부부간 역할분담 및 역할갈등 개선 / 우리아이 부모가 함께 키워요

6권 유아 부모

1. 자녀 발달 특성 이해 / 같이 크는 아이와 나
2. 자녀의 놀이 지원 / 잘 노는 미래의 인재로 키우기
3. 자녀와의 관계 맺기 / 우리 사이 어떤 사이?
4. 학습 기초 다지기 / 즐겁게 공부하는 아이로 키우기
5. 유아기 양육 정보 / 알수록 도움 되는 양육 정보

7권 초등학생 부모

1. 초등학생 발달 특성 / 아이의 성장을 이해하는 부모
2. 학교 교육에의 부모참여 및 의사소통 / 학교와 자녀 그리고 부모
3. 자녀의 학습습관 형성 및 재능 탐색 / 초등자녀 학습재미 키우기와 재능 탐색
4. 자녀의 또래관계 / 초등자녀의 또래관계를 위한 부모 전략
5. 가족문화 형성 / 아이와 함께 만들어 가는 우리가족 시간

8권 중학생 부모

1. 중학생 발달 특성과 부모역할 / 중학생이 된 아이를 얼마나 알고 있나요?
2. 인성·생활 지도 / 사춘기 자녀와 갱년기 부모의 동거
3. 진로탐색을 위한 부모역할 / 내 아이의 꿈을 스스로 디자인하게 하라
4. 자기주도성 발달을 위한 부모의 지원 / 내 아이가 살아갈 세상은 앞으로 어떻게 변할까?
5. 부모의 성장 지원 / 자녀와 함께 성장하는 부모

9권 고등학생 부모

1. 고등학생의 발달 특성과 부모 역할 / 자녀의 변화, 부모의 역할
2. 인성·생활 지도 / 고(苦)삼년을 잘 부탁해
3. 진로탐색을 위한 부모역할 / 자녀의 독립과 진로개척, 격려해 주세요!
4. 자기주도성 발달을 위한 부모의 지원 / 내 아이, 스스로가 삶의 주인 되기
5. 부모의 성장을 위한 지원 / 부모와 자녀, 따로, 또 같이

10권 아버지

1. 아버지됨이란? / 신(新)나는 아빠
2. 아버지의 양육참여 / 함께하는 아빠
3. 아버지의 놀이지원 / 놀이하는 아빠
4. 아버지의 의사소통 / 통(通)하는 아빠
5. 아버지의 역할 / 키(Key)우는 아빠

11권 가족 특성별

1. 맞벌이 가족의 건강한 자녀 키우기 / 함께하는 부모, 행복한 아이
2. 한부모 가족의 건강한 자녀 키우기 / 한부모 가족의 자신만만 아이 키우기
3. 재혼 가족의 건강한 자녀 키우기 / 재혼가족, 새롭게 거듭나기
4. 다문화 가족의 건강한 자녀 키우기 함께 사는 다문화, 행복한 아이
5. 조손 가족의 건강한 자녀 키우기 / 지혜로운 조부모의 눈높이 양육
6. 비동거 가족의 건강한 자녀 키우기 / 따로 또 함께 사랑을 키우는 가족

12권 상담

1. 부부갈등의 이해 / 화성남자, 금성여자
2. 부부갈등의 영향 / 고래부모 vs 새우자녀
3. 자녀와의 대화법 / 자녀 마음 알아가기
4. 스마트폰 과의존 / 스마트폰에 마음을 뺏긴 아이들
5. 집단 따돌림 / 왕따 친구들에게 마음을 다친 아이들
6. 비행 / 마음 둘 곳을 잃고 헤매는 아이들

각 주제별 PPT 내용의 전개는 도입, 이론적 근거, 전개, 적용 및 문제 해결 및 도움자료를 포함하여 주제는 다르지만 구성 진행상의 일관성을 유지하고자 하였다. 또한 강의의 효과 증진 및 전달력 강화를 위해 강의용 PPT에는 동영상, 도움 자료, 관련 정보처 등을 포함하였다.

부록2.

APPEDIX

학부모on누리 국가평생교육진흥원 전국학부모지원센터 홈페이지

Ⅰ. 부모교육자료

1. 부모역량 강화

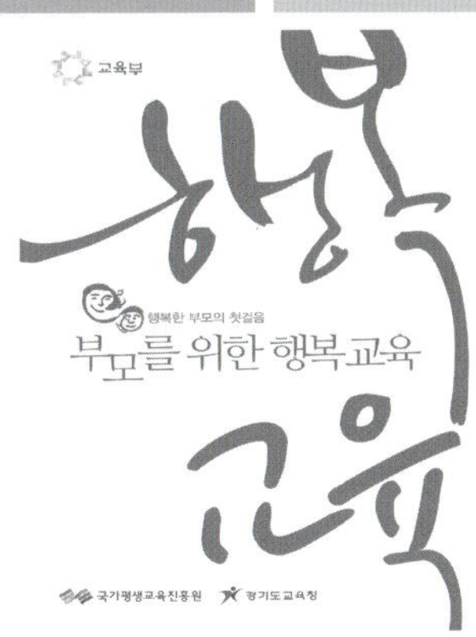

2. 부모-자녀 관계

3. 발달특성 이해

Step 2
초등
1~3학년
창의적 성장을 위한 지혜
학부모를 위한
자녀교육

4. 인성 · 생활지도

디지털 페어런팅
Digital Parenting
아이와 함께 건강한 인터넷 생활 즐기기

부모의 품격
올바른 성(性)가치관
에서 출발한다

밥상머리교육 4주 실천 프로젝트
밥상머리에서
행복찾기

"독서&인성 교육"
교육부
국가평생교육진흥원

독립적인 아이로 키우는
우리아이
경제교육
교육부
국가평생교육진흥원
경상북도교육청

5. 학습지도

6. 진로 · 진학지도

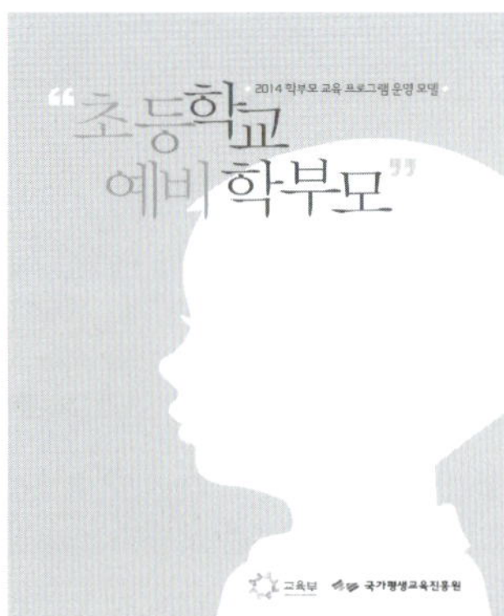

7. 학부모참여

Ⅱ. 동영상 자료(EBS 육아)

1. 부모-자녀 관계

[조선미의 부모마음읽기] #6. 아이에게 늘 부족한 엄마에게
[조선미의 부모마음읽기] #5. 아이를 낳고 나를 잃은 엄마에게
[조선미의 부모마음읽기] #4. 첫째만 혼내는 엄마에게
[조선미의 부모마음읽기] #3. 생계형 워킹맘, 날마다 미안해요
[조선미의 부모마음읽기] #2. 독박육아, 너무 힘들어요
[조선미의 부모마음읽기] #1. 아이를 혼내고 너무 속상해요

2. 학습지도

[노규식의 공부코칭] #5. 독서하는 아이로 키우려면?
[노규식의 공부코칭] #4. 영어, 도대체 몇 살부터?
[노규식의 공부코칭] #3. 한글교육 7살도 늦지 않다
[노규식의 공부코칭] #2. 학습에 꼭! 필요한 5가지 능력
[노규식의 공부코칭] #1. 공부는 감정이다

* 부모역할지원

한국건강가정진흥원(www.familynet.or.kr)
육아종합지원센터(1577-0756, central.childcare.go.kr)
전국학부모지원센터(1899-0025, www.parents.go.kr)
국가평생교육진흥원 http://www.parents.go.kr

저자소개

김지은

미국 Central Connecticut State University 대학원(M.S., 아동심리전공)
미국 Columbia University 교육대학원(Ed.M., 유아교육전공)
미국 New York University 대학원(Ed.D., 유아교육전공)
현) 건국대학교 유아교육과 교수

연미희

미국 Oregon State University 대학원(Ed.M., 유아교육전공)
경희대학교 대학원(가정학박사, 아동학전공)
현) 명지전문대학 유아교육과 교수

부모교육과 지원

초판 1쇄 인쇄 / 2023년 2월 25일
초판 1쇄 발행 / 2023년 3월 2일

•

공저자 / 김지은 · 연미희
발행인 / 이 중 수
발행처 / **동 문 사**

•

서울특별시 서대문구 홍제원 1길 12
(홍제동 137-8)
Tel: 02)736-3718(대), 736-3710, 3720
Fax: 02)736-3719
등록번호: 1974.04.27 제9-17호
가격: 22,000원

•

ISBN: 979-11-6328-475-8(93370)
E-mail: dong736@naver.com
www.dongmunsa.com